本书受教育部哲学社会科学研究后期资助项目（项目批准号：19JHQ098）的资助

不对称同盟下的小国：
行为模式与理论启示

曹玮 / 著

中国社会科学出版社

图书在版编目（CIP）数据

不对称同盟下的小国：行为模式与理论启示／曹玮著．—北京：中国社会科学出版社，2021.5
ISBN 978-7-5203-8464-3

Ⅰ.①不⋯　Ⅱ.①曹⋯　Ⅲ.①国际组织—研究　Ⅳ.①D813

中国版本图书馆 CIP 数据核字（2021）第 089866 号

出 版 人	赵剑英
责任编辑	赵　丽
责任校对	王桂荣
责任印制	王　超

出　　版	中国社会科学出版社
社　　址	北京鼓楼西大街甲 158 号
邮　　编	100720
网　　址	http://www.csspw.cn
发 行 部	010-84083685
门 市 部	010-84029450
经　　销	新华书店及其他书店
印　　刷	北京明恒达印务有限公司
装　　订	廊坊市广阳区广增装订厂
版　　次	2021 年 5 月第 1 版
印　　次	2021 年 5 月第 1 次印刷
开　　本	710×1000　1/16
印　　张	15.25
插　　页	2
字　　数	236 千字
定　　价	78.00 元

凡购买中国社会科学出版社图书，如有质量问题请与本社营销中心联系调换
电话：010-84083683
版权所有　侵权必究

序 一

为战胜新冠肺炎病毒而静心宅家读书写作之时，收到了曹玮博士送来的书稿《不对称同盟下的小国：行为模式与理论启示》，非常开心。在我的印象中这已是她博士毕业后贡献给学术界的第二部著作。

曹玮博士毕业于复旦大学，当时就是出了名用功的学生。虽是个文弱的女生却被同学们喻为学习上的"拼命三郎"，她的废寝忘食，她的刻意求新，她的勤于探索，都给我留下了很深的印象。毕业后，她如愿进入清华大学国际关系研究院，跟随阎学通教授从事博士后研究，清华的深造、熏陶和历练，使她的学术视野、理论功底、探索精神、活跃程度都大见增长，是我的学生中出类拔萃的一位。现任国际关系学院国际政治系副教授。

虽然我们不常见面，但关于她的成长和进步的信息，还是时时传来。她的研究领域定位为朝鲜半岛问题和公共外交。在SSCI和中文主流期刊发表论文十余篇，主持或参与国家级科研课题十余项。2019年荣获某部优秀教师。她多次赴韩访问交流，曾任韩国高丽大学客座研究员。同时，她还兼任清华大学国际关系研究院研究员、SSCI期刊 *The Chinese Journal of International Politics* 副主编、CSSCI期刊《国际政治科学》编委，以及多家期刊的审稿人，是活跃在学术前沿的优秀青年学者。

《不对称同盟下的小国：行为模式与理论启示》是一部以理论创新为导向的研究专著，旨在从经验困惑出发，以包括古代东亚历史案例在内的东西方历史和现实为经验来源，探索不对称同盟下小国的许多此前未被充分注意的行为规律。本书提出了诸多具有创新意义的观点，让人产生耳目一新之感，对于推进相关议题的研究具有重要的现实意义和学术价值。

例如，根据现有国际关系理论，自己盟国的敌人不可能是自己的盟国，本书则指出，古代东亚小国曾出现极其特殊的"两面结盟"行为，提出了具有一般意义的"两面结盟"理论，推动了同盟理论的创新。作者又进一步指出，"两面结盟"本质上是同一个（或一批）小国同时接受两个存在权力竞争的大国的共同领导，这表明，两极体系下两个超级大国除了陷入"修昔底德陷阱"和重蹈美苏冷战覆辙之外，还存在第三种相对温和的"大国共治"互动模式，即两个超级大国共同领导某个或一批中小国家，两个大国的势力范围不再按照地理空间划分，而是按照议题领域划分，从而降低大国间地缘政治对抗程度和战略竞争的零和性。

又如，国际关系的基本常识是，当面临外部安全威胁时，小国的第一选择应当是加强而不是疏远与自己盟国的关系。然而本书却发现，这种情况下小国并不总是会采取积极制衡和正面威慑策略（比如加强与自身盟友的关系），有时反而会做出与之恰恰相反的举动：故意疏远与自己盟国的关系。更令人惊讶的是，这种看似危险的举动同样能够起到慑止敌国入侵的效果。本书将这种效果称为联盟的"负面威慑"功能，这是联盟理论此前从未被学界注意到的功能。这种对反常行为的理论化研究在一定程度上推动了小国与大国互动、核扩散的战略后果、联盟的负面延伸威慑功能等重要安全研究议题的理论创新。

再如，本书借助不对称同盟理论、战略信誉理论和案例方法，研究了韩国安全政策的变化规律。自韩国建国至今，美韩同盟始终是韩国国家安全的基石，其所有安全政策均以维持美韩同盟、充分发挥美韩同盟功能为基本前提。但在不同时期，韩国对美国（美韩同盟）的安全依赖程度——亦即韩国安全政策的自主性——存在差异。现有研究均未能对这种差异做出完整的解释。本书从战略信誉理论角度入手，揭示了不对称同盟下韩国安全政策的两条决策规律：美国安全保障的战略信誉与韩国追求军事自主的倾向性呈反比，朝鲜安全威胁的战略信誉与韩国追求政治自主的倾向性呈反比。

读完全书，我欣喜地发现曹玮博士的研究与我本人的研究在某些方面有不谋而合、相辅相成之处。我们从完全不同的角度和路径出发，却得出了基本相同的结论。近年来，我提议并推介中国周边学研究，特别提出了"中间国家"的新概念，主要观点是：在中国周边或者说整个世界已经出现新的"三个世界"架构，中美各为一极，其间存在许多中间国家。这些中间国家有与美国结盟的国家，也有亲近中国的国家；有发达国家、大国，也有广大的发展中国家；有与中国友好的国家，也有与中国有分歧的国家。但几乎所有的亚太国家对于中美两国均持平衡的基本立场，构成中国周边新的政治安全结构。争取更多的中间国家站在自己一边或更多倾向自己，会成为中美两国博弈的重要内容。中国应理解、接受和适应中间国家在中美间实行平衡政策。冷战时期那种非此即彼、划线站队式对待中间国家的态度已经过时。中国应以包容的态度争取与更多的中间国家建立友好关系。对于日菲越韩等有争议的国家，应争取它们在中美间中立平衡，这符合中国的长远利益。[①] 这些基本观点与曹玮博士提出的"两面结盟"和"大国共治"新论有着异曲同工之妙。

曹玮的新著富于很强的理论探索色彩，新论迭出，使我获益非浅。我期待曹玮博士有更多更好的作品不断问世！

石源华

无锡西水东泓府

2021年春

[①] 石源华：《冷战化危险、"中间国家"与周边外交》，《世界知识》2016年第21期。

序 二

沿着清华路径创新国际关系理论

自完成在清华的博士后研究工作以来，曹玮的学术成果不断地获得同行们的赞赏。其学术成果展现了清华路径的特色，其新著《不对称同盟下的小国：行为模式与理论启示》（以下简称《小国》）是个典型代表。

"清华路径"这一国际关系研究方法包括了三个核心要素：运用科学研究方法、借鉴亚洲古代政治思想或历史，关注现代国际政治问题。阅读《小国》一书，可清晰地看到这三要素在理论创新中所起到的作用。本书在研究问题选择、理论假设、案例选择、概念操作化以及定量衡量方面都是依据科学研究方法进行的。该书所选择的春秋争霸、宋辽之争和高丽结盟案例都是东亚历史。这为理论研究提供了不同于欧洲历史的素材，成为创造新理论的经验事实依据。该书创建的理论对理解小国在当下中美战略竞争中为何以及如何采取对冲战略有非常现实的意义。

国际关系理论研究从范式研究向中层理论发展是符合科学理论进步规律的。范式理论具有强大的宏观解释力，但缺乏对于微观事物的多样性和特殊性的解释力。这如同，我们不仅需要有万有引力这种宏观的物理理论，我们更需要大量的工程物理理论来解决实际的工程建设问题。《小国》对于中小国家在同盟体系中的战略选择所做的科学分析和解释，是创建中层国际关系理论的一个突出成就，显示出中层理论创新的广阔前景。全球国际体系局限于地球之内，是个封闭性体系。因此从体系的结构、规范、领导、秩序方面创建理论的空间是有限的，在现有宏观体系理论基础上创建新理论难度较大。当下，从体系层面向行为体回归正在成为新的趋势，创建中层理论有广阔的天地。

《小国》一书展现出作者在选择学术问题上的独特能力。从研究经验角度讲，找到一个好的学术问题，研究就完成了一半。而能找到一个好的学术问题则需要有较强的学术能力，独立思考能力、学术批判能力以及发现问题的敏感性。《小国》从观察小国的两面结盟，自我孤立、自主权衡、两面下注等策略选择现象入手，寻找这些策略选择背后的机制，形成了非常有意义的学术研究问题。

《小国》所取得的理论成果还为区域国别研究的理论化提供了经验。本书的理论知识贡献将为后人提供从事小国同盟研究的基础，这就决定了其学术生命力将是较长的。目前，绝大多数地区与国别研究的成果是描述性或政策性的，缺乏理论性，因此这些研究成果缺乏学术生命力。借鉴《小国》的研究方法，将有助于地区和国别研究者们增强研究成果的理论性和学术生命力。

由于领导者与追随者是共生的，因此近年来从追随者角度研究国际领导力的成果越来越多，《小国》是此类研究中的一项重要成果。该书发现，盟国的战略信誉和威胁来源国的战略信誉对小国战略决策的影响维度不同，前者影响小国对军事自主的偏好，后者影响小国对政治自主的偏好。这是从小国的角度解释大国战略信誉是如何影响其国际领导力的。

看到曹玮在《小国》一书中取得的理论成果，作为她的导师我感到非常的自豪。她的研究成果证明清华路径是个有效的国际关系研究方法，是有助于创新国际关系的理论的。她的研究成果还展现了国际关系专业的女学者们的理论创新能力，这必将激励更多女生从事国际关系的理论研究。

阎学通
清华园
2021年春

前　　言

　　本书是一本以理论创新为导向的国际关系理论研究专著，但呈现出来的面貌可能和许多读者印象中的"理论研究"有些不一样，毕竟里面有相当的篇幅都是关于经验现象和历史事实的，而涉及理论源流梳理、抽象概念辨析的文字则相对比较概要。之所以会如此，主要是源于笔者对理论研究特别是理论创新性研究的一些体会。

　　第一点体会是，国际关系理论的创新不应该只是对宏理论的创新，中观和微观理论的创新同样是国际关系理论创新工作中极为重要的组成部分。我们知道，在国际关系学的百年发展史中，曾经出现过四次大的理论论战，涉及本体论、方法论和认识论等多个方面。这些论战无疑极大地提升了国际关系学科的理论化水平。但同时，这几次深入人心的论战也给国际关系专业的研究人员造成了一种印象，那就是所谓的国际关系理论创新就是提出一个又一个的宏理论，就是范式和主义的创新。这样的理解似乎过于简单了。一方面，宏理论的创新空间十分有限。宏理论的创新需要在本体论、方法论、认识论等方面做到有别于他者，而在本体论、方法论和认识论这样的哲学层面，可供选择的元理论本身就极为有限。如果将理论创新局限于宏理论层次，这将意味着国际关系理论创新在相当长时间里的停滞。另一方面，宏理论并不能解释国际关系的所有问题，而国际关系现象又极为复杂且在不断演变。如果目光仅仅停留在宏理论层次，这将意味着将有大量重要的国际关系现象无法从理论上得到解释。

　　从这个意义上讲，中观和微观理论的创新应是当前国际关系理论创新工作的主体内容。国际政治系统与其他所有人类社会系统一样，本身是复杂和多样的。国家间互动的这种复杂性和多样性为创新和发展中微观理论提供了丰厚的现实土壤。虽然肯尼思·华尔兹（Kenneth N. Waltz）断言"如果说有关于国际政治的独特的政治理论，那么非均势理论莫属"，[①] 但国家显然不可能只遵循一种行为模式。国家行为的多样性使得我们在构建用以解释一般性国家行为的宏理论之外，还可以而且应该去努力发现和解释一般性理论所无法解释或忽视的相对特殊的国家行为。要想更好地理解那些仅在某类国家或某个区域或某一时间段出现的国家行为，只有依赖于中微观理论的发展和丰富。

与第一点体会密切相关的另一点体会是，理论创新可以从发现和解释经验困惑入手。国际关系理论创新有两种常用路径。一种是从概念到概念、从思想到思想。这种路径主张首先提出一个新概念或新思想，然后从这个概念或者思想出发发展理论内核，在此基础上通过议题设置发展出一套理论体系。另一种是跨学科知识迁移。这种路径强调借鉴其他学科的知识，通过将对理论创新有价值的概念、原理、方法迁移到国际关系研究中来，以此实现理论创新。

笔者在研究过程中有意尝试了有别于上述两种路径的第三种创新路径：从经验困惑出发。本书各章虽然使用了国际关系学的许多既有理论和概念，也借鉴了其他学科的某些概念和原理，但这些都只是作为理论创新的工具，其目的是为了更好地解释所发现的经验困惑。这种以经验困惑为引领的理论创新路径最突出的优势是，其研究的问题一定是现有理论无法解释或尚未给予充分关注的"真问题"，是拓展知识边界必须关注和解释的理论盲点。因而，通过这种路径实现的理论创新能够更有针对性、更高效地补充和完善学科现有知识体系。不仅如此，以经验困惑为导向的理论创新研究，由于是以回应现实中的难题为出发点，强调问题意识和现实关怀，因此不仅具有学术意义，还往往具有更鲜明的现实意义。[②]

---

① ［美］肯尼思·华尔兹：《国际政治理论》，信强译，上海人民出版社2008年版，第86页。

② ［美］加里·金、罗伯特·基欧汉、悉尼·维巴：《社会科学中的研究设计》，陈硕译，上海人民出版社2014年版，第15页。

笔者研究的第三点体会是，理论创新的经验来源应尽可能多元，同时应避免在理念上陷入某一范式的窠臼。经验事实对于理论创新的重要性不言而喻，它既是发现经验困惑的"数据来源"，也是检验理论假设的"事实依据"。现有主流国际关系理论所用到的经验事实主要源于近现代欧美国家的历史经验。但正如前面已经提到的，国际政治的进程是复杂和多样的，因此某一地区的历史很难完全代表整个人类社会的国际交往史和国家互动史。例如，古代东亚体系在多数时间段内都处于单极格局之下，这与欧洲近代长期处于大国彼此制衡的多极体系显著不同。不仅如此，东亚与欧洲在文化认同程度上也存在明显差异。受古希腊文化和基督教影响，近代欧洲各国大都能将彼此视为相同类型的行为体，汉斯·摩根索（Hans J. Morgenthau）甚至认为，17、18世纪的欧洲俨然已是一个有共同道德基础的国际社会。[1] 相比之下，古代东亚体系成员之间的身份认同差异明显更大，这当中既有深受中华儒家文明熏陶的朝贡体系核心成员，也有受儒家文明影响较小的外围成员，还有不时挑战汉族王朝正统地位的游牧民族政权。东亚与欧洲国际体系的这些差异决定了，以后者的历史为主要经验来源的现有理论在解释前者历史时将难免遇到盲点和难点。本书的研究印证了这一点。

本书在注意经验来源多元化的同时，还注意避免对某一理论范式的过度依赖。理论创新的目的是拓展和深化我们对国际关系的理解和认知，而不是论证某个理论的正确性或者捍卫某个范式的正统地位。基于这一认识，笔者在研究过程中努力避免因熟悉或偏爱某种理论范式或研究方法而有意无意地排斥其他理论范式和方法。与这种做法相一致，本书坚持分析折中主义，不从某种宏观范式的既定框架出发，也不机械地套用某种既定概念，而是以具体的经验困惑为导向，灵活地综合运用各种范式的原理、思路、概念，提出针对某类具体问题的解释，尽可能做到兼收并蓄，海纳百川，让理论知识为解释问题服务，而不被理论绑架。[2]

---

[1] ［美］汉斯·摩根索：《国家间政治：权力斗争与和平》（第七版），徐昕、郝望、李保平译，北京大学出版社2006年版，第16章。

[2] ［美］鲁德拉·希尔、［美］彼得·卡赞斯坦：《超越范式：世界政治研究中的分析折中主义》，秦亚青、季玲译，上海人民出版社2013年版。

上述三点体会同时也是本书写作的三项指导原则。本书以东亚国际关系历史为主要经验数据来源、以中微观理论创新为目的、以经验困惑为引领，研究了不对称同盟下的小国行为。具体而言，本书着重考察了现有理论尚未给予充分关注或提供有效解释的小国的四类行为，分别是"两面结盟"、"自我孤立"、"自主权衡"和"两面下注"。其中，第一类行为与不对称同盟的形成有关，后三类与不对称同盟的存续相关。本书的目的就是通过系统的科学实证研究，探究不对称同盟下小国的上述行为模式及其背后的理论原理，并尝试发掘其隐含的理论启示。针对不同的研究问题，本书分别采用了案例间比较和案例内过程追踪、博弈论、大样本统计分析等研究方法。

本书在研究视角、经验证据与理论观点等方面实现了一定程度的创新。一是发展了以小国行为为主要解释对象的不对称同盟理论。现有不对称同盟理论大多从大国竞争、地区及国际格局等视角研究不对称同盟问题，主要关注不对称同盟下的大国行为，相对忽视了对小国行为的分析。本书通过对不对称同盟下小国多种行为的观察分析，在确证了小国行为的多样性与复杂性的同时，揭示了这些行为背后的理论机制，从小国视角补充和丰富了有关同盟问题的理论认识。

二是以非西方历史经验拓展了不对称同盟的研究议题。有关不对称同盟的现有理论议题几乎都来源于近现代欧美国家不对称同盟的历史经验。本书另辟蹊径，研究议题和经验论据均主要取自古代和现当代的东亚国家行为。之所以如此，其实并非笔者刻意为之，而是非西方国家间的互动史确实表现出了现有理论不能充分解释的独特性。发掘更广泛时空背景下的国家间互动史很可能是实现国际关系理论持续创新的重要突破口。

三是提出了一系列有实证检验支持的创新性理论观点。这些具体观点包括：不对称同盟下小国同时与两个敌对的大国建立针对彼此的同盟是可能的，两极体系下超级大国间除"大国分治"模式外还存在相对更为温和的"大国共治"模式，联盟除正面威慑功能外还拥有尚未被意识到的负面威慑功能，大国的战略信誉影响小国的安全自主性，小国国内合法性影响大国权力转移进程中的小国行为选择，等等。这些理论观点从不同角度、不同程度地推动了联盟理论、大国战略竞争理论、威慑理论、权力转移理论等理论的创新。

最后，在本书付梓之际，我要对在我学习成长道路上给予我指导和关怀的每一位老师和同仁致以由衷的感谢。他们不仅在知识层面教化着我，更在精神层面引领和激励着我。感谢教育部哲学社会科学研究后期资助项目对本书的资助。囿于个人学识和研究能力的不足，本书仍存在诸多问题和不足，恳请读者同仁批评指正。

曹 玮

2021 年 2 月 4 日

目　录

第一章　导论 …………………………………………………………（1）
　第一节　不对称同盟的现有理论研究 …………………………（2）
　　一　有关不对称同盟形成的理论研究 …………………………（2）
　　二　有关不对称同盟管理与维系的理论研究 …………………（5）
　　三　现有研究的不足 ……………………………………………（8）
　第二节　本书的研究思路和研究方法 …………………………（11）
　　一　研究思路 ……………………………………………………（11）
　　二　研究方法 ……………………………………………………（12）
　　三　潜在的学术价值 ……………………………………………（14）
　第三节　章节安排 …………………………………………………（16）

第二章　不对称同盟下小国的"两面结盟"行为 ………………（19）
　第一节　"两面结盟"行为 ………………………………………（19）
　　一　同盟的界定 …………………………………………………（20）
　　二　"两面结盟"的分类 ………………………………………（29）
　第二节　"两面结盟"行为背后的理论机制 …………………（31）
　　一　已有理论解释及其批判 …………………………………（31）
　　二　"两面结盟"的产生机制 …………………………………（34）
　第三节　"两面结盟"生成机制的实证检验 …………………（36）
　　一　"两面结盟"机制的正面案例 ……………………………（39）
　　二　"两面结盟"机制的反面案例 ……………………………（47）

小结 …………………………………………………………… (51)

第三章　"两面结盟"的理论启示:大国共治 ………………………… (53)
　第一节　从"两面结盟"到"大国共治" ……………………………… (53)
　　一　"两面结盟"的本质 …………………………………………… (54)
　　二　问题的提出:两极是否等于对抗? …………………………… (57)
　第二节　两极体系下的大国共治 …………………………………… (66)
　　一　两极结构下大国与小国权力关系的四种类型 ……………… (66)
　　二　大国共治在历史上罕见的原因 ……………………………… (69)
　　三　大国功能分异与差异化竞争 ………………………………… (71)
　　四　大国共治的产生机制 ………………………………………… (74)
　　五　大国共治的意义 ……………………………………………… (76)
　第三节　大国共治生成与维持机制的实证检验 …………………… (77)
　　一　案例1:大国功能未分异与大国间有战争 …………………… (77)
　　二　案例2:大国功能分异与大国间有战争 ……………………… (81)
　　小结 …………………………………………………………………… (85)

第四章　不对称同盟下小国的"自我孤立"行为 …………………… (87)
　第一节　"自我孤立"现象及其困惑 ………………………………… (87)
　　一　小国的"自我孤立"行为 ……………………………………… (87)
　　二　小国"自我孤立"的困惑 ……………………………………… (89)
　第二节　现有文献回顾 ……………………………………………… (92)
　　一　有关"小国为什么敢对大国强硬"的现有研究 ……………… (92)
　　二　有关"大国为什么无法阻止小国的强硬挑战"的
　　　　现有研究 ………………………………………………………… (95)
　第三节　信号博弈与"自我孤立"机制 ……………………………… (98)
　　一　理论准备1:决心是核边缘竞争的决定性因素 ……………… (99)
　　二　理论准备2:正式军事同盟不是大国为小国提供
　　　　安全保障的必要条件 ………………………………………… (102)

三　"自我孤立"的信号博弈 ………………………………… (104)

　小结 ……………………………………………………………… (110)

第五章　不对称同盟下小国的"自主权衡"行为 ……………… (112)

　第一节　不对称同盟下小国安全政策的困惑 …………………… (112)

　　一　经验困惑及主要研究发现 …………………………… (112)

　　二　现有理论解释 ………………………………………… (115)

　　三　现有具体政策解释 …………………………………… (116)

　第二节　战略信誉与联盟内小国自主性 ………………………… (119)

　　一　战略信誉的界定 ……………………………………… (120)

　　二　自主的界定 …………………………………………… (122)

　　三　不对称同盟下小国自主行为的理论逻辑 …………… (125)

　第三节　案例检验 ………………………………………………… (129)

　　一　案例1：政治与军事双重依赖盟国 ………………… (129)

　　二　案例2：军事自主与政治依赖盟国 ………………… (133)

　　三　案例3：政治自主与军事依赖盟国 ………………… (140)

　　四　案例4：军事自主与政治自主 ……………………… (145)

　小结 ……………………………………………………………… (150)

第六章　不对称同盟下小国的"两面下注"行为 ……………… (152)

　第一节　小国行为选择的困境：选边还是对冲？ ……………… (152)

　　一　小国行为选择的战略维度与外交维度 ……………… (154)

　　二　既有关于小国行为选择影响因素的文献梳理 ……… (155)

　第二节　小国行为选择的动态面板模型 ………………………… (162)

　　一　模型设定与变量选取 ………………………………… (162)

　　二　数据来源与指标设计 ………………………………… (163)

　　三　建模结果 ……………………………………………… (169)

　第三节　小国行为选择的影响因素分析 ………………………… (173)

　　一　大国相对实力初步接近阶段 ………………………… (173)

二　大国相对实力稳定接近阶段 …………………………（175）
　　三　主要发现 ………………………………………………（179）
　小结 ……………………………………………………………（181）

第七章　结论 ……………………………………………………（183）

参考文献 ………………………………………………………（189）

第 一 章

导　论

同盟是国际安全合作的重要形式，是国际关系特别是国际安全研究的重要研究议题。现有研究大体从同盟发展的视角，重点关注同盟形成、同盟维持（管理）、同盟解体等同盟演变进程中的具体问题，并已取得颇为丰硕的理论和政策研究成果。与国际关系学研究的其他对象一样，同盟也存在不同的类型。不同类型的同盟的演进机制很可能不尽相同，甚至大相径庭，因此，要想进一步推动同盟理论的发展，更深刻地把握同盟的运转规律，更准确地解释和预测盟国行为和同盟发展方向，有必要针对不同同盟类型进行专门性研究。

按照成员实力对比，同盟可划分为对称性同盟和不对称性同盟两类。其中，不对称同盟是二战结束以来最主要的同盟形式。北约、华约军事同盟，以及当前美国在全球范围内确立的多边或辐轴型双边同盟都属于不对称同盟。作为当今世界唯一超级大国的美国，自二战结束以来特别是1991年以来，始终将自身的全球同盟体系作为维系其体系霸权的重要支柱。随着大国战略竞争态势日益加剧，美国对同盟战略的重视程度也在不断加强。2021年上任的拜登政府明确表示要强化美国与盟国关系。[①]毫无疑问，现有的以美国为核心的诸多不对称同盟以及这些同盟中的中小国家的行为选择将对未来大国竞争产生重要影响。

但是，我们现有的对不对称同盟的认识与不对称同盟的重要性并不

[①] Joseph R. Biden, Jr., "Why America Must Lead Again: Rescuing U. S. Foreign Policy after Trump", *Foreign Affairs*, March/April 2020, https://www.foreignaffairs.com/articles/united-states/2020-01-23/why-america-must-lead-again.

相称。现有不对称同盟研究大多集中于政策和经验研究层面;[①] 不多的与不对称同盟相关的理论研究,存在许多理论盲点,对许多经验困惑难以提供充分和有效的解释;现有理论研究更多地站在大国视角上,忽视了对不对称同盟中的小国行为的理论分析。这些不足一方面固然妨碍了我们对不对称同盟特别是不对称同盟中小国行为的理解,但另一方面也为我们提供了理论创新的空间。

第一节 不对称同盟的现有理论研究

当前有关不对称同盟的理论研究基本都是嵌套在同盟理论研究的议题框架下,主要集中在两个议题,一是不对称同盟的形成,二是不对称同盟的管理与维系。

一 有关不对称同盟形成的理论研究

关于大国与小国的结盟,已有的研究大致从以下四个视角来阐释不对称同盟的形成。制衡(balancing)的视角:在均势理论看来,制衡是实力较弱一方对较强一方的最优策略。[②] 制衡视角具体包括权力制衡论(balance of power)和威胁制衡论(balance of threat)两种理论。这两种

[①] 例如:Kav Chongkittavorn, "The Thailand-U. S. Defense Alliance in U. S. – Indo-Pacific Strategy", *Asia Pacific Issues*, 2019, No. 137, pp. 1 – 12; Kongdan Oh, "The United States between Japan and Korea: Keeping Alliances Strong in East Asia", *Korean Journal of Defense Analysis*, 2010, Vol. 22, No. 2, pp. 127 – 140; Jae Jeok Park, "The US-led Alliances in the Asia-Pacific: Hedge against Potential Threats or an Undesirable Multilateral Security Order?" *The Pacific Review*, Vol. 24, No. 2, 2011, pp. 137 – 158; Yuki Tatsumi, "The U. S. – Japan Alliance under the Obama Administration: Opportunities and Challenges", *Harvard Asia Quarterly*, 2009, Vol. 12, No. 2, pp. 9 – 14; 韦宗友:《"美国优先"对美韩、美日同盟的影响》,《国际问题研究》2019 年第 6 期;钟飞腾:《特朗普主义与美国同盟体系的转型》,《当代美国评论》2019 年第 3 期;葛汉文:《特朗普时代美国的同盟政策及同盟体系》,《世界经济与政治论坛》2019 年第 1 期;漆海霞:《威慑抑或纵容:美国对亚太盟国的军事信号与冲突》,《当代亚太》2018 年第 5 期;左希迎:《亚太联盟转型与美国的双重再保证战略》,《世界经济与政治》2015 年第 9 期。

[②] 参见 Susan B. Martin, "From Balance of Power to Balance Behavior: The Long and Winding Road", in Andrew K. Hanami, ed., *Perspectives on Structural Realism*, New York: Palgrave Macmillan, 2003, pp. 61 – 74.

理论都认为国家选择结盟的直接动机是维护自身安全。不同的是，权力制衡说将某个国家的实力优势直接等同于该国对其他国家安全威胁的大小，因此认为在盟友的选择上，小国"倾向于加入两个联盟中较弱的一方"。[①] 通过与较弱一方结盟制衡实力更强的一方，均势可以发挥"维持国际稳定和国家独立的功能"。[②] 而威胁制衡说则认为，实力分配仅是影响威胁大小的诸多因素之一，此外还要考虑到地缘的毗邻性、进攻能力以及被认知的威胁意图的影响，国家结盟的根本目的是制衡威胁而非制衡权力，[③] 因此小国通常选择与威胁较小的大国结盟以制衡威胁较大的一方。

追随的视角：追随视角的代表性理论是利益平衡（balance of interest）论。该理论认为，大多数的结盟行为是国家为扩大利益主动选择的结果，而不只是国家受到威胁不得已而为之。[④] 利益平衡论认为国家结盟的主要机制是：其一，国家的结盟行为与国家的其他行为一样，都是受各种利益的驱动；其二，国家利益包括了安全利益和非安全利益，对于小国来说，与强者结盟往往能够在这两个领域都受益；其三，对于大国来说，由于大多数时候都不存在生存之虞，因此其结盟对象的选择空间更大，可以出于扩大利益的目的而放心地与小国结盟。[⑤] 有学者指出，即使从实力或威胁的视角，当两国实力差距悬殊或威胁水平大到一定程度时，追随也会成为国家的首选策略。[⑥]

自主性与安全的交换和取舍视角：在权力制衡论和威胁制衡论的视

[①] ［美］肯尼思·华尔兹：《国际政治理论》，第134页。

[②] ［美］汉斯·摩根索：《国家间政治——权力斗争与和平》（第七版），第211页。

[③] ［美］斯蒂芬·沃尔特：《联盟的起源》，周丕启译，北京大学出版社2007年版，第5页。

[④] Randall L. Schweller, "Bandwagoning for Profit: Bringing the Revisionist State Back In", *International Security*, Vol. 19, No. 1, 1994, pp. 72 – 107.

[⑤] Kevin Sweeney and Paul Fritz, "Jumping on the Bandwagon: An Interest-Based Explanation for Great Power Alliances", *The Journal of Politics*, Vol. 66, No. 2, 2004, p. 437.

[⑥] William C. Wohlforth, "The Stability in a Unipolar World", *International Security*, Vol. 24, No. 1, 1999, pp. 5 – 41; Davide Fiammenghi, "The Security Curve and the Structure of International Politics: A Neorealist Synthesis", *International Security*, Vol. 35, No. 4, 2011, pp. 126 – 154; Patricia A. Weitsman, "Alliance Cohesion and Coalition Warfare: The Central Powers and Triple Entente", *Security Studies*, Vol. 12, No. 3, 2003, pp. 79 – 113.

角下,同盟被视为盟国用以共同制衡外部权力和应对外部威胁的一种工具,对小国来说,同盟发挥的是实力聚集(capability aggregation)的功能。[①] 在交换取舍视角看来,这种实力聚集功能更多地存在于对称同盟中,而在不对称同盟中,同盟更多时候是作为不同实力的盟国就"安全"和"自主"进行交换所达成的一种协议。[②] 大国与小国结盟的动机是不同的且具有互补性:小国与大国结盟的目的是为了增加自身安全,但为此它需要牺牲一定程度的自主性;而大国同小国结盟则反而会牺牲一定程度的安全,但可以通过换取小国的让步而提高自己决策的自主性。此外,泉川康弘(Yasuhiro Izumikawa)还从社会交换网络的视角,论证东亚之所以形成不同于北约的辐轴型的双边不对称军事同盟,就是行为体通过交换寻求净收益最大化的结果。[③]

对盟国的控制视角:历史学家保罗·施罗德(Paul W. Schroeder)基于1815年至1945年的历史经验指出,同盟既可以是保卫安全的武器,又可以是实现同盟内部管理和约束的工具。[④] 相比较于同盟外国家,一国能够更有效地影响和约束其盟国的行为。[⑤] 当两国存在潜在冲突而彼此威胁

[①] James D. Morrow, "Alliances and Asymmetry: An Alternative to the Capability Aggregation Model for Alliances", *American Journal of Political Science*, Vol. 35, No. 4, 1991, pp. 906 – 907.

[②] Michael F. Altfeld, "The Decision to Ally: A Theory and Test", *The Western Political Quarterly*, Vol. 37, No. 4, 1984, pp. 523 – 544; David R. Mares, "Middle Powers under Regional Hegemony: To Challenge or Acquiesce in Hegemonic Enforcement", *International Studies Quarterly*, Vol. 32, No. 4, 1988, pp. 453 – 471; James D. Morrow, "Alliances and Asymmetry: An Alternative to the Capability Aggregation Model of Alliances", pp. 904 – 933; Tongfi Kim, *The Supply Side of Security: A Market Theory of Military Alliances*, Stanford: Stanford University Press, 2016.

[③] Yasuhiro Izumikawa, "Network Connections and the Emergence of the Hub-and-Spokes Alliance System in East Asia", *International Security*, Vol. 45, No. 2, 2020, pp. 7 – 50.

[④] Paul W. Schroeder, "Alliances, 1815 – 1945: Weapons of Power and Tools of Management", in Klaus Knorr, ed., *Historical Dimensions of National Security Problems*, Lawrence: University Press of Kansas, 1976, p. 241, quoted from Jeremy Pressman, *Warring Friends: Alliance Restraint in International Politics*, Ithaca: Cornell University Press, 2008, p. 7.

[⑤] Christopher Gelpi, "Alliances as Instruments of Intra-Allied Control", in Helga Haftendorn, Robert O. Keohane, and Celeste A. Wallander, eds., *Imperfect Unions: Security Institutions over Time and Space*, Oxford: Oxford University Press, 1999, pp. 107 – 139; Gene Gerzhoy, "Alliance Coercion and Nuclear Restraint: How the United States Thwarted West Germany's Nuclear Ambitions", *International Security*, Vol. 39, No. 4, 2015, pp. 91 – 129.

又不是很大时，结盟能够将彼此绑定，从而抑制盟友间的冲突，提升本国安全。① 通过建立不对称的双边同盟，大国可以最大限度地对小国盟国施加控制，以防止其将大国拖入更多不必要的战争。② 通过结盟对实力较弱的盟国施加有效的控制和约束，建立起明确而稳定的领导—被领导关系，是许多大国结盟的重要动机。

二　有关不对称同盟管理与维系的理论研究

同盟管理或联盟内政治的核心是同盟内部成员的相互约束。现有理论认为，同盟内成员始终面临"牵连"（entrapment）和"抛弃"（abandonment）两种风险。"牵连风险"是指联盟成员被盟国牵连而陷入不必要战争的风险。之所以存在这种风险，是因为同盟内成员往往负有援助盟友的同盟义务，当盟友面临军事威胁或入侵时，如果同盟规定联盟成员有援助义务但成员不提供援助，该成员将承担相应的声誉成本和观众成本。③ 为规避这些成本，联盟成员就有可能因援助盟国而陷入不必要的战争。④ 近年来，学者们以"牵连风险"理论为基础，又相继揭示了"道德风险"（moral hazard）、"纠缠问题"（entanglement）、"资助人困

---

① Patricia A. Weitsman, *Dangerous Alliances*: *Proponents of Peace, Weapons of War*, Stanford: Stanford University Press, 2004; Jeremy Pressman, *Warring Friends*: *Alliance Restraint in International Politics*.

② Victor D. Cha, "Powerplay: Origins of the U. S. Alliance System in Asia", *International Security*, Vol. 34, No. 3, 2009/2010, pp. 158 – 196; Victor Cha, *Powerplay*: *The Origins of the American Alliance System in Asia*, Princeton: Princeton University Press, 2016.

③ James D. Fearon, "Signaling Foreign Policy Interests: Tying Hands versus Sinking Costs", *Journal of Conflict Resolution*, Vol. 41, No. 1, 1997, pp. 68 – 90; Douglas M. Gibler, "The Costs of Reneging: Reputation and Alliance Formation", *Journal of Conflict Resolution*, Vol. 52, No. 3, 2008, pp. 426 – 454; Mark J. C. Crescenzi, et al., "Reliability, Reputation, and Alliance Formation", *International Studies Quarterly*, Vol. 56, No. 2, 2012, pp. 259 – 274; Gregory D. Miller, *The Shadow of the Past*: *Reputation and Military Alliances before the First World War*, Ithaca: Cornell University Press, 2012.

④ "牵连风险"是联盟的固有风险，系统论述参见 Glenn H. Snyder, "The Security Dilemma in Alliance Politics", *World Politics*, Vol. 36, No. 4, 1984, pp. 461 – 495; Glenn H. Snyder, *Alliance Politics*, Ithaca and London: Cornell University Press, 1997. 更早指出这种风险的文献，参见 Michael Mandelbaum, *The Nuclear Revolution*: *International Politics Before and After Hiroshima*, New York: Cambridge University Press, 1981, p. 152；《韩非子·五蠹第四十九》、《韩非子·说林上第二十二》、《韩非子·亡征第十五》。

境"（patron's dilemma）、"承诺难题"等一系列大国因受小国盟国"连累"而使自身冲突风险上升的作用机制。①"抛弃风险"是指一国遭遇敌国入侵时盟友拒绝提供军事援助的风险。毕竟，结盟是一种有具体假想敌的国家间安全合作行为，参与这种安全合作有可能陷入与假想敌的战争，甚至招致假想敌的先发制人式打击，在这种情况下，联盟成员都或多或少地存在背叛合作、抛弃盟友的潜在动机，特别是当援助盟友的成本较大而自己的直接收益较小时更是如此。②

对被抛弃和被牵连的双重恐惧构成了联盟安全困境（alliance security dilemma）：一国因担心被盟友抛弃选择强化同盟关系，但这种努力又会使得自身更容易因盟友的行为而被牵连；而如果为防止被盟友牵连，一国选择疏远或弱化同盟关系，这种做法又会加大自己被盟友抛弃的风险。抛弃和牵连两种风险之间的这种反比关系，构成了同盟内部的安全两难。已有研究认为，在不对称同盟中，大国更担心被牵连，小国更担心被抛弃。③ 基于此，小国如何降低被抛弃的风险、大国如何避免被牵连的风险便成为现有不对称同盟管理研究议题中最为关心的两个问题。

根据现有理论研究，降低被抛弃风险的方法有两种。一是让大国盟国做出可置信的承诺。承诺可置信的关键是增加大国盟国违约的观众成本和声誉成本，从而降低小国盟国对该大国违背联盟承诺的担心。詹姆斯·费伦（James D. Fearon）探讨了国家让自己的安全合作承诺变得可置

---

① 关于"道德风险"，参见 Brett V. Benson, *Constructing International Security: Alliances, Deterrence, and Moral Hazard*, Cambridge: Cambridge University Press, 2012。关于"纠缠问题"，参见 Tongfi Kim, "Why Alliances Entangle but Seldom Entrap States", *Security Studies*, Vol. 20, No. 3, 2011, pp. 350 - 377; Michael Beckley, "The Myth of Entangling Alliances: Reassessing the Security Risks of U. S. Defense Pacts", *International Security*, Vol. 39, No. 4, 2015, pp. 7 - 48。关于"资助人困境"，参见 Keren Yarhi-Milo, Alexander Lanoszka, and Zack Cooper, "To Arm or to Ally? The Patron's Dilemma and the Strategic Logic of Arms Transfers and Alliances", *International Security*, Vol. 41, No. 2, 2016, pp. 90 - 139。关于"承诺难题"，参见左希迎《承诺难题与美国亚太联盟转型》，《当代亚太》2015 年第 3 期。

② 关于"抛弃风险"的系统论述见 Glenn H. Snyder, "The Security Dilemma in Alliance Politics", pp. 461 - 495; Glenn H. Snyder, *Alliance Politics*。

③ Michael Mandelbaum, *The Nuclear Revolution: International Politics Before and After Hiroshima*, pp. 151 - 152; Glenn H. Snyder, *Alliance Politics*, pp. 183 - 184; 苏若林、唐世平：《相互制约：联盟管理的核心机制》，《当代亚太》2012 年第 3 期。

信的两种途径。一种是"自缚手脚"(tying hands),亦即通过以书面形式将自己的安全承诺公之于众等方式,增加自己不按承诺做事的观众成本和声誉成本,从而使自己不履行承诺的净收益小于履行承诺的净收益。另一种是"沉没成本"(sinking costs),核心是通过事先加大对合作对象国的经济和军事援助力度,让盟友相信在真正发生冲突时其愿意介入的强烈意愿。[1] 有研究指出,相比于"沉没成本","自缚手脚"的做法更能提升安全承诺的可信性,签订书面盟约对强化和绑定同盟成员合作意义重大。[2] 詹姆斯·莫罗(James D. Morrow)指出,不对称同盟中的小国通过做出诸如"允许较大盟友在一定程度上控制其外交和国内政策,或者允许较大盟友投射力量以推动其他利益"等"自缚手脚"式的让步,会使得不对称同盟持续的时间更长。[3]

二是威胁退出同盟,即通过向盟国发出可能退出同盟的威胁,迫使盟国强化对盟约的承诺,以此降低盟国抛弃自己的风险。威胁退出同盟要想发挥效果有严格的限定条件,其中最关键的一点是要使盟国继续留在同盟中的期望价值大于其背叛或是重组联盟的期望值,否则将会加速盟国的背叛。[4] 已有研究指出,20 世纪 50 年代,苏联对美日同盟采取的旨在使日本脱离美国的楔子战略(wedge strategy)失败的原因是美国采取了一系列旨在维持或增强盟友忠诚度的约束性政策。而这一约束战略(binding strategy)之所以能够奏效,核心是美国在不对称同盟框架内向日本提供了其他国家无法替代性提供的安全经济收益。[5]

---

[1] James D. Fearon, "Signaling Foreign Policy Interests: Tying Hands versus Sinking Costs", pp. 68 – 90.

[2] Matthew Fuhrmann and Todd S. Sechser, "Signaling Alliance Commitments: Hand-Tying and Sunk Costs in Extended Nuclear Deterrence", *American Journal of Political Science*, Vol. 58, No. 4, 2014, pp. 919 – 935; James D. Morrow, "Alliance: Why Write Them Down", *Annual Review of Political Science*, Vol. 3, No. 1, 2000, pp. 63 – 83.

[3] James D. Morrow, "Alliances and Asymmetry: An Alternative to the Capability Aggregation Model for Alliances", pp. 904 – 933.

[4] Glenn H. Snyder, *Alliance Politics*, pp. 184 – 185.

[5] Yasuhiro Izumikawa, "Binding Strategies in Alliance Politics: The Soviet-Japanese-US Diplomatic Tug of War in the Mid – 1950s", *International Studies Quarterly*, Vol. 62, No. 1, 2018, pp. 108 – 120.

根据现有研究,降低被盟国牵连的风险的一个重要方法是具体化联盟承诺的内容。戴维·莱克（David A. Lake）指出,在不对称同盟中,牵连问题尤其突出。小国由于无法靠自身推动变革,因此会通过制造一些事端来迫使盟国大国介入,以此获得大国支持。正因如此,大国在做出安全承诺之前可以要求对小国的行为进行某些控制,以减少牵连的风险。① 童非·金（Tongfi Kim）研究指出,参加同盟的国家在组建同盟前后,往往都会仔细设计和修改盟约,使其对同盟义务的界定以及同盟义务适用的条件尽可能具体,例如规定该同盟具体针对哪些敌对国家,具体适用于哪些地理范围内的安全事态,再比如规定因盟国首先挑衅引发的冲突不适用于本同盟条约等,以这种方式降低被其他盟国牵连的风险。②

三 现有研究的不足

综合国内外研究,现有关于不对称同盟研究的不足主要体现在三个方面:一是理论研究弱于政策研究,且更多源于对西方历史经验的观察;二是理论研究相对忽视小国的视角,对小国的行为关注不够;三是现有理论对小国行为的复杂性和多样性关注不够,多数研究局限于从概念到概念的理论探讨。

首先,政策研究多于理论研究,理论研究主要源于近现代以来西方的历史经验。有鉴于国际关系的基本现实是大国行为与大国关系构成了国际关系的主轴,对小国行为、小国与大国关系的关注也多是为了更好地判断分析大国关系的走向,因此,同国际关系其他领域的研究类似,有关不对称同盟的研究在各议题领域内关注的重点仍然主要是不对称同盟的形成、

---

① David A. Lake, "Anarchy, Hierarchy, and the Variety of International Relations", *International Organization*, Vol. 50, No. 1, 1996, pp. 1 - 33; David A. Lake, *Entangling Relations: American Foreign Policy in Its Century*, Princeton: Princeton University Press, 1999, p. 332.

② Tongfi Kim, "Why Alliances Entangle but Seldom Entrap States", pp. 350 - 377。关于约束性条款对降低牵连风险的效用,有学者也提出了相反的观点。例如,布雷特·本森认为,要想降低牵连风险,盟国反而应该模糊联盟安全承诺的程度、范围和对象,将是否为盟国提供援助的决策概率化,而不是明确化。参见 Brett V. Benson, *Constructing International Security: Alliances, Deterrence, and Moral Hazard*。

发展对整体或地区国际格局的影响，突出的表现就是对不对称同盟的政策研究要远多于理论研究，学界近年来集中关注的是美国如何通过调整和扩大东亚地区双边同盟体系与北约多边同盟体制来维护既有的霸权等政策性问题。而即使在理论研究领域，不对称同盟理论的发展也多是基于对近现代以来欧美国家不对称同盟历史经验的归纳总结。例如，斯蒂芬·沃尔特（Stephen M. Walt）有关小国基于安全威胁的考虑选择与大国结盟的观点主要是基于对三十年战争时期以及19世纪至20世纪的欧洲国家结盟的实证考察，① 车维德（Victor D. Cha）有关不对称同盟内大国之所以采取双边同盟而不是多边同盟的形式是为了获得对小国行动最大控制力的理论性判断，主要是基于对美国东亚双边同盟体系的考察。②

其次，理论研究相对忽视小国视角，尤其忽视了不对称同盟下小国的行为。现有的不对称同盟理论研究虽然在同盟形成和同盟管理上也关注到小国寻求结盟的动机以及小国在同盟存续的过程中如何防止被抛弃等问题，但仍存在相对忽视小国视角的不足。这主要体现在对小国行为过于简化的假定。例如，现有关于小国与大国结盟的理论基本都隐含这样一个假定：在面临外部强大的安全压力或是利益诱惑时，小国会选择同某一大国或是大国集团结盟。但从小国的视角，与一个大国还是与多个大国同时结盟都既是可能也是现实存在的，只要这种结盟的形式能最大化小国的国家利益即可。比如，春秋时期郑国与晋楚两国的结盟，19世纪末德国与俄奥两国的三皇同盟、德国与意奥的三国同盟等。③ 对小国结盟行为的过于简化的假定反映出现有研究对从小国视角思考不对称同盟相关理论性问题的忽视。

同盟管理的研究也存在类似问题，表现就是相对忽视了不对称同盟管理中比小国被"抛弃"问题更普遍存在的其他问题的研究。如莫罗所言，不对称同盟的实质是小国与大国就自主性与安全进行的交换。受能力的限制，小国不仅不愿意被大国随意"抛弃"，而且会通

---

① ［美］斯蒂芬·沃尔特:《联盟的起源》。
② Victor D. Cha, "Powerplay: Origins of the U. S. Alliance System in Asia", pp. 158 – 196.
③ 周方银、王旭彤:《两面结盟现象的再思考——兼评〈盟国的敌人还是盟国—古代朝鲜半岛国家"两面结盟"之谜〉》,《当代亚太》2016年第4期。

过各种制度约束,使大国抛弃小国变得几乎不可能。在这种情况下,不对称同盟管理中对小国来说更普遍存在的问题应该是在保持同盟框架不变的情况下,小国如何追求更多自主权的问题。例如,日本、韩国近年来日益明显地表现出在美日同盟、美韩同盟框架下追求更多自主性的倾向。但颇为可惜的是,这一从小国视角研究不对称同盟管理的理论问题并未得到学界的充分重视,多数研究仍然仅仅局限于不对称同盟的本质、持续时间等议题。

再次,现有研究路径大多是从理论和概念出发,忽视了不对称同盟现象和小国行为的复杂性和多样性,致使许多不对称同盟下的小国行为难以用现有理论解释。例如,根据现有的主流理论和国际关系的一般常识,当面临大国安全威胁时,小国的正常举动是寻求其他国家的援助,比如追随另一个大国与其结盟。如果小国已经有一个与其存在安全保护关系的大国盟国(或潜在盟国),那么小国的优先策略应当是巩固和加强与这个大国盟国的关系,以更好地抵御外部安全威胁,保障自身安全。但是国际政治的现实显示,小国往往会在这样看似"理所当然"的问题上表现出行为的反常。2017至2018年,巴基斯坦在面临来自周边大国印度的强大安全压力时,不仅没有维护和加强与盟国美国的合作关系,反而选择了"自我孤立",公开宣称终止与美国的同盟关系。[①] 这是现有的不对称同盟理论无法解释的。再比如,前述的小国与两个大国同时结盟的情况,在其中更为极端的情况是小国与两个彼此敌对的大国同时结盟。无论是依据常识和经验,还是诉诸国际关系理论,我们都很难想象个人或者国家会与两个彼此互为敌人的行为体同时结盟。社会心理学中的结构平衡理论(structural balance theory)也确证了这一直觉性印象:将朋友的敌人作为敌人,三者之间的关系会非常稳定;相反,将朋友的敌人作为朋友,三者的关系将极不稳定。[②] 在国际政治中,导致A国和B国结盟

---

① "Pakistan Foreign Minister Says U. S. Has Undermined Countries' Ties", *Wall Street Journal*, January 5, 2018, https://www.wsj.com/articles/pakistan-says-alliance-with-u-s-is-over-1515155860.

② Fritz Heider, "Attitudes and Cognitive Organization", *The Journal of Psychology*, Vol. 21, No. 1, 1946, pp. 107-112; Fritz Heider, *The Psychology of Interpersonal Relations*, New York: John Wiley & Sons, Inc., 1958.

的一个最常见的原因就是它们需要联手应对共同的敌人或威胁 C。[①] A 国在保持与 B 国同盟关系的同时又与 B 国的敌国 C 国结盟，这种现象由于太过不可思议——如果不是完全不存在的话——而不被现有国际关系理论所讨论。但在东亚国家的历史上，我们可以看到，当时的东亚小国高丽（918—1392），却发生过与当时体系内的头号和二号敌对强国同时结盟的现象，这同样是现有的不对称同盟理论无法解释的现象。

第二节　本书的研究思路和研究方法

一　研究思路

本书意在以小国为主要视角，从联盟形成和联盟存续两个维度探究小国在不对称同盟下的行为规律及其背后的理论原理，并发掘其隐含的理论启示。需要特别说明的是，本书的研究不是要推翻和替代现有的不对称同盟理论，而是旨在从经验困惑入手，尝试对现有理论解释的盲区进行补充和完善。

本书的主要目的是探究不对称同盟下小国的行为规律并进行针对性的理论挖掘与拓展。如前所述，不对称同盟下的小国行为是现有理论研究相对薄弱的环节。相比于理论，现实中的小国行为更趋复杂化与多样化。有鉴于此，本书将以不对称同盟下小国的行为为主要研究对象，探究不对称联盟形成和存续过程中的小国行为规律及其理论原理，并在此基础上挖掘隐含的理论启示。本书重点研究和解释了不对称同盟下小国的四种行为，分别是与两个敌对大国同时结盟的"两面结盟"行为，主动疏远大国盟国以应对敌对大国威胁的"自我孤立"行为，时而要求自主时而强化对大国依赖的"自主权衡"行为，以及在同盟内与同盟外大国之间的"两面下注"行为。

本书的主要研究思路是从经验困惑中寻找研究问题，补充完善现有理论的解释盲区。本书遵循以困惑为导向的研究路径，将现有理论不能

[①] Stephen M. Walt, *The Origins of Alliance*, Ithaca and London: Cornell University Press, 1987.

充分解释或尚未解释的、看似特殊的小国行为作为研究问题,在经过逻辑推演或归纳得到暂时性的理论假设后,再综合使用定性与定量方法验证假设的解释力,确定理论的适用边界。本书所进行的理论探索与努力并不是要推翻现有有关小国行为的理论研究,而是希望通过对这种"特殊行为"的研究,来补充现有不对称同盟理论解释的盲区,推动相关理论认识的创新。例如,通过对小国"自我孤立"行为的研究,提示不对称同盟可能具备一种此前从未被人意识到的功能——负面威慑功能;对小国"两面结盟"行为产生机制的研究,可以为我们探究大国权力竞争更多可能的模式提供有益的启发。

二 研究方法

本书在方法论上遵循分析折中主义(analytic eclecticism)。分析折中主义是 21 世纪以来逐渐在国际关系领域兴起的一种新的研究路径,它反对从某种宏观范式的既定框架出发,反对机械地套用某种既定范式去解释问题,而主张以具体经验困惑为导向,灵活、综合运用各种范式的有用原理、思路、概念,提出针对某类具体问题的解释。① 分析折中主义主要具有以下三方面特点:

一是困惑导向。与范式为导向的研究方法不同,分析折中主义以真实世界中遇到的困惑为导向,以回应现实政策中的难题为落脚点,强调问题意识和现实关怀,所提出的问题因而具有反映现实复杂性的开放特征,往往比以范式为导向提出的研究问题更为宽泛和复杂。例如本书第六章对亚太国家"两面下注"行为的研究就是对"大国权力竞争如何影响小国行为选择"这一具有鲜明现实关切和现实困惑的经验问题的回应。

二是兼收并蓄。分析折中主义反对托马斯·库恩(Thomas Kuhn)提出的范式间不可通约的观点,认为在解决经验困惑的过程中,不同范式可以相互补充相互启发,不同范式下的概念可以基于一定的标准进行转化,共同服务于复杂现实问题的解决。同时,分析折中主义不先验地假

---

① 参见〔美〕鲁德拉·希尔、〔美〕彼得·卡赞斯坦《超越范式:世界政治研究中的分析折中主义》,第 1、2 章。

定某一范式优于其他范式，不预设哪种范式的分析概念更重要，而是从问题出发，经过严密的推理论证，寻找到对问题最合理最可信的解释。本书第二章对"两面结盟"问题的研究，就将国际关系理论中现实主义范式的"实力"概念与建构主义范式强调的"认同"概念结合起来，共同解释小国在面对来自实力强大的敌国的安全威胁时，选择在保持与原有盟国的同盟关系的同时与敌国也建立起同盟的原因。

三是逻辑论证和因果机制。分析折中主义主张超越范式边界，将多种范式"合成"在一起，但这种合成并不是不同范式的简单"相加"，而是通过严格的逻辑论证，清晰地给出导致最终结果的因果机制，将原本隐藏在"黑箱"下的不同因素之间的复杂关系和互动效应展示出来，从而实现不同范式间逻辑和概念的融合，进而提出新的解释模式。不仅如此，这种"合成"后的因果机制通常都是针对特定条件下某一具体问题的专门性解释，因而具有较严格的适用边界。本书在对"两面结盟""大国共治""自我孤立""自主权衡"等经验困惑进行解释时都用了相当的篇幅推导和展示其内在的因果机制，并注意给出了这些解释成立所需的条件。

在坚持分析折中主义的总体研究原则基础上，本书运用了以下一些相关的研究技术：

第一，案例间比较和案例内过程追踪。案例间比较大致可分为求同比较和求异比较两大类。求同比较是看同样的因素在不同的环境下能否产生同样的结果，求异比较则是看在相同或相似的情形下，因素的变化能否导致结果发生相应的变化。本书将在"两面结盟"、"大国共治"和"自主权衡"等章节综合运用这两种案例间比较方法。过程追踪是探究和检验因果机制的最主要方法，其核心思路是将原因和结果之间所隐藏的更细微的因果链条打开，通过深入分析案例发展过程的细节，考察其实际过程是否真的存在理论假设所指出的因果作用环节。本书还将借助过程追踪方法检验上述章节所研究现象的内在因果机制。

第二，博弈论。博弈论是研究互动情境下理性决策者行为选择和结果的有效分析工具。在"自我孤立"部分，本书将主要运用博弈论中的信号博弈方法，分析小国面对敌国军事威胁时公开疏远与大国盟国关系的行为背后所隐藏的信号博弈原理,从而为这种看似不理性的战略行为提供一种理性分析框架。

第三,大数据分析与计量建模。对海量数据进行精确分析是现代科学研究的重要方向之一。其中,Gdelt(Global Database of Events, Language and Tone)数据库是目前全球最具代表性的社会科学大数据数据库,它对世界上不同国家和地区的超过100种的语言的媒体进行实时数据搜集,通过计算机编码构造事件数据集。本书将在"两面下注"的章节使用MySQL语言对Gdelt数据库中有关国家间冲突与合作关系、AvgTone等数据进行提取。在此基础上,借助动态面板的系统GMM方法,建立针对亚太22个国家1991至2018年行为的动态面板模型,对这些国家在大国权力转移过程中的行为选择规律做出实证研究。

三 潜在的学术价值

本书的研究具有以下几方面的潜在学术价值:

一是有助于丰富小国视角下的不对称同盟理论。如前所述,现有的不对称同盟理论主要从国际和地区格局的角度来研究不对称同盟的形成与维系问题,这必然导致理论研究相对更为关注不对称同盟下的大国行为,而对小国行为的观察分析不足。如果一项理论仅重视研究互动中一方的行为,而相对忽视另一方行为的话,由此建立起来的理论体系也很难被视为是完备和系统的科学体系。更为重要的是,与大国相比,小国虽然因实力弱小理论上对同盟的贡献和影响力相对更小,但历史经验不断告诉我们,小国的支持和追随不仅是大国国际地位和影响力的主要来源,其在关键时刻的选择甚至能够决定战争或者竞争的走向甚至是最终的结局。本书对不对称同盟下小国行为规律和背后理论原理的探究,有助于丰富现有理论的小国视角,为准确把握和预测小国行为提供理论支撑。

二是有助于在理论简化和历史细节之间更好地把握平衡。受物理学和经济学等学科的影响,一般性国际关系理论研究越来越注重对现实的简化,追求用尽可能少的假定和变量去解释尽可能多的现象。借助这种理论简化,我们得以从更一般、更抽象的视角把握和分析国际问题,国际关系和国际问题研究也才得以真正从国际关系史等传统学科中脱离,成为一门独立的社会科学学科。但社会科学研究对象的复杂性决定了,国际关系学不可能像物理学等自然科学那样建立纯粹的公理化演绎理论体系,而必须诉诸经验观察和归纳。归纳则要求关注历史和客观现实,强调从特殊性中寻找一般性。本书就是从不对称同盟下小国行为的特殊性入手,从经验困惑入手,以此纠正理论研究的"过度"简化问题,加强理论研究的现实关照。同时,一般性国际关系理论和方法的引入,有助于防止对小国行为的研究走向另一个极端,即陷入历史细节考据和纯现状描述,有助于在理论简化和历史细节之间更好地把握平衡。

三是运用实证研究方法,有助于提高研究结论的创新性和可靠性。毋庸讳言,目前部分国际关系研究的方法论意识仍相对薄弱,研究过程中有时会忽视对既有研究成果的批判性回顾,从而使研究陷入"低水平重复"的窘境,而同时所得结论有时过于依赖对历史的简单归纳和研究人员自身的经验判断,这又会削弱研究结论的可靠性。本书倡导将社会科学实证研究的基本程序和前沿方法积极运用于国际关系研究,以尽可能地避免上述缺陷。一方面,实证研究方法要求在开展自身研究前对所研究问题的既有研究做出批判性回顾,这样有助于明确既有研究的程度、范围和不足,确定已知和未知的边界,帮助研究者将主要精力投身于对未知的探索和创新;另一方面,实证研究方法强调研究设计,主张通过案例间对比、案例内过程追踪、统计分析等定性和定量方法尽可能排除干扰因素的影响,这有助于提高研究观点的可靠性。

四是以非近代欧洲历史推动国际关系理论创新。现有主流国际关系理论的经验依据主要来自1648年《威斯特伐利亚和约》签订以来的欧洲近现代历史。随着时间的推移和研究的不断积累,经验数据来源的局限性会不可避免地导致理论思路和理论观点的局限性。正因如此,近年来中国和西方均有不少学者呼吁超越近代欧洲历史,从包括中国在内的世界其他地区的更广阔历史时空中寻求新的理论创新源泉。本书的研究在很大程度上是对这种学术呼吁的一种回应和践行。通过考察古代和现当代亚太地区小国的行为,我们确实发现了现有国际关系理论尚未关注和解释过的新现象,由此启发我们从一个全新的视角推动联盟理论、大国战略竞争理论等理论的创新。

第三节　章节安排

本书共分为七章。除第一章导论和第七章结论外，其余五章分别研究不对称同盟下小国的四种行为及其理论启示。各章主要内容如下：

第二章研究不对称同盟下小国的第一种行为："两面结盟"。所谓两面结盟，指的是小国分别与两个相互敌对的大国同时结盟。两面结盟具体包括三种类型：内部相容型两面结盟、内部半相容型两面结盟和内部不相容型两面结盟。这三类"两面结盟"形成的难度依次递增。本章主要研究形成难度最大的第三类两面结盟——内部不相容型两面结盟，这种两面结盟描述了这样一种现象：小国 C 国与敌对大国 A 国与 B 国分别结盟，且 C 国与 A 国的结盟明确针对 B 国，C 国与 B 国的结盟也明确针对 A 国。这种形式的两面结盟现象极大地超越了现有国际关系理论的认知范畴，却的确是一种客观存在。本章研究认为，在满足三个条件时，会出现这种"内部不相容型两面结盟"：小国须至少有两种重要且仅靠自身无法满足的需求；两个大国（主观或客观上）分别只能满足其中的某一项需求；两个大国之间形成一种互有顾忌、彼此均无必胜对方把握的僵持状态。前两个条件使小国有了两面结盟的意愿，后一个条件使小国具备了两面结盟的行动自由，三者共同促成了"内部不相容型两面结盟"的产生。本章通过运用古代东亚国际体系中高丽与宋、辽、金互动的案例从正反两方面验证"两面结盟"的生成机制。本章的研究为探究大国权力竞争更多可能的模式提供了有益的启发。

第三章在第二章研究的基础上，讨论"两面结盟"机制在更一般意义上的实现形式及其现实意义。本章分析指出，"两面结盟"是"大国共治"这种权力互动模式的一种特殊形式，其本质是同一个（批）小国同时接受两个存在权力竞争的大国的共同领导。当两个大国的对外功能出现分异，分别只能满足小国的某一种重要需求，同时大国间战争不再是一种可行的策略选项时，这种"共治"模式就可能出现并得以持续。与"分治"模式相比，"共治"模式下大国权力竞争的对抗性和地缘政治色彩都会更弱。因此，与新现实主义反对国家"专业化"的主张恰恰相反的是，在大国无战争时代，崛起国要想在减少与霸权国冲突的同时扩大自己的权力，反而需要在某个功能领域打造和发挥自己的比较优势，实现与霸权国角色的互补。本章以春秋晋楚弭兵等案例，证实了当大国间不存在功能分异，且大国间战争仍然可能的情况下，强行实行大国"共治"最终将退回"分治"的局面。

第四章研究不对称同盟下小国的第二种行为："自我孤立"。所谓自我孤立，指的是小国在面对大国军事威胁时疏远而非强化与盟国关系的现象。例如，巴基斯坦与印度在克什米尔问题上长期存在尖锐对抗。为迫使巴基斯坦让步，印度政府一度对巴基斯坦发出明确和严厉的军事威胁。但在军事威胁最严峻的时期，巴基斯坦非但没有努力维护和巩固与其盟国美国的关系，反而选择了看似"自我孤立"的举措，公开宣称终止美巴同盟关系。这种"自我孤立"行为显然难以通过现有的权力理论、不对称相互依赖理论等做出完满的解释。本章将运用信号博弈方法，揭示这种行为背后的信号释放机制，并讨论这种机制的理论意义。当满足特定条件时，拥有核威慑能力的小国可以通过故意疏远与其盟国的关系这种高成本策略，展示其愿意承担更大核战争风险的决心，从而增加在核边缘对抗中迫使敌对大国退让的概率。这个原理刻画并解释了一个违背国际政治基本常识的悖论：敌对大国对小国的军事威胁越大，小国越有可能疏远而非巩固与其盟国的关系。"自我孤立"悖论提示我们，联盟除了正面的延伸威慑功能外，还可能具备一种此前从未被注意到的负面威慑功能。

第五章研究不对称同盟下小国的"自主权衡"行为。在不对称同盟存续的前提下，同盟中的小国总是面临在更大的自主性与对同盟大国更大的安全依赖之间的权衡和取舍问题。本章将讨论不对称同盟下的小国在什么条件下会倾向更具自主性的安全政策，在什么条件下会选择加大对大国盟国的依赖。为研究这一问题，本章创造性地将"自主"这一概念细化为政治自主和军事自主两类，进而从战略信誉的角度揭示了不对称同盟下小国安全政策的选择规律：盟国安全保障的战略信誉与小国追求军事自主的倾向性呈反比，威胁来源国的战略信誉与小国追求政治自主的倾向性呈反比。当盟国安全保障的战略信誉和威胁来源国安全威胁的战略信誉都低时，小国会同时追求军事自主和政治自主；当盟国和威胁来源国战略信誉都高时，则会同时强化对盟国的军事和政治依赖。本章以美韩同盟为案例，通过考察李承晚、朴正熙、卢泰愚和卢武铉四个时期韩国政府的安全政策选择，验证了上述假设。本章的研究将有助于准确预测不对称同盟下小国的政策倾向以及同盟关系的可能走向。

第六章的研究涉及不对称同盟中的小国在同盟内大国与同盟外大国之间的外交选择问题。与这个问题相关的一个重要概念是"两面下注"（亦即"对冲"，hedging）。本章将研究小国的"两面下注"规律，同时也将探究决定小国与两个大国相对关系变化的影响因素，包括小国与其中一个大国的不对称同盟关系本身。具体而言，本章将借助动态面板的系统 GMM 方法，以亚太地区 22 个国家为研究对象、以 1991 至 2018 年为时间段建立模型，对小国在大国权力转移过程中的行为选择规律做出实证研究。研究发现，在大国相对实力稳定接近的阶段，大国关系本身会对小国的行为选择产生显著影响。大国关系越紧张，小国越倾向于在大国之间两面下注，同时越倾向于相对改善与实力呈上升趋势的大国的关系。此外，亚太国家国内合法性会正向影响它们的对冲倾向，但小国对外部的经济和军事依赖与其行为选择无关。本章的研究有助于推动更新对大国权力转移背景下小国行为规律的理解。

第七章简要梳理全书的研究发现，并总结相关研究经验和后续研究问题。

第 二 章

不对称同盟下小国的"两面结盟"行为

　　同盟问题是国际关系研究的重要议题。同盟理论也是目前研究群体最为广泛、研究成果最为丰富的国际关系中层理论。如前所述，长期以来，学界关注更多的是从大国的视角研究同盟问题，而从小国的视角探讨同盟，特别是不对称同盟下小国行为选择的研究则相对较少。本章将从理论创新的角度，探讨现有同盟理论忽视的、不对称同盟下小国的第一种行为——"两面结盟"。无论是依据常识和经验，还是诉诸国际关系理论，我们都很难想象个人或者国家会与两个彼此互为敌人的行为体同时结盟。社会心理学中的结构平衡理论也确证了这一直觉性印象：将朋友的敌人作为敌人，三者之间的关系会非常稳定；相反，将朋友的敌人作为朋友，三者的关系将极不稳定。① 但是在国际政治中，确实存在这种小国与两个相互竞争的大国同时结盟的现象。为此，本章将在清晰界定两面结盟概念的基础上，揭示该行为背后的理论机制，推动相关问题的理论创新。

第一节 "两面结盟"行为

　　在国际政治中，导致 A 国和 B 国结盟的一个最常见的原因就是它们

---

① Fritz Heider, "Attitudes and Cognitive Organization", pp. 107–112; Fritz Heider, *The Psychology of Interpersonal Relations*.

需要联手应对共同的敌人或威胁 C。① A 国在保持与 B 国同盟关系的同时又与 C 国结盟，这种现象由于太过不可思议——如果不是完全不存在的话——而不被现有国际关系理论所讨论。例如，第一次世界大战前摆在意大利面前的选择只有三个，要么与德国结盟继续留在同盟国阵营，要么与英国结盟加入协约国阵营，要么中立。与两大阵营同时结盟似乎从来都不是一个可能的策略选项。

然而，仔细梳理历史会发现，在国际关系史上确曾不止一次出现过小国同时与两个敌对大国结盟的现象。比如，春秋时期郑国与晋楚两国的两面结盟，高丽与当时体系内两大强国北宋和辽的两面结盟，等等。那么，究竟是什么原因导致了小国会与两个彼此对抗的大国（大国集团）同时结盟呢？探究不对称同盟下小国这种"两面结盟"之谜，不仅能够推动同盟理论的创新，而且有助于拓展我们对大国权力竞争模式和大国战略竞争态势下小国行为选择的一般性理解。

一 同盟的界定

在回答"为什么"之前，必须先确定"是不是"。要确定不对称同盟下小国是不是真的出现过"两面结盟"，必须首先明确什么是同盟，什么样的行为是结盟行为。

（一）同盟的内涵

关于同盟（alliance）的含义，学界历来界定不一。② 广义上讲，同盟可被视为"建立在利益或胁迫基础上的正式联合"，涵盖军事、政治、经济和贸易等多个领域。③ 狭义上的同盟则往往是指基于安全目的的联合，并且这种联合须以正式的条约为基础。例如，格伦·斯奈德（Glenn

---

① Stephen M. Walt, *The Origins of Alliance*.
② 在中文中，"同盟"又作"联盟"，本书不加区分地使用这两个概念。对"同盟"概念的详细梳理，参见孙德刚：《国际安全合作中联盟概念的理论辨析》，《国际论坛》2010 年第 5 期；Thomas S. Wilkins, "'Alignment', not 'Alliance' -The Shifting Paradigm of International Security Cooperation: Toward a Conceptual Taxonomy of Alignment", *Review of International Studies*, Vol. 38, No. 1, 2012, pp. 53–76。
③ George Liska, *Nations in Alliance: The Limits of Interdependence*, Baltimore: The Johns Hopkins Press, 1968, p. 3.

H. Snyder)认为,"同盟是国家间关于使用或不使用军事力量而形成的正式联合,在具体情况下,这种联合通常是为了反对成员之外的某个或某些国家"。① 同样是从狭义的角度,ATOP 数据库对同盟的定义是:"至少两个独立主权国家的官方代表签订的书面协议,内容包括承诺在军事冲突中对盟国进行援助,在冲突中保持中立,制止与他国的军事冲突,或者在可能造成潜在军事冲突的国际危机中保持合作与协商。"②

由于在英文中常用"union"和"association"等词汇来指代经济、贸易和社会等领域的联合和合作机制,③ 因此将同盟(alliance)指涉的合作领域限定在安全和政治层面是合理的,但是否必须将那些没有正式书面协议的安全政治合作排除在同盟的范畴之外则值得商榷。毕竟,无论是在中国的春秋战国时期还是古希腊城邦时期,并不是每一次结盟行动都有明确而正式的书面协议,但谁也无法否认当时(狭义的)同盟现象的大量存在。从这两方面综合考虑,斯蒂芬·沃尔特对同盟的界定是相对合理的:"同盟是两个或两个以上主权国家出于安全合作而做出的正式或非正式安排。"他特别强调无论是否有正式盟约,只要有实质上的军事合作即可被视为同盟。④

综合上述定义,同时考虑到不对称性同盟的存在,本书将同盟界定为至少有一方负有为另一方提供军事支援义务的双边或多边合

---

① Glenn H. Snyder, *Alliance Politics*, p. 20. 其他类似的界定参见 Dan Reiter, *Crucible of Beliefs*: *Learning*, *Alliances*, *and World Wars*, Ithaca and London: Cornell University Press, 1996, p. 58; Stefan Bergsman, "The Concept of Military Alliance", in Erich Reiter and Heinz Gartner, eds., *Small States and Alliances*, New York: Physica-Verlag, 2001, p. 26。

② Brett Ashley Leeds, et al., "Alliance Treaty Obligations and Provisions: 1815 – 1944", *International Interactions*, Vol. 68, No. 3, 2002, p. 238. ATOP 数据库全称"同盟条约义务与条款"数据库(Alliance Treaty Obligations and Provisions),是定量研究同盟问题的最重要的数据库之一。

③ 在中文中,这些词汇往往也译作"联盟",如欧洲联盟(European Union)和东南亚联盟(Association of Southeast Asian Nations)。

④ Stephen M. Walt, *The Origins of Alliance*, p. 12. 类似的界定参见 Roger V. Dingman, "Theories of, and Approaches to, Alliance Politics", in Paul Gordon Lauren ed., *Diplomacy*: *New Approaches in History*, *Theory and Policy*, New York: The Free Press, 1979, p. 247; Michael N. Barnett and Jack S. Levy, "Domestic Sources of Alliances and Alignments: The Case of Egypt 1962 – 73", *International Organization*, Vol. 45, No. 3, 1991, p. 370; Joseph S. Nye, Jr., *Understanding International Conflicts*: *An Introduction to Theory and History*, New York: Longman, 1997, p. 17.

作安排。① 根据这个定义，古代东亚朝贡体系中的核心成员与中国之间的藩属国与宗主国关系就属于同盟关系。在这种朝贡体系下，宗主国对藩属国负有保护的义务，而藩属国在收到宗主国的敕令时，也须"出兵相助"或至少保持中立。② 除了朝贡关系这样的"君臣之盟"外，还存在所谓的"兄弟之盟"，后者同样具有军事合作的属性。

（二）什么（不）是同盟？

考虑到古代东亚国际体系和现代国际关系的话语体系存在很大差异，用现代国际关系理论中的"同盟"定义去框定古代东亚国际体系中国家的行为模式，本身就容易出现偏差，再加之学界对"同盟"这个概念本身的理解也存在不少争议和混淆，为了更清晰更准确地认识小国的战略行为，这里有必要对"同盟"的准确内涵做出更为具体的辨析。

首先，关系亲密友好不是同盟的必要和充分条件。即不能以两国元首关系好坏、两国交往互动是否频繁、两国关系是否亲密友好这些指标来判断同盟关系是否存在。关系好不一定是同盟，关系差也不一定不是同盟。例如，自 1991 以来，特别是进入 21 世纪，中俄关系长期保持在非

---

① 在实力不对称的同盟中，有时并不要求小国对大国承担安全责任。例如，1951 年标志美日同盟建立的《日美安全保障条约》就没有规定当美国遭遇外部安全威胁时日本的援助义务。关于 1951 年《日美安全保障条约》的内容，参见王帆《美国的亚太联盟》，世界知识出版社 2007 年版，第 201—202 页。关于非对称同盟中较弱方与较强方职责差异的论述，参见 James D. Morrow, "Alliances and Asymmetry: An Alternative to the Capability Aggregation Model for Alliances", pp. 904 – 933。

② 根据地理距离的远近和与中国政治关系的紧密程度，朝贡体系由内而外被划分为"汉字圈"、"内亚圈"、"外圈"等圈层，或者内臣地区、外臣地区、暂不臣地区等地区。参见［美］费正清《一种初步的构想》，载费正清主编《中国的世界秩序——传统中国的对外关系》，杜继东译，中国社会科学出版社 2010 年版，第 2 页；张锋：《解构朝贡体系》，《国际政治科学》2010 年第 2 期。所有与中国建立朝贡关系的国家，其动机都是多重的。随着这些国家与中国距离的由近及远，它们与中国朝贡关系中政治和安全方面的内容会逐渐淡化，经济方面的内容则逐渐增强。但至少对于中国朝贡体系的核心成员，能够从对中国的依附中获得安全保障和政权保障，无疑是其与中原汉族王朝建立朝贡关系的重要动机。参见简军波：《中华朝贡体系观念结构与功能》，《国际政治研究》2009 年第 1 期；郑容和：《从周边视角来看朝贡关系——朝鲜王朝对朝贡体系的认识和利用》，《国际政治研究》2006 年第 1 期；David C. Kang, "Stability and Hierarchy in East Asia International Relations, 1300 – 1900 CE", in Stuart J. Kaufman, Richard Little, and William C. Wohlforth, eds., *The Balance of Power in World History*, New York: Palgrave Macmillan, 2007, pp. 199 – 227。

常高的水平。根据清华大学国际关系研究院中外关系数据库的数据，大致从 2001 年开始，中俄关系分值始终保持在 8.0 左右（最高分为 9.0），是中国与所有主要国家双边关系中分值最高、最稳定的一组。① 多年来，中俄两国元首互访和互动频繁，在重大国际事务中配合默契，保持着很高水平的战略合作。然而，俄罗斯总统普京反复强调"俄罗斯不会考虑与中国建立军事政治同盟"。②

美菲关系则正好相反。2016 年 6 月杜特尔特就任菲律宾总统后，美菲关系一度出现重大裂痕。杜特尔特不仅公开指责美国的中东政策，称"伊拉克及其他中东国家发生流血冲突和美国受到恐怖袭击威胁，其根源都是美国的干涉政策"，③还公开发表针对时任美国总统奥巴马的辱骂性言论，以至美方取消了原计划在老挝万象举行的首次首脑会晤。④ 杜特尔特政府还要求美国从菲律宾南部地区撤军，⑤ 结束与美军在南海的联合巡航。⑥ 并且下令审查 2014 年美菲签署的《加强防务合作协议》⑦。尽管美菲关系出现严重倒退，但两国的同盟关系依然存续。美国多次声称，要"坚定"致力于两国盟友关系，"继续强化"美菲盟友关系。⑧ 就连杜特尔特本人也多次谈到，"美国是菲律宾唯一的签约盟国，菲美有着牢固的同

---

① 参见清华大学国际关系研究院中外关系数据，http://www.imir.tsinghua.edu.cn/publish/iis/7522/index.html。
② 《普京：俄罗斯不会考虑与中国建立军事政治同盟》，人民网，2014 年 4 月 17 日，http://world.people.com.cn/n/2014/0417/c1002-24910401.html。
③ 《菲律宾总统：中东乱局源于美国干涉政策》，新华网，2016 年 7 月 9 日，http://news.xinhuanet.com/world/2016-07/09/c_1119192511.htm。
④ 《杜特尔特发飙骂奥巴马，奥巴马：不约了》，新华网，2016 年 9 月 6 日，http://news.xinhuanet.com/world/2016-09/06/c_129271440.htm。
⑤ 《美菲矛盾再升级杜特尔特要求美国特种部队离开菲律宾》，新华网，2016 年 9 月 13 日，http://news.xinhuanet.com/world/2016-09/13/c_129278449.htm。
⑥ 《菲律宾不愿与美国"搭伙"的背后》，新华网，2016 年 9 月 15 日，http://news.xinhuanet.com/world/2016-09/15/c_1119569272.htm。
⑦ 《杜特尔特下令审查美菲军事协议》，新华网，2016 年 10 月 3 日，http://news.xinhuanet.com/2016-10/03/c_129309944.htm。
⑧ 《白宫称未启动撤销或更改美菲防务合作协议的程序》，新华网，2016 年 10 月 4 日，http://news.xinhuanet.com/world/2016-10/04/c_129310652.htm。

盟关系",①"菲律宾不打算取消或废止菲美军事同盟关系"。②"美菲同盟依然活跃。不必担心美菲同盟是否有变化。菲律宾也无意与其他国家建立同盟关系。"③

其次,同盟不意味着成员会为彼此无条件提供一切资源。是否只要是盟友,就应无条件地同意对方的任何要求,无条件地为对方提供自己的一切资源,否则就不是盟友?显然,对这个问题的肯定性回答是对同盟的一种不切实际的过高要求。很多时候,国家在签订盟约时,会出于规避风险等自利性的考虑,预先对自身所承担的同盟义务做出明确的限定。④ 同盟并不会对其成员承担无限责任。在现实世界中,在联盟存续状态下拒绝盟友要求的现象比比皆是。

以美韩同盟为例。1971 年,韩国为研发核武器,试图从法国和比利时等国引进核燃料制造及再处理技术和设备,此举遭到美国的坚决阻挠,美以扣留对韩贷款和撤出对韩安全保障为威胁,向韩国施加压力,同时积极游说法国、比利时中止与韩国有关核的秘密交易。⑤ 1972 年,韩美签订《韩美原子能协议》。根据协定,美国不允许韩国在发展民用核电的同时,发展独立的核燃料循环,即美国既不准韩国在未经美国许可情况下进行铀浓缩,也不准韩国对乏燃料进行后处理。⑥ 在美国的一再施压下,韩国被迫于 1978 年终止了核计划。然而美韩同盟一直延续至今且在不断加强。

再次,盟国决策都是基于自利目的的理性行为。一种非常常见且极

---

① 《菲律宾总统再批美大使干涉菲内政》,新华网,2016 年 8 月 10 日,http://news.xinhuanet.com/ttgg/2016-08/10/c_1119370749.htm。

② 《菲律宾总统杜特尔特称不再同美国进行联合军演》,新华网,2016 年 10 月 12 日,http://news.xinhuanet.com/ttgg/2016-10/13/c_1119705747.htm。

③ "DuterteArrives in Japan after Softening Comments on 'Separation' from U.S.", *Reuters*, October 25, 2016, http://www.worldaffairsjournal.org/content/duterte-arrives-japan-after-softening-comments-'separation'-us.

④ Tongfi Kim, "Why Alliances Entangle but Seldom Entrap States", pp. 350 – 377; Daina Chiba, Jesse C Johnson, and Brett Ashley Leeds, "Careful Commitments: Democratic States and Alliance Design", *The Journal of Politics*, Vol. 77, No. 4, 2015, pp. 968 – 982.

⑤ 李枏:《韩美之间的"核纠葛"》,《世界知识》2016 年第 6 期。

⑥ 沈丁立:《美国为韩国核能发展松绑》,《世界知识》2015 年第 11 期。

具代表性的关于"同盟"的理解是,如果一国军事援助另一国是前者出于自身私利的考虑,那么这两国的关系就不应视为同盟关系。这种看法在逻辑上等价的另一种陈述方式是:如果两国存在同盟关系,那么其中一国对另一国的任何军事援助行为都是基于纯粹的联盟义务而非自身利益。这两种对同盟关系的理解都是错误的。

与国家的其他绝大多数行为一样,国家的联盟行为同样是基于自身利益计算的理性行为。国家之所以会建立同盟,不管是出于制衡威胁还是为了获得利益,都是出于实际的利益考量。联盟成员之间如何才能避免牵连和抛弃,如何才能有效地慑止联盟外和联盟内的潜在威胁,现有的主流理论分析几乎全都建立在基于成本—收益分析的理性主义框架之上。[1] 在无政府状态下,无论是否存在联盟,一国任何援助另一国的行为都可以而且都只能还原为自利行为。任何不符合盟国自身利益的联盟"义务"所规定的行为都不会是盟国的均衡行为。

实证研究也显示,几乎不存在不是基于自身利益的联盟内援助行为。迈克尔·贝克利(Michael Beckley)系统考察了"国际军事冲突"(militarized interstate disputes,MID)数据库中1948年至2010年所有有美国介入的军事冲突。研究结果显示,在长达62年的时间里,只有5个案例美国疑似是因为出于履行联盟义务才介入的。在绝大多数案例中,美国的行动都是由其自身或盟友的利益所驱动,而并非出于对联盟义务的遵守。即使是那5个疑似案例,仍然有很多其他重要因素促使美国介入。不仅如此,美国还曾多次因自身利益考虑而有意回避甚至违背自身的联盟承诺。[2]

布雷特·利兹指出,有数据显示,在75%的情况下,联盟承诺得到了执行,在另外约25%的情况下联盟成员并未按照其事先许诺的那样行

---

[1] 例如 Michael F. Altfeld, "The Decision to Ally: A Theory and Test", pp. 523 – 544; Stephen M. Walt, *The Origins of Alliances*; Randall L. Schweller, "Bandwagoning for Profit: Bringing the Revisionist State Back In", pp. 72 – 107; Glenn H. Snyder, *Alliance Politics*; Keven Sweeney and Paul Fritz, "Jumping on the Bandwagon: An Interest-Based Explanation for Great Power Alliances", pp. 428 – 449; Brett V. Benson, *Constructing International Security: Alliances, Deterrence, and Moral Hazard*.

[2] Michael Beckley, "The Myth of Entangling Alliances: Reassessing the Security Risks of U. S. Defense Pacts", pp. 7 – 48.

动。他经过实证分析发现,如果建立同盟或者违背盟约的成本相对较低,那么同盟承诺遭到违背的可能性会很大。更重要的是,从加入同盟到出现状况而需要求助于同盟,这段时期一国所面临的内外部环境和条件有可能发生变化,这些变化会使得该国的决策者重新评估其成本收益,当违背联盟承诺的净收益超过遵守承诺的净收益时,联盟成员就很可能违背其所做的承诺。① 可见,联盟成员是否执行联盟承诺,根本而言都是基于自身的利益计算。当执行承诺不能使自己利益最大化时,即使联盟义务不变,成员行为照样会发生改变。

总之,以一国是否是从自身利益出发援助另一国来判断两国是否不存在联盟关系是不恰当的。绝大多数时候,联盟成员都是从自身利益出发来决定援助(或不援助)其他联盟成员的。

第四,成员地位不平等是不对称同盟的固有属性。同盟按照成员实力对比可以分为对称性同盟和不对称性同盟两类。在不对称性同盟中,很多情况下拥有明显实力优势的一方往往对实力较弱一方拥有领导权。较弱一方往往通过向较强一方出让自己一定程度的行为自主性,以换取自身安全效用的增加。② 对于实力较强的国家,往往能够通过结盟而对实力较弱的盟国施加有效的控制和约束,建立起明确而稳定的领导—被领导关系,而这也正是许多大国结盟的重要动机。③ 事实上,国际体系中存在上下级关系的等级制是普遍存在的,而第二次世界大战以来大国建立的等级制基本上都是以正式的军事同盟形式构建的。④

有学者指出,二战后美国与其盟国之间的关系,近乎古代东亚朝贡关系的翻版。⑤ 而在华约组织中,苏联同样处于绝对的领袖位置,东欧国

---

① Brett Ashley Leeds, "Alliance Reliability in Times of War: Explaining State Decisions to Violate Treaties", *International Organization*, Vol. 57, No. 4, 2003, pp. 801 – 827.

② James D. Morrow, "Alliances and Asymmetry: An Alternative to the Capability Aggregation Model for Alliances", pp. 904 – 933.

③ Patricia A. Weitsman, *Dangerous Alliances: Proponents of Peace, Weapons of War*; Jeremy Pressman, *Warring Friends: Alliance Restraint in International Politics*.

④ David A. Lake, *Hierarchy in International Relations*, Ithaca and London: Cornell University Press, 2009.

⑤ 邝云峰:《美国的朝贡体系》,《国际政治科学》2013年第4期。

家则是其卫星国，后者的对内对外政策甚至国家领导人的任命都须服从前者的意志。尽管等级如此森严，但没有人否认苏联与东欧国家是同盟关系。事实上，在特定条件下，"两面结盟"不仅与结盟各方权力的不平等不矛盾，而且原本就是权力不平等的一种自然结果。

（三）同盟的操作化定义

以上分析帮助我们澄清了对"同盟"概念理解的一些模糊之处：两国关系不亲密不友好、一国不为另一国提供后者想要的某种资源或援助、一国援助另一国是基于前者自身的利益考量、两国之间存在权力地位差异和从属关系，这些均不能作为判断两国同盟关系不存在的依据。那么，同盟关系存在的判断标准究竟是什么？还是应当回到本节一开始对"同盟"的定义："至少有一方负有为另一方提供军事支援义务的双边或多边合作安排"。显然，同盟与军事援助密切相关。但根据上文的讨论可知，一国对另一国实施了军事援助行动，不意味着两国存在军事同盟。同时，一国对另一国没有实施军事援助，不意味着两国不是同盟。这意味着，是否存在同盟关系，不能通过事后的行为来判断。

之所以不能通过事后的行为来判断同盟关系存在与否，根本原因是，狭义的同盟本质上是一种事先（ex post）做出的愿意为盟友承担军事援助责任的承诺（commitment）。[1] 如果不履行这种承诺，国家将付出声誉上的代价，难以在未来取得其他国家的信任和合作。正是由于这种风险的存在，缔结同盟存在"自缚手脚"的效应，使结盟者自己的策略空间受到压缩。正因如此，以同盟这种形式做出的承诺才是可置信的，[2] 同盟

---

[1] James D. Morrow, "Alliances, Credibility, and Peacetime Costs", *Journal of Conflict Resolution*, Vol. 38, No. 2, 1994, pp. 270 – 297; James D. Fearon, "Signaling Foreign Policy Interests: Tying Hands versus Sinking Costs", pp. 68 – 90; Matthew Fuhrmann and Todd S. Sechser, "Signaling Alliance Commitments: Hand-Tying and Sunk Costs in Extended Nuclear Deterrence", pp. 919 – 935; Keren Yarhi-Milo, Alexander Lanoszka, and Zack Cooper, "To Arm or to Ally? The Patron's Dilemma and the Strategic Logic of Arms Transfers and Alliances", pp. 90 – 139.

[2] 关于联盟的承诺作用，参见 Alastair Smith, "Alliance Formation and War", *International Studies Quarterly*, Vol. 39, No. 4, 1995, pp. 405 – 425; James D. Morrow, "The Strategic Setting of Choices: Signaling, Commitment, and Negotiation in International Politics", in David A. Lake and Robert Powell, eds., *Strategic Choice and International Relations*, Princeton: Princeton University Press, 1999, pp. 77 – 114.

也因此成为国家间合作的最高级形式。①

根据"同盟的本质是事先做出的承诺"这一根本原则，理想状态下判断两国是否是同盟的最直接方法是看双方是否在事先做出了明确的书面承诺，亦即看是否签订盟约。但在现实中，这种理想方法存在适用上的困难。一种情况是两国的确签订了书面的盟约，但由于时代久远资料缺失等原因，研究者难以获得相关信息。另一种情况是这种书面的盟约从一开始就不存在。正如斯蒂芬·沃尔特所说，许多国家都不情愿与盟友签订正式的盟约。美国和以色列从来没有签订过正式的书面盟约，但谁也不会质疑这两个盟国之间的承诺水平。②那么，在缺乏可观察的书面盟约的情况下，又该如何判断同盟关系是否存在呢？

还是要回到"同盟的本质是事先做出的承诺"这一根本原则上来。只有在存在这种承诺（无论这种承诺是正式成文的还是没有正式文约的）的情况下，被承诺方才可以基于"义务"而非"利益"的理由向承诺方提出履行承诺、提供援助的要求。换言之，在缺乏中央权威的无政府世界里，只有在事先存在承诺的情况下，一国才有"权利"（right）——而非"权力"（power）——向另一国提出做某事的要求。在没有承诺的情况下，一方向另一方提出某种要求，后者同意了是人家的"热情"，没同意是人家的"本分"。在有承诺的情况下，一方基于该承诺向另一方提出某种要求，后者同意了是其"本分"，没同意则是"违约"，需要付出相应的声誉代价。后者可以以任何理由和借口不答应前者的要求，但不能说前者没有提该要求的"权利"，因为承诺赋予了前者提出该要求的正当性，规定了后者负有履行该承诺的"义务"。

由于"存在同盟承诺"是"基于'义务'或'正当性'向对方提出军事援助要求"的必要条件，因此后者是前者的充分条件。因此，"被要求援助方是否认可要求援助方提出的军事援助要求的正当性"，是判断同盟是否存在的实质性标准。例如，我们之所以认为当前美国和日本存在同盟关系，是因为我们知道，如果他国入侵日本领土，美国负有援助日

---

① Arthur A. Stein, *Why Nations Cooperate*, Ithaca: Cornell University Press, 1990, p. 151.

② Stephen M. Walt, *The Origins of Alliances*, p. 12.

本的责任。日本有"权利"要求美国出兵援助，日本提出这种要求本身拥有不容否认的合法性。至于美国出于自身利益考虑最终是否真的出兵，不影响我们对美日同盟存在性的判断。

二 "两面结盟"的分类

所谓"两面结盟"，指的是一国分别与两个相互敌对的国家结盟。为了更深刻地理解"两面结盟"问题，这里有必要对其做出进一步的分类。具体来说，我们可以按照"一国与两个相互敌对国家分别结盟是否针对敌对双方"这一标准，将"两面结盟"现象分为下述三类，这三类"两面结盟"形成的难度依次递增。

第一类：内部相容型两面结盟。假设 A 国与 B 国敌对，如果 C 国与 A 国的结盟不针对 B 国，并且 C 国与 B 国的结盟不针对 A 国，那么这种形式的"两面结盟"我们不妨称之为"内部相容型两面结盟"。这种"两面结盟"中的两组双边同盟，针对的对象均来自这三个国家以外。不难看出，历史上大多数"两面结盟"的案例都属于此类。例如 19 世纪末德国与俄奥两国的三皇同盟。俾斯麦德国与奥地利和俄国结盟的目的是孤立和打击法国，而不是为了联合奥地利对抗俄国，或者联合俄国对抗奥地利。在互不针对敌对双方的情况下，"两面结盟"的出现并不是特别难理解的现象。正因如此，这种"内部相容型两面结盟"现象相对比较普遍。

第二类：内部半相容型两面结盟。假设 A 国与 B 国敌对，如果 C 国与 A 国的结盟针对 B 国，但是 C 国与 B 国的结盟不针对 A 国，那么这种形式的"两面结盟"称为"内部半相容型两面结盟"。在这种"两面结盟"中，有且只有一组双边同盟针对的对象是三国中处于敌对状态的两国中的其中一国。显然，这种类型的"两面结盟"形成的难度大于第一类。例如，公元前 465 年，雅典攻打萨索斯，斯巴达则向萨索斯承诺将入侵雅典城所在的阿提卡以援助萨索斯。而此时斯巴达和雅典至少在名义上依然保持着同盟关系。[①] 显然，斯巴达与相互敌对的雅典和萨索斯存在

[①] [美] 唐纳德·卡根：《伯罗奔尼撒战争》，陆大鹏译，社会科学文献出版社 2016 年版，第 16 页。

着"两面结盟"关系,而且这种"两面结盟"关系属于"内部半相容型两面结盟"范畴:斯巴达与萨索斯的结盟直接针对雅典,而斯巴达与雅典的同盟则不针对萨索斯。

第三类:内部不相容型两面结盟。假设A国与B国敌对,如果C国与A国的结盟针对B国,并且C国与B国的结盟针对A国,那么这种形式的"两面结盟"称为"内部不相容型两面结盟"。在这种"两面结盟"中,两组双边同盟针对的对象就是三国中处于敌对状态的那两个国家。显然,这种类型的"两面结盟"形成的难度是三种类型中最大的。本章重点研究的就是这一类"两面结盟"现象。

对于小国而言,两面结盟就意味着小国与两个相互敌对的大国同时结盟。推到极值,就是小国与体系中实力最强的两个国家同时结盟,而这两个国家相互敌对的原因是竞争体系主导权。这种情境实际就是两极体系中两个"极"同时与一个小国分别结盟。根据肯尼思·华尔兹的结构现实主义理论,两极结构下的国际政治不存在边缘地带,任何遥远地区发生的事态都会引发两个超级大国的关注,两个超级大国中任何一方的任何举动和变化都不会逃出另一方从势力均衡角度计算权衡的范畴。[①]因此,对于两个存在主导权竞争的体系性大国来说,任何一方与一个小国的结盟都很难不被另一方视为对自身安全和权力的威胁。这意味着,这种情境下的"两面结盟"势必是一种典型的"内部不相容型两面结盟"。

如上所述,"内部不相容型两面结盟"出现的难度比"内部相容型两面结盟"出现的难度大得多。因此,本章实际上解释的是难度最大的一种"两面结盟"现象。这种"两面结盟"出现的难度虽然很大,但在穷尽所有这种"两面结盟"现象之前,谁也无法确定究竟有多少种作用机制能够导致这种类型的"两面结盟"现象。因此应当承认,本章所试图揭示的产生机制,可能只是"内部不相容型两面结盟"中多种产生机制中的一种,这种机制所解释的对象是小国与体系内头号和二号大国同时

[①] Kenneth N. Waltz, "The Stability of a Bipolar World", *Daedalus*, Vol. 93, No. 3, 1964, pp. 882–883.

结盟这一类现象。在下一节中，我们将具体探讨这种"两面结盟"的产生机制。

第二节 "两面结盟"行为背后的理论机制

一 已有理论解释及其批判

（一）有关同盟形成的已有理论解释

已有的同盟形成理论主要有两种视角：一是制衡视角，认为制衡权力或者制衡威胁是国家选择结盟的主要动因；二是追随（bandwagoning）视角，认为追求自身利益的最大化是国家选择结盟的主要动因。

制衡视角具体包括权力制衡论和威胁制衡论两种理论。这两种理论都认为国家选择结盟的直接动机是维护自身安全。不同的是，权力制衡说将某个国家的实力优势直接等同于该国对其他国家安全威胁的大小，因此认为在盟友的选择上，国家"倾向于加入两个联盟中较弱的一方"。①而威胁制衡说则认为，实力分配仅是影响威胁大小的诸多因素之一，国家通常选择与威胁较小而不是实力较弱的一方结盟以制衡威胁较大的一方。追随视角的代表性理论是利益平衡论。该理论认为，与实力较强者结盟在现实中更普遍；大多数的结盟行为是国家为扩大利益主动选择的结果，而不只是国家受到威胁不得已而为之。②

总之，在结盟对象的选择上，权力制衡论认为国家会与实力较弱的一方结盟以制衡实力强的一方；威胁制衡论认为国家倾向于和威胁较小的一方结盟以制衡威胁较大的一方；利益平衡论则认为国家会依据自己的利益偏好选择结盟对象，因此常常出现弱国与强国结盟的追随现象。除此之外，还有研究指出，政体、意识形态和国家声誉等也是影响国家选择结盟对象的重要因素。国家更倾向于与具有相同政体和意识形态、

---

① ［美］肯尼思·华尔兹：《国际政治理论》，第134页。
② Randall L. Schweller, "Bandwagoning for Profit: Bringing the Revisionist State Back In", pp. 88–92.

有良好国家声誉的国家结盟。①

已有的同盟形成理论究竟哪一种更符合现实,学界尚无定论,但至少对于小国"两面结盟"这种现象来说,上述理论都面临解释上的困境。根据已有理论,小国如果与二号强国结盟,那就可能遵循的是权力制衡或威胁制衡原则;如果与头号强国结盟,则可能遵循的是威胁制衡或利益平衡原则。但小国却同时与头号和二号强国结盟,已有理论显然无法解释这种既追随又制衡的结盟行为。如果说结盟是为了制衡权力,可小国却与头号强国结盟;如果说结盟是为了制衡威胁,可小国却也与对其生存构成威胁的二号强国结盟;如果说结盟对象的选择会受政体和意识形态等因素的影响,可历史上的案例却也显示小国均曾同时与意识形态相近和相异的国家结盟。总之,要想完满地解释这种"两面结盟"现象,我们必须实现对已有同盟形成理论的超越。

(二)"两面结盟"与两面下注的区别

小国"两面结盟"的做法,很容易让人联想到国际安全理论研究中的"两面下注"(hedging)概念。"两面结盟"与两面下注的确具有形式上的相似性,却存在性质上的不同。

帕特里夏·韦茨曼(Patricia A. Weitsman)从一般意义上界定了两面下注,认为这是一国在面临较低威胁水平时所采取的一种应对威胁的方

---

① 关于政体与结盟关系的研究,参见 Brett Ashley Leeds, "Domestic Political Institutions, Credible Commitments, and International Cooperation", *American Journal of Political Science*, Vol. 43, No. 4, 1999, pp. 979 – 1002; Colin H. Kahl, "Constructing a Separate Peace: Constructivism, Collective Liberal Identity, and Democratic Peace", *Security Studies*, Vol. 8, No. 2/3, 1998, pp. 94 – 144; Kurt Taylor Gaubatz, "Democratic States and Commitment in International Relations", *International Organization*, Vol. 50, No. 1, 1996, pp. 109 – 139; Brian Lai and Dan Reiter, "Democracy, Political Similarity, and International Alliances, 1816 – 1992", *Journal of Conflict Resolution*, Vol. 44, No. 2, 2000, pp. 205 – 224。意识形态与结盟关系的研究,参见 John M. Owen, IV, "When do Ideologies Produce Alliances? The Holy Roman Empire, 1517 – 1555", *International Studies Quarterly*, Vol. 49, No. 1, 2005, pp. 73 – 99; Mark L. Haas, "Ideology and Alliances: British and French External Balancing Decisions in the 1930s", *Security Studies*, Vol. 12, No. 4, 2003, pp. 34 – 79。国家声誉与结盟关系的研究,参见 Gregory D. Miller, "Hypotheses on Reputation: Alliance Choices and the Shadow of the Past", *Security Studies*, Vol. 12, No. 3, 2003, pp. 40 – 78; Mark J. C. Crescenzi and Jacob D. Kathman, "Reliability, Reputation and Alliance Formation", paper for 2009 Annual Meeting of the American Political Science Association, Toronto, CA.

法，即"与潜在的竞争者和朋友同时建立低水平承诺的协定",[1] 这意味着既不对潜在朋友做出过高的承诺以避免过度刺激潜在竞争者，也不对潜在竞争者做出过高的承诺以避免立即失去眼前的朋友。布洛克·特斯曼（Brock F. Tessman）进而将两面下注视为中小国家应对单极霸权的一种具体策略。他指出，在单极霸权开始衰落、但竞争者和替代者尚不明确的情况下，两面下注战略可以帮助那些有潜力竞标霸权的二等大国（secondary power）在避免与霸权国发生直接战争的同时，赢得积累自身实力的时间，以增加自己在未来可能发生的与霸权国的直接战争中获胜的概率;[2] 同时也可以帮助小国降低对霸权国提供的公共物品的依赖，降低自身的脆弱性。[3]

从表现形式上看，本章所研究的"两面结盟"现象与两面下注的确有相似之处。首先，二者都强调对不同的互动对象同时保持较好的关系，都力图在不同交往对象之间保持一种战略平衡。其次，二者都认可对不同交往对象同时保持一定水平的承诺。只不过两面下注要求对各方所做的承诺均不宜太高，而"两面结盟"则要求对各方所做的承诺均须达到同盟水平。[4] 尽管如此，"两面结盟"并不等同于两面下注，两面下注理论无法解释本章所研究的"两面结盟"现象。

首先，根据韦茨曼的理论，两面下注只是当一国面临较低威胁水平时所采取的一种应对威胁的策略。随着威胁水平的上升，国家会转而采取其他相对应的策略。威胁升高后，国家一开始会采取绑定（tethering）策略，即通过某种协议拉近自己与竞争者的关系。而当绑定策略无法有效管控竞争者时，国家会倾向于选择制衡策略。而如果威胁水平大到一

---

[1] Patricia A. Weitsman, "Alliance Cohesion and Coalition Warfare: The Central Powers and Triple Entente", p. 82.
[2] 例如，在不刺激霸权国的前提下，实现能源供给的多元化，发展和提升军事能力和技术等。
[3] 例如，在当前继续保持与霸权国良好关系的同时，积极推动建立区域性的合作组织，提高本国某方面实力等。
[4] 承诺水平的不同其实也是"两面结盟"和两面下注的一个重要区别。

定程度，追随会成为国家的首选策略。① 换言之，随着威胁水平的升高，国家选择两面下注策略的意愿会降低。但在古代东亚，威胁程度的变化并没有明显影响中国周边两面结盟的意愿。例如，1627年后金入侵并大败李朝，但就在如此巨大的国家生存威胁面前，李朝虽然被迫与后金结为兄弟之盟，但仍然与后金的竞争者——明朝——继续保持同盟关系。

其次，根据特斯曼的理论，两面下注是单极体系下中小国家为应对单极霸权国未来的衰落而采取的一种应对策略。之所以采取两面下注，是因为国际权力分配的走势尚不明确，因而需要"做两手准备"。那么反推可知，大国权力竞争的胜负形势越明朗，中小国家选择两面下注的必要性就会越低；如果大国权力竞争的结果已经非常明确，那些无力制衡大国的小国应该会很快倒向胜利的一方。然而，在辽和北宋的霸权竞争中，北宋长期处于相对劣势一方，但当时的高丽仍然在相当一段时期倾向于与北宋和辽同时维持同盟关系。

综上所述，对于小国"两面结盟"行为产生的原因，国际关系学界和历史学界现有的研究成果虽然不乏一定的启发性，但距做出完整而自洽的理论解释还相差甚远，这充分说明了从理论上探讨"两面结盟"的生成机制具有重要的学术意义，有助于推动现有不对称同盟理论的创新。

二 "两面结盟"的产生机制

小国与大国的同盟是一种不对称性同盟。在此类同盟中，大国与小国的结盟动机是不同且互补的。一般而言，小国的动机主要是获得大国的安全保证，包括积极保证和消极保证，前者指大国承诺帮助小国抵御来自第三方的安全威胁，后者指大国承诺自己不威胁小国安全。② 为此，小国须牺牲一定程度的自主性。而大国与小国结盟则会因为自己对小国的安全承诺而牺牲一定程度的安全，但可以以此换取小国的让步从而提

---

① Patricia A. Weitsman, "Alliance Cohesion and Coalition Warfare: The Central Powers and Triple Entente", pp. 82-83.

② 也有学者注意到小国结盟的经济动机，即小国可以通过与大国结盟而获取其所需的经济资源。参见 Michael N. Barnett and Jack S. Levy, "Domestic Sources of Alliances and Alignments: The Case of Egypt, 1962-73", pp. 369-395.

高自己决策的自主性。① 对于大国而言，不对称同盟更多的是一种对小国施加控制的工具。从这个意义上讲，小国与大国结盟是为了实现一种利益的交换，即小国将自己的一部分自主权让渡给大国，以此换取大国对其提供的某种好处（如安全保证）；而大国则通过提供该好处换取小国的臣服和追随。②

如果同时有两个大国有实力也有意愿与某小国结盟，那么通常的结果是该小国会倒向其中的某一个大国，而不会"两面结盟"。原因在于：首先，相比只臣服于一个大国，小国同时臣服两个大国的成本与收益更加不对称。如前所述，小国与大国结盟的一个主要目的是获取大国的正面或负面安全保证。在已经有一个大国愿意并能够为其提供安全保证的情况下，新增一个大国的保证不会明显增加小国的安全效用，③反而会使小国承担双倍的臣服义务。④因此，小国缺乏同时与两个大国结盟的动机。其次，出于权力竞争的目的，两个大国都有独占对小国领导权的机会主义动机。只要其中的一个大国认为自己有把握击败对方，它就会选择用战争等强制方式从另一个大国手中抢夺对小国的垄断领导权。⑤

明确了小国"两面结盟"难以出现的原因，就能相应地从理论上推导出"两面结盟"出现的条件。首先，小国与两个大国同时结盟的收益须能够与成本相匹配。从供给与需求的角度看，要满足这个条件，小国

---

① James D. Morrow, "Alliances and Asymmetry: An Alternative to the Capability Aggregation Model for Alliances", pp. 904–933.

② 关于大国与小国的利益交换问题，参见杨原：《武力胁迫还是利益交换？——大国无战争时代大国提高国际影响力的核心路径》，《外交评论》2011 年第 4 期。

③ 如果将"外部安全保障"视作大国给小国提供的一种"商品"，那么由于在无政府状态下小国单靠自己很难确保自身的安全，因此对小国来说，"外部安全保障"这个"商品"的可替代性低。而商品的低可替代性决定了对该商品的需求缺乏弹性。需求越缺乏弹性，增加供给对提高需求的拉动作用就越不明显。参见［美］罗宾·巴德、［英］迈克尔·帕金《微观经济学原理》（第四版），张伟等译，中国人民大学出版社 2010 年版，第 130—132 页。

④ 在古代东亚的朝贡体系中，这意味着小国必须同时向两个大国朝觐进贡。在现代国际体系中，这意味着小国必须在军事上同时承担对两个大国的同盟义务，在政治上同时支持和服从两个大国，这对于小国来说无疑会增加额外的负担。

⑤ John J. Mearsheimer, *The Tragedy of Great Power Politics*, New York: W. W. Norton & Company, 2001; Richard Ned Lebow, *Why Nations Fight: Past and Future Motives for War*, New York: Cambridge University Press, 2010.

须至少有两种重要且仅靠自身无法满足的需求,而两个大国(主观或客观上)分别只能满足其中的某一项需求。小国出于满足自身需求的目的,才会有意愿同时与两个大国结盟。[①] 其次,两个大国之间必须形成一种互有顾忌、彼此均无必胜对方把握的僵持状态。只有如此,才能抑制两个大国通过战争等强制手段独占对小国领导权的机会主义动机,小国也才能因此而获得相对宽松的行动自由,得以同时保持与两个对立大国的同盟关系而(在一定程度上)避免遭到其中某个大国的阻挠和破坏。小国与两个对立大国同时结盟的一般原理如图2—1所示。

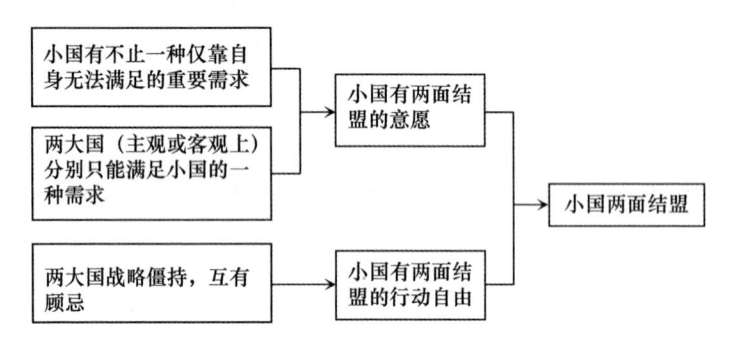

图2—1 小国"两面结盟"的一般原理

第三节 "两面结盟"生成机制的实证检验

本节将使用古代东亚国家高丽与宋、辽、金互动的案例从正反两方面验证"两面结盟"的生成机制。为更准确地进行下文的实证检验,有必要结合"两面结盟"的一般原理,给出东亚朝贡体系下朝贡国"两面结盟"的具体产生机制。

审视东亚朝贡体系下小国的对外关系史可以发现,图2—1所示的小

---

① 从功能主义的视角看,此时的两个大国对该小国的"功能"就出现了分异。有关国家对外功能的分异,参见 Barry Buzan and Mathias Albert, "Differentiation: A Sociological Approach to International Relations Theory", *European Journal of International Relations*, Vol. 16, No. 3, 2010, pp. 315–337;杨原:《体系层次的国家功能理论——基于对结构现实主义国家功能假定的批判》,《世界经济与政治》2010年第11期。

国"两面结盟"所需的三个条件在某些特定历史时期恰好得到满足,从而触发了"两面结盟"机制的运转。第一,朝贡国除了关注本国的国家生存安全外,还对自身的政权安全异常重视。更为特殊的是,朝贡国的政权安全与其政权的正统性密切相关,而正统性并不取决于自身,而是源于中原汉族王朝的确认。①

受儒家文化的影响,东亚朝贡体系内的主要朝贡国普遍认为只有汉族建立的政权才具有正统性。以高丽为例,它虽以佛教为国教,但儒学极为兴盛。其在建国伊始就设立了科举制度,营造出一个庞大的深受儒学影响的士大夫阶层。② 儒家文化所倡导的正统观是汉民族的正统观,认为只有汉民族建立的政权才具有正统性。③ 这种将中原汉族王朝视为正统的观念深刻影响了高丽的政治认同。随着程朱理学的进一步传播,到李朝时期,甚至发展出了坚持汉民族正统观的性理学。这种正统观所造成的直接影响就是,"作为藩国,其正统性来源于宗主国中国王朝的确认"。④

正是由于主要朝贡国家政权的正统性取决于中原汉族王朝的承认,因此相较于中国王朝,很多朝贡国王朝的存续时间普遍更长。有学者统计,中国自秦汉以来有近 70 个王朝,除唐、明、清勉强维持近三百年外,仅七八个王朝延续一百年至两百年,大部分王朝的存续期间只有十至五十年。与之形成鲜明对比的是,像新罗、李朝等国都延续五百至七百年,高丽王朝也将近五百年。⑤ 之所以中国王朝普遍短命而朝贡国王朝存续时间长久,一个很重要的原因就是王朝合法性的来源存在区别。中国王朝的合法性来源于自身,而朝贡国家的合法性大多来自外部,即中原汉族王朝的认可,因此国内的政治斗争最多只上升到派别斗争的层面,很难影响到政权本身的存亡和更替。

---

① Michael C. Rogers, "The Chinese World Order in the Trans-mural Extension: the Cast of Chin and Koryo", *Korean Studies Forum*, Vol. 4, Spring-Summer, 1978, pp. 1 – 22.
② 李春虎等编:《朝鲜通史》(第二卷),延边大学出版社 2006 年版,第 171、282—286 页。
③ 孙卫国:《大明旗号与小中华意识》,商务印书馆 2007 年版,第 24—27 页。
④ Michael C. Rogers, "The Chinese World Order in the Trans-mural Extension: the Cast of Chin and Koryo", pp. 1 – 22.
⑤ 全海宗:《中国与韩国的王朝交替初探——王朝交替原因的比较》,载全海宗《中韩关系史论集》,金善姬译,中国社会科学出版社 1997 年版,第 75—91 页。

第二，由于小国对生存安全和政权安全都非常重视，且这两种安全均需依赖大国，因此，如果提供安全保障的大国和提供政权正统性的大国不是同一个国家，小国就有动机与这两个大国同时保持同盟关系，以保证两种需求均得到满足。

如果只存在一个大一统的中原汉族王朝，则安全保障的提供者和政权正统性的提供者是重合的，此时小国无疑会非常坚定地与该大国保持同盟关系。而如果其他政权（主要是少数民族政权）崛起并足够强大，由于地理位置的临近性和游牧民族在军事上的先天优势等因素，其往往比中原汉族王朝更能在军事上控制这些小国。在生存安全受到直接威胁的情况下，小国须通过向北方少数民族政权表示臣服而获得其负面的安全保证。但同时，少数民族政权在文化上存在先天的劣势，它们无法满足小国对政权正统性和政权安全的需要。这意味着，当少数民族政权崛起后，小国安全保障的提供者和政权正统性的提供者会出现分离。当小国对生存安全和政权正统性两者都不愿舍弃时，它们就不得不选择同时向中原汉族王朝和崛起的政权臣服。

在古代东亚朝贡体系下，小国要想表达自己对大国的臣服从而获得大国的安全保证或政权正统性支持，与大国建立朝贡关系或者"兄弟之盟"是必由之路。如前所述，朝贡关系和兄弟之盟都是结盟在古代东亚的具体实现形式。对小国来说，同盟关系承载着两种重要功能：一是为其提供安全保障，二是为其提供政权正统性来源。换言之，小国同时与两个大国结盟，是其分别从两个大国那里获得生存安全和政权安全保障的一种必要途径。

第三，中原汉族王朝与崛起的少数民族政权的势均力敌和战略僵持，在客观上为小国的同时结盟提供了行动的自由。

上述第一和第二个因素只是导致了小国有"两面结盟"的意愿，但小国仅有做某事的意愿并不一定就能做成某事，还需得到大国的支持或者至少是默许。如前所述，两个大国出于权力竞争的目的，都有独占某个小国的机会主义动机，从而会对臣服于自己而又与另一大国接近的小国加以阻挠。但在古代东亚，当少数民族政权力量崛起到一定程度，而中原汉族王朝又尚未完全衰落时，两个大国有可能都不具备将对方完全征服或者一举打垮的能力。在这种势均力敌且互有顾忌的战略僵持中，小国在（主动或被动地）与某个大国接近时，另一大国就可能没有足够的能力和精力予以制止，从而使小国在一定时期内获得某种程度的行动自由，这种行动自由是小国"两面结盟"得以实现的外部条件。

上述三种因素结合在一起，构成了解释古代朝贡体系下小国"两面结盟"现象的具体机制。在这一机制中，小国出现"两面结盟"现象有两个根本性原因：一是"两面结盟"能够保证本国的两种重要需求——生存安全和政权安全——都得到满足；二是两个大国的战略僵持使"两面结盟"在客观上能够得以实现。这两个条件缺一，小国都将只会与某一个大国结盟。

一 "两面结盟"机制的正面案例

（一）高丽与北宋、辽的第一次"两面结盟"（986－993）

1. 高丽在政治正统性上对北宋的依赖

北宋建国伊始，高丽就表现出了极强的依附意愿。公元960年北宋建立，962年，高丽国王王昭即遣广评侍郎李兴佑等入宋朝贡，成为第一个向宋朝朝贡的国家。① 963年，高丽改用宋太祖乾德年号，② 自此两国正式建立朝贡关系。

这种朝贡关系在很大程度上是由高丽对北宋文化的尊崇所维系的。在高丽使用北宋年号后的三十年间，高丽曾向北宋派遣使团26次，北宋也向高丽派遣使团10次。高丽希望通过与北宋的政治往来，为吸收汉文化创造必要的条件。976年，高丽主动派遣留学生到北宋国子监学习中国文化。③ 982年，高丽成宗发诏书求建言，高丽著名儒学学者崔承老提出《时务论》28条，其中第11条称："华夏之制，不可不遵……其礼乐诗书之教，君臣父子之道，宜法中华，以革卑陋。"④

在这种文化认同的影响下，高丽将北宋的政治承认视为本国政权正统性的重要来源。981年，高丽国王伷病重，禅位于其堂弟治。国王治随即派使者向北宋报告即位的原委，请求册封，在得到册封之前，只以摄

---

① 《高丽史节要》卷2，光宗十三年冬。
② 《高丽史节要》卷2，光宗十四年十二月。
③ 陈尚胜：《中韩交流三千年》，中华书局1997年版，第25页。
④ 《高丽史》卷93，《列传六，崔承老》。

位者自居，自称"知国事"。① 这种在政权正统性上对北宋的依赖甚至在辽通过军事手段完全主导高丽之后依然存在。994 年 2 月，高丽在遭遇辽大规模入侵的情况下被迫向辽称臣。依据辽丽双方的议和条件，高丽应断绝与北宋的关系。但高丽却于同年 6 月遣使赴北宋，"诉以契丹寇境"，"乞师以报前年之役"。②

997 年，高丽国王治卒，弟诵立。此时高丽已奉辽为正朔，并"受制于契丹"而中断对北宋的朝贡，但仍然"遣兵校徐远来候朝廷（指北宋）德音"，无奈"远久不至"。③ 1000 年 10 月，高丽又遣吏部侍郎朱仁绍到北宋，表达高丽思慕宋朝以及"为契丹羁制之状"，宋真宗"乃赐诵函诏一道，令仁绍赍还"。④ 1003 年，高丽派遣户部郎中李宣古到北宋谢恩，并言"晋割燕蓟以属契丹，遂有路趣玄菟，屡来攻伐，求取不已，乞王师屯境上为之牵制"。⑤ 从使用"王师"这一称谓看，高丽内心无疑仍视北宋为"正统"。

1010 年辽第二次入侵高丽后，高丽又数次遣使赴宋。1014 年，高丽遣内史舍人尹徵古入宋，献金线织成的龙凤鞍和绣龙凤鞍幞各二副、良马二十匹，"仍请归附如旧"，⑥ 并"请降皇帝尊号、正朔"，北宋也予以允准。⑦ 但在与辽已签订"澶渊之盟"的情况下，北宋并未因此介入辽丽间的争端。即便如此，高丽仍于 1015 年再派民官侍郎郭元入宋献方物，仍告"连岁来侵"，希望"借以圣威，示其睿略，或至倾危之际，预垂救急之恩"。⑧ 虽然北宋对此反应冷淡，但高丽仍于 1016 年恢复使用宋朝大中祥符年号纪年。⑨

高丽向北宋主动表达臣属意愿，固然有借助北宋抗衡辽国的安全方

---

① 蒋非非等：《中韩关系史（古代卷）》，社会科学文献出版社 1998 年版，第 159 页。
② 《高丽史》卷 3，《世家》，成宗十三年；《宋史》卷 487，《高丽传》。
③ 《宋史》卷 487，《高丽传》。
④ 此处年份《宋史》记载为咸平三年，即 1000 年，而《高丽史》记载为 999 年。
⑤ 《宋史》卷 487，《高丽传》。
⑥ 《高丽史》卷 4，《世家》，显宗五年八月；《宋史》卷 487，《高丽传》。
⑦ 《续资治通鉴长编》卷 83，大中祥符七年十月。
⑧ 《高丽史》卷 4，《世家》，显宗六年。
⑨ 《高丽史》卷 4，《世家》，显宗七年。

面的考虑，①但在北宋始终没有任何实质性的积极回应的情况下，高丽仍然多次主动寻求接近，这种"执着"的背后显然有政治正统性的考虑。正是由于高丽视北宋为"上国"，才会向其屡告辽侵情况，并乞"上国"来助，甚至主动恢复使用北宋的年号。这体现出保持与中原汉族王朝的同盟（朝贡）关系对高丽政权的重要意义。

与对北宋由衷认同形成鲜明对比的是，高丽对由少数民族建国的辽国从一开始就持鄙视的态度。高丽建国不久，曾主动与当时的后唐、吴、越等政权建立政治上的宗藩关系，后来又相继与后晋、后汉、后周等政权保持外交往来和宗藩关系。而对于同一时期兴起于中国东北的契丹政权，高丽不仅一开始低估了其实力，并未在战略上给予重视，而且还以儒家文化的华夷观标准对其采取公然的蔑视态度。②高丽开国之主王建在给后世子孙的《训要十条》中明确宣示，"惟我东方，旧慕唐风，文物礼乐，悉尊其制。殊方异土，人性各异，不必苟同。契丹是禽兽之国，风俗不同，言语亦异，衣冠制度，慎勿效焉"。③高丽太祖的这种感情与政策，直接影响了当时乃至以后的丽辽关系。④

高丽对北宋和辽在政治认同上的这种亲疏差异，北宋十分清楚。曾任宋使随员的徐兢在其《宣和奉使高丽图经》中曾回顾宋丽的友好关系以及高丽与辽的关系："本朝之于高丽，如彼之远，北虏（指辽）之于高丽，如此其近。然（高丽）附北虏者，常以困于兵力，伺其稍驰，则辄拒之。至于尊事圣朝，则始终如一，拳拳倾戴，虽或时有牵制，不能如愿，而诚意所向，坚如金石。"⑤

2. 辽在军事上控制高丽的优势

正如徐兢所说，高丽距辽近而距宋远。高丽与辽陆路相邻，壤土相

---

① 参见蒋非非等：《中韩关系史（古代卷）》，第16—168页。此外，杨昭全也持类似的观点，他认为："无论是北宋，还是高丽，两者建立朝贡关系之着眼点均是友好相待以共御强敌。"参见杨昭全、何彤梅：《中国——朝鲜·韩国关系史》（上册），天津人民出版社2001年版，第221页。
② 陈尚胜：《中韩交流三千年》，第24页。
③ 《高丽史》卷2，《世家》，太祖二十六年。
④ 杨昭全、何彤梅：《中国——朝鲜·韩国关系史》（上册），第352页。
⑤ 徐兢：《宣和奉使高丽图经》卷40，正朔。

接。而自从后晋割弃燕云之后，高丽和中原王朝陆路就不再接壤。① 两国隔海相望，只能靠海上交通维系交往。② 受此影响，辽虽然在文化和政治上不占优势，但在军事上却能更容易地对高丽施加控制，这是高丽在军事上不得不臣服于辽的重要原因。

986年，北宋为收复燕云十六州，出师征伐契丹，史称"雍熙北伐"。③ 为配合伐辽，宋派监察御史韩国华赍诏书到高丽，要求高丽出兵，"可申戒师徒，迭相犄角，协比邻国，同力荡平"。④ 但高丽却一再拖延，"迁延不发兵"。⑤ 经宋使"（韩）国华谕以威德，（高丽）王始许发兵西会"。⑥ 但因辽国此前的军事威胁，高丽军队事实上并未与契丹军队交战。983年，辽国开始制定讨伐高丽的计划。⑦ 985年7月，辽圣宗诏令诸道修缮兵甲，"以备东征高丽"，只是因8月"辽泽沮洳"而罢师。⑧ 但辽仍然一举扫荡了鸭绿江下游一带的女真部落，不仅为后来的伐丽扫清了障碍，而且向高丽充分展示了其军事实力，从而对高丽形成了有效的威慑，使高丽最终选择了在随后的辽宋战争中保持中立。⑨

自993年起，辽曾先后三次大规模入侵高丽。993年的入侵直接导致了高丽第一次"两面结盟"的结束。随后的1010年和1018年辽又发动了两次伐丽战争。除此之外，1014至1017年间，辽几乎每年都对高丽所占据的鸭绿江下游东岸的"江东六州"发动军事侵袭。正是这些军事进攻，最终迫使高丽于1020年2月遣使奉表至契丹，"请称藩，纳贡如故"。⑩ 1022年，高丽最终放弃北宋年号，改用契丹纪年，以这种全面倒

---

① 蒋非非等：《中韩关系史（古代卷）》，第156—157页。
② 杨昭全、何彤梅：《中国——朝鲜·韩国关系史》（上册），第218页。
③ 魏志江：《中韩关系史研究》，中山大学出版社2006年版，第14页。
④ 《高丽史》卷3，《世家》，成宗四年。
⑤ 《高丽史》卷3，《世家》，成宗四年。
⑥ 《高丽史》卷3，《世家》，成宗四年。
⑦ 《辽史》，圣宗统和元年。
⑧ 《辽史》卷115，《高丽传》。
⑨ Jing-shen Tao, *Two Sons of Heaven: Studies in Sung-Liao Relations*, Tucson: University of Arizona Press, 1988, p. 80.
⑩ 《高丽史》卷4，《世家》，显宗十一年。

向契丹的方式获取辽的负面安全保证。① 辽之所以能如此频繁和有效地对高丽施加武力胁迫，显然与其地理上的临近性有直接关系。

对于高丽对辽所提供的消极安全保证的需要，正如有学者所总结的那样，"高丽慑于辽之威，恐遭侵掠，不仅不敢出兵助北宋作战，甚至被迫向辽朝贡，与北宋断绝外交关系，以求自存"。② 1058年，高丽文宗下令在耽罗、灵岩伐木造大船，欲通使于宋，但内史门下省官员认为，"国家结好北朝（指辽），边无急警，民乐其生，以此保邦，上策也。……其于中国，实无所资。如非永绝契丹，不宜通使宋朝"。最终，文宗放弃了与宋通使的想法。③

3. 宋辽战略僵持使高丽"两面结盟"成为可能

960年北宋建立。虽号称统一全国，但其势力并未到达长城以北，华北一部分地区和整个东北为辽朝所统治。④ 也就是说，自北宋建立开始，宋与辽就形成了南北对峙的局面。975年，宋辽曾一度建立外交关系。⑤ 但到979年，宋太宗发兵亲征北汉，宋辽断交。⑥ 宋灭北汉后，决定乘胜北伐，收复燕云之地，辽宋间的直接对抗由此开始，并影响到了高丽的行为。在宋辽对抗之前，高丽与北宋为宗藩关系，而与辽的官方关系则处于中断状态。

如前所述，为消除与北宋作战时腹背受敌的隐患，更为了建立以本国为中心的宗藩关系，辽自983年起开始计划东征高丽。985年，辽圣宗欲亲征高丽，却因"辽泽沮洳"而罢师。尽管如此，辽在辽丽边境大肆用兵讨伐女真的行为，已经使高丽清楚地感受到了辽对其国家存亡的威胁。于是，在986年春"契丹遣厥烈来请和"时，⑦ 高丽就在宋辽对峙、胜负不明，而自身国家安全又受契丹极大威胁的情况下，接受了辽的提

---

① 杨通方：《中韩古代关系史论》，中国社会科学出版社1996年版，第76页；Jing-shen Tao, *Two Sons of Heaven: Studies in Sung-Liao Relations*, pp. 80–81。
② 杨昭全、何彤梅：《中国——朝鲜·韩国关系史》（上册），第219页。
③ 《高丽史》卷8，《世家》，文宗十二年八月乙巳。
④ 杨昭全、何彤梅：《中国——朝鲜·韩国关系史》（上册），第218页。
⑤ 《续资治通鉴长编》卷16，开宝八年三月己亥。
⑥ 此时辽应北汉之请派兵援助北汉，结果大败，宋辽因此断交。参见蒋非非等：《中韩关系史（古代卷）》，第157页。
⑦ 《高丽史》卷3，《世家》，成宗五年。

议，与辽国结盟。①

而此时的北宋对此却没有能力阻止。为了笼络高丽，北宋不仅未对这种违背藩属国义务的行为加以责难，两国来往一如从前，而且在公元988年，宋帝甚至还加封高丽成宗为"检校太尉"。② 公元990年，又加封成宗"推诚顺化功臣，食邑一千户，食实封四百余户"。③ 两国朝贡关系继续存在。这意味着，从986年辽丽议和到993年辽国第一次征伐高丽的8年时间中，高丽处于与北宋和辽同时结盟的状态。

在986年"雍熙北伐"失败后，北宋的对辽战略由进攻转为防御。④ 989年，辽国攻陷易州，宋太宗决定采纳主和派意见，遣使向辽请和。⑤ 至此，宋辽进入短暂的和平期，但两国军事实力的高下逐渐清晰，辽国开始占据优势。在此情况下，辽开始考虑彻底解决高丽问题。如果说辽在985年还没有足够的实力要求高丽脱离北宋的话，此时则已具备了独占高丽的可能性。993年，辽大规模入侵高丽并获得大胜，高丽于994年2月被迫向辽称臣，改用辽"统和"年号，并遣侍中朴良柔赴辽"告行正

---

① 虽然986年春辽丽和议的内容《高丽史》和《辽史》中并无详细的记载，但根据一些线索不难判断此次和议至少在事实上确立了辽丽间的（兄弟）同盟关系。首先，993年辽第一次征伐高丽时给出的征伐理由是："汝国兴新罗地，高句丽之地我所有也，而汝侵蚀之，又与我连壤而越海事宋，故有今日之师，如割地以献而修朝聘，可无事矣。"换言之，高丽"越海事宋"是辽此次对其讨伐的依据之一。如果在986年的和议中辽丽两国没有对彼此的同盟关系做出相关的约定，便无法解释辽为何以这条理由来论证其征伐高丽的正当性。对于辽的征伐理由，高丽使臣也仅对其第一条进行了反驳："若论地界，'上国'之东京皆在我境，何得谓之侵蚀乎？"而回避了第二条有关"越海事宋"的指责。同时，高丽使臣称辽为"上国"，也意味着当时辽丽两国已经明确了彼此的从属关系和地位差异。其次，在993年辽入侵高丽前，同年5月，高丽就接到了女真人递送的辽将入侵高丽的情报，但高丽朝议却颇不以为然，未做任何应战准备，"夏五月，西北界女真报契丹谋举兵来侵。朝议谓其绐我，不以为备"。有学者认为，高丽的这种故意无备表明，986年辽丽之间可能达成了互不侵犯的协议。最后，986年"请和"后，宋"雍熙北伐"攻打辽国并要求高丽出兵予以配合，但高丽事实上没有配合北宋对辽用兵，也可印证此时辽丽间的同盟状态。上述内容参见《高丽史节要》卷2，成宗十二年；《高丽史》卷94，《列传·徐熙传》；《高丽史》卷3，《世家》，成宗十二年；蒋非非等：《中韩关系史（古代卷）》，第161页。

② 《宋史》卷487，《高丽传》。

③ 《高丽史》卷3，《世家》，成宗九年。

④ 杨昭全、何彤梅：《中国——朝鲜·韩国关系史》（上册），第224页。

⑤ 《宋史纪事本末》卷13，《契丹和战》。

朝，乞还俘口"。① 如果说986年由于宋辽的战略僵持，高丽尚有可能"两面结盟"的话，那么到993年，在辽实力优于北宋、而高丽又面临来自辽的生存威胁的情况下，高丽只能选择彻底倒向辽国一边。

(二) 高丽与北宋、辽的第二次"两面结盟"(1071—1116)

1. 高丽在政治正统性上对北宋的依赖

自994年高丽完全臣服于辽到1071年宋丽正式恢复朝贡关系，尽管高丽臣服辽国已有近80年的时间，但它对北宋的尊崇和对辽少数民族政权的鄙夷仍未改变。1068—1069年，宋神宗令福建转运使罗拯派人赴高丽商议复交，高丽礼宾省向北宋呈递的牒文就明确表达了这种态度："当国僻居旸谷，邈恋天朝，顷从祖祢以来，素愿梯航相继……屡卜云祥，虽美圣辰于中国；空知日远，如迷旧路于长安。运属垂鸿，礼稽展庆。大朝化覃无外，度豁包荒，山不谢乎纤埃，海不辞于支派。谨当遵寻通道，遄赴稿街。"②

而在恢复与北宋的朝贡关系后，1078年北宋首派安焘为使赴高丽，高丽文宗闻讯，"一喜一惊"，下令"凡百执事，各扬尔职，馆待之事，罔有阙遗"。③ 宋使"既至，国人欢呼出迎。徽（高丽文宗）具袍笏玉带拜受诏"。④ 由此可见高丽王室对北宋政治承认的看重。高丽文宗感动地说："（宋）远遣大臣，特示优赐，荣感虽极，兢惭实多。"⑤ 高丽也对宋使厚待，"除例赠衣带鞍马外，所赠金银宝货米谷杂物无算，将还，舟不胜载"。⑥ 从高丽国王对于北宋赐诏最高规格的拜受以及对宋使的厚待，可见当时高丽对中原汉族王朝正统性的认可和依赖依然十分强烈。

2. 辽在军事上控制高丽的优势

辽因地理邻近性而拥有在军事上影响和控制高丽的优势，这一点早已被这一时期的高丽所充分意识到。在1069年高丽礼宾省回复北宋复交

---

① 《高丽史》卷3，《世家》，成宗十三年。
② 《宋史》卷487，《高丽传》。
③ 《高丽史》卷9，《世家》，文宗三十二年。
④ 《宋史》卷487，《高丽传》。
⑤ 《高丽史》卷9，《世家》，文宗三十二年。
⑥ 《高丽史》卷9，《世家》，文宗三十二年。

的文牒中就明确指出:"蕞尔平壤,迩于大辽,附之则为睦邻,疏之则为勍敌。虑边骚之弗息,蓄陆詟以縻遑。久困羁縻,难图携贰,故违述职,致有积年。屡卜云祥,虽美圣辰于中国;空知日远,如迷旧路于长安。"①辽在地理上的这种便利条件使其能够相对容易地操控高丽的生存安全,而这也正是辽能在此前相当长一段时间独占对高丽的领导权的重要原因。

3. 宋辽战略僵持使高丽"两面结盟"成为可能

在高丽第二次"两面结盟"的案例中,高丽政权正统性上依赖北宋、军事上受制于辽这两个因素已经成为常量,真正决定高丽能否重新"两面结盟"的关键因素就在于宋辽两国的实力对比。

1046年,刚刚即位的高丽文宗就急于谋求与北宋恢复朝贡关系。此时的北宋也有联合高丽的战略需求。1045年,辽乘北宋对西夏战争失败,提出增加岁币和索还土地的要求,逼迫北宋签下"关南誓书"。当时北宋宰相富弼就提出要联合高丽,"高丽虽事契丹而契丹惮之……朝廷若得高丽,不必俟契丹动而来助,臣料契丹必疑高丽为后患,卒未敢尽众而南,只此已为中国大利也"。②但当时辽强宋弱的格局并未发生明显改变,无论是北宋还是高丽,均不敢轻易改变现状刺激辽国。因此,尽管高丽慕华而对辽"臣而不服",北宋有"联丽制辽"的期待,但北宋和高丽的同盟关系依然没有恢复。

11世纪五、六十年代以后,辽宋两国的国内政治和实力对比开始发生变化。公元1055年辽道宗继位后,辽统治集团内部矛盾进一步激化,皇后、太子先后被杀,契丹国势日渐衰弱。同时辽境各族人民纷纷起义,使辽政权更加岌岌可危。③与此同时,宋神宗任用王安石进行变法,国库收入增加,边防能力逐渐加强。受实力对比变化的影响,北宋在对外政策上开始一改过去对辽国的退避态度,积极主张"联丽制辽"的外交政策。而对高丽而言,它也再次获得了自主选择盟友的机会。事实也的确如此,迫于辽国压力而中断的宋丽关系在这一时期得到了恢复。④

---

① 《宋史》卷487,《高丽传》。
② 《续资治通鉴长编》卷150,庆历四年六月戊午。
③ 杨昭全、何彤梅:《中国——朝鲜·韩国关系史》(上册),第358页。
④ 李春虎等编:《朝鲜通史》(第二卷),第96页。

1068年，宋神宗命福建转运使罗拯派人赴高丽商议复交。高丽"王（文宗）悦，馆待优厚"。① 1069年，高丽礼宾省移牒福建转运使罗拯："仅以公状附真、万西还，俟得报音，即备礼朝贡。"② 1070年，罗拯将高丽同意复交朝贡之事上报朝廷，朝廷以为"可结之以谍契丹"，③ "神宗许之，命拯谕以供拟腆厚之意"。④ 1071，高丽遣民官侍郎金悌等110人来北宋，并献方物。宋神宗"诏待之如夏国使"。⑤ 由此，高丽与北宋的朝贡关系正式恢复，两国使节又开始不断往来。⑥

面对宋丽朝贡关系的恢复，辽并未采取实质性的干涉行动，仅以口头形式表达对北宋和高丽的不满："高丽乃我奴耳，南朝何以厚待之？"并就高丽通好北宋诘难高丽使臣。高丽国王上表辩白："中国，三甲子方得一朝；大邦，一周天每修六贡。"⑦ 随后，高丽仍奉辽为正朔，保持辽丽关系现状不变，但在与北宋的交往文书中使用甲子纪年。⑧ 由此，在辽实力下降，无力独占高丽，也无法干预宋丽结盟的情况下，出现了第二次高丽"两面结盟"的局面。到1116年，辽国进一步衰落，高丽遂停止奉辽为正朔，弃用辽年号。在1071至1116年间，辽、宋、丽三国间形成了高丽向辽、北宋同时朝贡的"二元"朝贡体制。⑨

二 "两面结盟"机制的反面案例

如前所述，小国之所以会在某些时期出现"两面结盟"现象，归根结

---

① 《高丽史》卷8，《世家》，文宗二十二年。
② 《宋史》卷487，《高丽传》。
③ 《宋史》卷487，《高丽传》。
④ 《宋史》卷487，《高丽传》。
⑤ 《宋史》卷487，《高丽传》。
⑥ 杨昭全、何彤梅：《中国——朝鲜·韩国关系史》（上册），第229页。
⑦ 蒋非非等：《中韩关系史（古代卷）》，第178页。
⑧ 有学者认为，这一时期宋丽恢复关系而辽未干涉的原因除高丽仍接受辽的册封外，也源于北宋对高丽采取灵活而现实的外交政策，即北宋认可辽对高丽册封的正当性和合法性。参见魏志江《论辽宋丽三国关系与东亚国际秩序》，载陈尚胜主编《儒家文明与中韩传统关系》，山东大学出版社2008年版，第77—78页。但北宋早在994年辽第一次册封高丽时就已经认可辽对高丽的册封和高丽向辽的朝贡了，在1071年宋丽恢复朝贡关系时，北宋这种灵活政策是一个常量而非变量。
⑨ 魏志江：《论辽宋丽三国关系与东亚国际秩序》，第78页。

底是出于两方面的原因：（1）这么做能够保证本国的两种重要需求——生存安全和政权安全——都得到满足；（2）两个大国的战略僵持使其客观上能够这么做。本节的两个反面案例将展示这两个原因在导致小国"两面结盟"行为产生过程中的必要性：如果对峙的两个大国都是少数民族王朝从而均无法满足小国的政权安全需求，或者其中一个大国拥有明显的实力优势从而使小国不具备足够的行动自由，则"两面结盟"现象均不会产生。

（一）高丽在辽与金之间的选择

1115年，女真部族首领完颜阿骨打即皇位，建国号为大金，正式建立女真族国家。在此之前，女真主要分为两部分。一部分生活在今辽阳一带的女真部落被编入辽的户籍，称为"熟女真"；另一部分生活在今松花江以北、宁江以东的女真诸部，被称为"生女真"。生女真向辽纳贡，接受辽朝的册封，受到辽朝贵族的压迫和勒索。[1] 建立金政权的完颜女真即为生女真。与对辽国一样，高丽对于同属少数民族政权的女真部族及后来的金国同样有着深深的鄙夷，称其为"贼"。

女真族完颜部与高丽本来并不接壤。完颜部的发祥地在按出虎水（今黑龙江哈尔滨东南阿什河）流域。为实现统一女真各部的宏愿，完颜部不断向东南扩展，与高丽发生冲突在所难免。12世纪初，正在发展的女真势力逐渐成为高丽东北边境的最大安全隐患。[2] 从1104年起，高丽和女真为争夺曷懒甸地区，开始了长达6年的战争。战争最初阶段，高丽大败，完颜部将曷懒甸地区女真诸部置于自己的控制之下。紧接着，高丽反扑，再度控制了曷懒甸大部分地区，并在此筑了九座城。到1109年，女真与高丽虽互有胜负，但高丽损失更为惨重。1109年，女真遣使请和，条件是高丽归还九城之地。最终，高丽许还九城，女真告誓于天："而今已后至于九父之世，无有恶心，连连朝贡。有逾此盟，藩土灭亡。"[3] 在此次和议中，表面上看是女真乞求丽廷议和，并称臣修贡，但女真却获得了重要的战略要地，自此曷懒甸及其周围地区归入女真势力范围。此时距女真建国还有6

---

[1] 蒋非非等：《中韩关系史（古代卷）》，第179页。
[2] 蒋非非等：《中韩关系史（古代卷）》，第179页
[3] 《高丽史》卷13，《世家》，睿宗四年。

年的时间，但其扩张的意图和势力已非高丽所能阻挡。

金的崛起使得高丽在北方开始同时面对辽和金两个强国。而在辽金对峙和冲突的过程中，高丽的战略动向却表现出了在辽宋对峙时十分不同的特点。1114年10月，辽金之间开启战事。辽向高丽发出求援要求。高丽方面非但没有采取行动配合辽人进击女真，① 而且还伺机而动，意欲夺回跟辽朝争夺已久的鸭绿江桥城。② 如前所述，在北宋与辽发生战争时，当时的高丽虽然也未能应北宋的要求实际出兵救援，但那更多的是出于惧怕遭到战争另一方报复的无奈之选，而且做出不援助决定的过程是犹豫和艰难的。而在辽金战争中，高丽不仅很果断地做出了不出兵援辽的决定，而且意欲从自己的宗主国那里趁机抢夺土地。③

更为重要的是，在辽金冲突形势尚未明朗的情况下，高丽就很快倒向了金一方。在辽金战事仅仅开始一年多后，高丽内部就开始讨论废行正朔一事。1116年四月，高丽中书门下奏曰："辽为女真所侵，有危亡之势。所禀正朔不可行，自今公私文字，宜除去天庆年号。但用甲子。"④ 高丽国王从之，不复行辽正朔。事实上，此时辽金战事并未分出胜负，辽国也还没有出现所谓的"危亡之势"。直到1118年，北宋才开始与金谈判共谋灭辽之事。对此，1119年高丽国王曾向宋朝提出忠告："闻朝廷将用兵伐辽。辽兄弟之国，存之足为边捍；女真虎狼耳，不可交也。宜早为备。"⑤ 由此可以看出，直到1119年时，高丽仍不认为辽即将灭亡。

1116年正月，高丽遣使向金贺捷。1116年四月，金遣使赴高丽，两国通交。1117年三月，金太祖完颜阿骨打致书高丽国王，"兄大女真国皇帝致书于弟高丽国王……惟王许我和亲，结为兄弟，以成世世无穷之好"。⑥ 自此金丽结成兄弟之盟，两国通使不断。高丽选择与金结为兄弟

---

① 蒋非非等：《中韩关系史（古代卷）》，第183页。
② 李春虎等编：《朝鲜通史》（第二卷），第89—91页。
③ 有学者认为，辽要求高丽发兵而高丽迟迟没有行动的主要原因在于，高丽虽臣服于辽，但辽丽关系是建立在武力压迫基础上的，高丽对辽殊无好感。参见蒋非非等《中韩关系史（古代卷）》，第184页。
④ 《高丽史》卷14，《世家》，睿宗十一年。
⑤ 《宋史》卷487，《高丽传》。
⑥ 《高丽史》卷14，《世家》，睿宗十一年。

之盟的做法，与其当初选择与辽结盟有本质的不同。首先，高丽与辽结盟是在面对后者大举军事入侵的情况下，为求生存而被迫做出的选择。而高丽与金结盟，则是在金尚未直接威胁高丽安全的情况下高丽的主动接近。其次，高丽与辽结盟后的一段时期里，高丽曾继续保持与宋的朝贡关系，继续奉其为正朔，而高丽则早在辽金交战期间就主动废止了与原宗主国辽的关系。

依据本章的理论，"两大国处于战略僵持阶段、孰胜孰负尚不明确"是小国选择"两面结盟"的一个重要条件。但在本案例中，虽然这个条件具备，但高丽却并未选择与辽金同时结盟，而是在很早的时候就开始选择倒向处于对峙中的其中一方，这显然是与对峙两国均为少数民族政权、均无法满足高丽政权合法性方面的需要有关。高丽臣服辽的原因在于辽的武力入侵，一旦辽势弱，高丽就会毫不犹豫地放弃辽。

（二）高丽在金与南宋之间的选择

1125年10月，金军大举攻宋，两年后北宋灭亡，南宋建立。在金的强势高压态势下，高丽于1129年11月遣使入金进奉誓表，成为金的藩属国，但未奉行金年号。与此同时，对于作为中原正统汉族王朝的南宋，高丽自其建国其即采取观望政策，几次派遣使臣入南宋探听虚实，视金宋战事进展情况决定是否与其结盟。1130年，南宋在刘光世、韩世忠和岳飞等人的指挥下，寻找战机邀击金军，取得了一系列胜利。次年2月，高丽就派礼部员外郎崔惟清等入宋。① 1141年宋金达成"绍兴和议"，宋向金称臣。在金强宋弱格局既定的形势下，高丽最终放弃与南宋结盟的想法，于1142年7月起始行金"皇统"年号，② 全面倒向金朝。

正如有学者所总结的：偏安江南的南宋，长期处于被金和其后的蒙古的侵掠之中，自然无力积极从事与高丽过多的交往，虽有结交高丽以牵制金的意图，但客观上难以实现。而此时的高丽也长期处于金和其后的蒙古的欺压之下，并向金称臣纳贡。在此情况下，高丽也不敢过多与南宋交往，更不敢因此而交恶于金朝。正因如此，南宋与高丽政治交往

---

① 《高丽史》卷15，《世家》，仁宗九年。
② 《高丽史》卷17，《世家》，仁宗二十年。

很少且关系疏远。① 由此可见，汉族王朝是否有足够的抗衡少数民族政权的实力，是朝贡小国能否选择与其保持同盟关系，进而形成两面结盟的一个重要条件。

如前所述，如果对峙的两个大国都是少数民族政权，高丽会很快结束观望而理性地倒向实力相对更占优势且距离更接近自己的一方。而如果对峙的两个大国中有一个是汉族王朝，而汉族王朝又明显虚弱，此时的高丽则也会在观望之后倒向实力更占优势的少数民族政权。高丽之所以会如此选择，最主要的原因显然是南宋未能展示出足够的抗衡金国的实力。在残酷的现实面前，高丽只能优先顾全自己的生存安全，从而不再选择"两面结盟"。

小　结

盟国的敌人还是盟国，这种情形在国际关系史上虽然存在，但却一定程度上违背人们的直觉。正因如此，现有的不对称同盟理论几乎忽略了对"小国与两个敌对大国同时结盟"这一问题的研究。本章从需求和供给的角度给出了小国与两个彼此竞争的大国同时结盟的一般机制：首先，小国必须至少有两种必不可缺的需求，这些需求仅靠小国自己无法满足，而必须依靠大国提供，而两个大国（主观或客观上）分别只能满足其中的一种需求。只有如此，小国才会有同时保持与两个大国结盟的动机。其次，两个大国之间必须处于一种互有顾忌、彼此均无必胜对方把握的僵持状态。只有如此，才能抑制两个大国通过战争等强制手段独占对小国领导权的机会主义动机，"两面结盟"的状态才能真正出现并得以维持。在这种"两面结盟"的产生机制中，同盟的本质是一种供大国和小国进行利益交换的工具：小国通过同盟获得大国提供的某种好处，而大国则通过同盟实现对小国的控制和领导。

受小国"两面结盟"现象的启发，大国间的权力竞争可能存在更加温和的模式。大国间的权力竞争之所以存在零和性，一个很重要的原因

---

① 杨昭全、何彤梅：《中国—朝鲜·韩国关系史》（上册），第219页。

就在于大国所争夺的对象存在零和性。在很长时期里，大国权力竞争的核心就在于对领土的争夺。[①] 第二次世界大战以后，随着主权规范的强化和兼并领土成本的上升，大国开始转而竞争势力范围，因而建立了各自的联盟阵营。在这种传统的权力竞争模式下，一个小国或地区是某个大国的势力范围就不是另一个大国的势力范围。这种以地域划分权力范围的权力竞争模式势必存在高度的零和性和对抗性。然而，本研究却启示我们，大国间的权力范围并不必然是泾渭分明的，因为小国"两面结盟"的实质就是两个彼此竞争的大国共享对同一个（乃至同一批）小国的领导权。在下一章中，笔者将沿着"两面结盟"理论所启发的思路，进一步探讨这种不以地理空间划分权力范围的大国"共治"模式产生的一般机制。

[①] 参见 Paul R. Hensel, "Territory: Theory and Evidence on Geography and Conflict", in John A. Vasquez, ed., *What Do We Know About War?*, Lanham: Rowman & Littlefield, 2000, pp. 57 – 84; Paul K. Huth, "Territory: Why are Territorial Disputes between States a Central Cause of International Conflict?" in John A. Vasquez, ed., *What Do We Know About War?*, pp. 85 – 110; Dominic D. P. Johnson and Monica Duffy Toft, "Grounds for War: The Evolution of Territorial Conflict", *International Security*, Vol. 38, No. 3, 2013/2014, pp. 7 – 38。

第三章

"两面结盟"的理论启示：大国共治

第二章从不对称同盟下小国"两面结盟"的行为入手，提出了具有一般意义的"两面结盟"理论。这个理论一个重要的启示是，两个敌对的大国有可能与同一个小国结盟。这提示我们，存在战略竞争的大国有可能共享对同一个（批）小国的领导权。这进一步启发我们思考一个理论问题：在由两个大国主导的国际体系（亦即两极体系）中，这两个"极"之间除了存在因争夺势力范围而走向彼此隔绝和相互对抗的模式之外，是否还有可能存在另一种互动模式，即通过对体系其他成员的共同领导避免过去大国对抗的悲剧？这一理论问题对于国际政治有着极为重要的现实意义。如果未来真的会出现两极，那么这个新两极的互动会是怎样的？是否会引发一场新的对抗？要回答这些问题，我们需要从理论层面找到相对于大国对抗而言更为温和的两极权力互动新模式及其生成机制，并在经验层面找到这种模式出现的先例。第二章的研究为我们开展这两项工作奠定了理论和经验基础，本章则将对第二章提出的理论进行推广，从更一般性的层面寻找和研究这种全新的大国互动模式。

第一节 从"两面结盟"到"大国共治"

深刻认识"两面结盟"的本质，挖掘其理论内涵，将对我们对两极体系下大国权力竞争模式的理解产生新的启发，从而帮助我们找到一条完全不同于对抗模式的更为温和与高效的两极大国互动方式。

一 "两面结盟"的本质

(一)"领导—被领导"是不对称同盟的重要功能

"两面结盟"涉及两组同盟关系,这就涉及一个很重要的问题:这两组同盟实际上承担着何种功能?同盟最直观的功能无疑是制衡权力和制衡威胁。当两个或多个国家凭借自身实力无法抗衡潜在霸权或无法制衡共同威胁时,通过盟约将彼此绑定以增加实力总量,就成为这些国家维护自身安全的一种自然选择。[①] 在这种情况下,联盟是盟国用以共同制衡外部权力和应对外部威胁的一种工具,联盟发挥功能的核心机制是实力聚集(capability aggregation)。[②] 除此之外,越来越多的学者开始注意到联盟的对内功能。历史学家保罗·施罗德基于1815年至1945年的历史经验指出,联盟既可以是保卫安全的武器,又可以是实现联盟内部管理和约束的工具。[③] 相比较于联盟外国家,一国能够更有效地影响和约束其盟国的行为。[④] 当两国存在潜在冲突而彼此威胁又不是很大时,结盟能够将彼此绑定,从而抑制盟友间的冲突,提升本国安全。[⑤] 通过建立不对称的双边同盟,大国可以最大限度地对小国盟国施加控制,以防止其将大国拖入更多不必要的战争。[⑥]

不管是对外功能还是对内功能,在上述联盟理论中,国家结盟的出发点都还是基于安全动机。然而正如有学者所指出的,有些国家结盟后,

---

[①] Kenneth N. Waltz, *Theory of International Politics*, Reading: Addison-Wesley Publishing Company, 1979, p. 168; Stephen M. Walt, *The Origins of Alliances*.

[②] James D. Morrow, "Alliances and Asymmetry: An Alternative to the Capability Aggregation Model for Alliances", pp. 906 – 907.

[③] Paul W. Schroeder, "Alliances, 1815 – 1945: Weapons of Power and Tools of Management", in Klaus Knorr, ed., *Historical Dimensions of National Security Problems*, Lawrence: University Press of Kansas, 1976, p. 241, quoted from Jeremy Pressman, *Warring Friends: Alliance Restraint in International Politics*, p. 7.

[④] Christopher Gelpi, "Alliances as Instruments of Intra-Allied Control", pp. 107 – 139; Gene Gerzhoy, "Alliance Coercion and Nuclear Restraint: How the United States Thwarted West Germany's Nuclear Ambitions", pp. 91 – 129.

[⑤] Patricia A. Weitsman, *Dangerous Alliances: Proponents of Peace, Weapons of War*; Jeremy Pressman, *Warring Friends: Alliance Restraint in International Politics*.

[⑥] Victor D. Cha, "Powerplay: Origins of the U. S. Alliance System in Asia", pp. 158 – 196.

反而会比不结盟时更不安全。① 事实上，安全并不一定是所有联盟成员选择结盟的唯一动机。对小国而言，选择追随大国与大国结盟，可以获得不结盟无法获得的利益，② 其中就包括经济利益这样的非安全利益。③ 在不对称同盟中，大国与小国结盟的动机往往是不同的且具有互补性：小国与大国结盟固然是为了增加自身安全，但为此它需要牺牲一定程度的自主性；而大国同小国结盟则反而会牺牲一定程度的安全，但可以通过换取小国的让步而提高自己决策的自主性。④

如果将联盟的对内控制功能和大国与小国结盟动机的互补性两者结合起来就会发现，不对称同盟更多的时候是大国对小国实施控制、获得和保持大国领导地位的一种重要平台。大国通过与小国结盟，能够获得对小国更有效的控制，而小国也自愿接受大国的这种控制，以此换取大国为其提供的安全保障。大国与小国的关系就如同市场中的企业和消费者，大国负责为小国提供"安全"这种商品，而小国则需向大国支付诸如"忠臣""服从"这样的货币，让渡自己的部分自主权。从大国的视角来看，与小国结盟、向其提供安全保障能够帮助大国获得更大的国际影响力，这也构成了大国选择与小国结盟的一种重要动机。⑤ 在这种情况下，大国与小国之间是一种"领导—被领导"的权力等级关系。而这种等级关系在很大程度上正是由正式的军事同盟所维系的。⑥ 无论是古希腊世界中斯巴达领导的伯罗奔尼撒同盟和雅典领导的提洛同盟，还是二战

---

① Michael F. Altfeld, "The Decision to Ally: A Theory and Test", p. 525.

② Randall L. Schweller, "Bandwagoning for Profit: Bringing the Revisionist State Back In", pp. 72 – 107.

③ Michael N. Barnett and Jack S. Levy, "Domestic Sources of Alliances and Alignments: The Case of Egypt, 1962 – 73", pp. 369 – 395.

④ James D. Morrow, "Alliances and Asymmetry: An Alternative to the Capability Aggregation Model for Alliances", pp. 904 – 933.

⑤ 杨原：《大国无战争时代的大国权力竞争：行为原理与互动机制》，中国社会科学出版社2017年版，第3章; Tongfi Kim, *The Supply Side of Security: A Market Theory of Military Alliances*.

⑥ Evelyn Goh, "Hierarchy and the Role of the United States in the East Asian Security Order", *International Relations of the Asia Pacific*, Vol. 8, No. 3, 2008, pp. 353 – 377; Evelyn Goh, "Great Powers and Hierarchical Order in Southeast Asia Analyzing Regional Security Strategies", *International Security*, Vol. 32, No. 3, 2007/2008, pp. 113 – 157.

以来美国领导的北约和苏联领导的华约，其核心功能都是确立和维持盟主对盟国的领导关系。

（二）"两面结盟"的本质是大国共治

如果说由大国主导的不对称同盟在本质上是大国和小国就"领导—被领导"关系达成的一种"契约"，那么"两面结盟"反映的就是两个大国对同一个小国同时实施领导的一种状态。不妨将这种状态称为"大国共治"，与其相对的状态是"大国分治"，即不同大国对不同小国分别实施领导。比如，古希腊时期雅典和斯巴达分别享有希腊世界的海上和陆上霸权，就是大国分治的典型例子。"大国分治"符合我们对国际政治的一般印象，甚至被认为是大国权力竞争的必然规律。[①] 相比之下，"大国共治"在历史上似乎要罕见得多，"两面结盟"就是这种罕见状态的一种特殊实现形式。

受"两面结盟"这种大国共治具体形式实现机制的启发，我们猜测大国共治状态的出现必须具备两方面的条件：一是大国之间须相互克制，双方均无在战争中彻底征服对方的把握；二是小国有不止一种重要需求，而两个大国分别只能满足其中一种需求。"大国共治"出现的根本机制是：两个大国均想拥有对某一个（批）小国的领导权，而这两个大国又都无法排除对方对该（批）小国的影响，从而只能做出妥协，与对方分享对该（批）小国的领导权；而这两个大国又均只能满足这个（批）小国的一种需求，因此小国有动机同时对这两个大国表示臣服；如果这种领导—臣服的关系是由军事同盟这种形式确立和维系的，就会出现像第二章所研究的那种"两面结盟"现象。

当然，大国共治也可以在没有结盟形式的情况下出现。正如本章第三节将要讨论的，前546年，晋、楚等14个诸侯国在宋国召开第二次弭兵之会，会上确立了"晋、楚之从交相见也"的原则，即晋国的属国今后也要到楚国去朝觐，楚国的属国也须到晋国去朝觐。[②] 这就形成了春秋时期晋楚

[①] R. Harrison Wagner, "What Was Bipolarity?" *International Organization*, Vol. 47, No. 1, 1993, p. 79.

[②] 《左传·鲁襄公二十七年》。

的短暂共治。从大国共治的视角来看，有没有正式、明确的军事盟约，可能并不是那么的重要，重要的是大国和小国的权力关系：两个大国究竟是分别领导不同的小国，还是共享对同一个（批）小国的领导权。我们将在本章第二节正式提出并详细讨论"大国共治"的一般机制。

二 问题的提出：两极是否等于对抗？

认识到"两面结盟"是"大国共治"的一种具体实现形式，有助于回答本章一开始提出那个理论问题：大国战略竞争，特别是两极体系下两个超级大国的战略竞争，是否最终只会走向对抗和冲突？是否还存在另一种相对和平与合作的大国互动模式？本小节将聚焦两极体系这个前提条件，框定本章将要研究的核心理论问题，为下一节的理论构建做好准备。

（一）两极与对抗的关系

提起两极体系，许多人几乎都会在第一时间将其和对抗联系在一起。甚至有学者指出，"两极"这个术语从一开始就是与"对抗"这一概念密切联系的。[1] 只不过，与 1945 年核武器出现前的时期相比，1945 年之后的大国对抗还多了一个特点"无战争"。"对抗"指的是两个一级大国之间以及两个对峙的同盟阵营之间彼此的对立和冲突。"无战争"指的是两个一级大国之间不发生直接的战争。[2] 而"两极"这个概念之所以会在许多人心目中与"对抗+无战争"紧密相连，就是因为现有的理论看起来刚好能够同时解释 1945—1991 年这段时期两极"既对抗又和平"的特点。[3]

第一，现有理论似乎能够解释为什么两个超级大国会彼此对抗并且形成两个对立的阵营。[4] 肯尼思·华尔兹认为，两极结构下，国际政治中

---

[1] R. Harrison Wagner, "What Was Bipolarity?" p. 79.

[2] 这里的"一级大国"即能够作为一"极"（pole）的国家。在这个含义下，本章将不加区分地混用"一级大国""超级大国""极"三个术语。

[3] R. Harrison Wagner, "What Was Bipolarity?" p. 77.

[4] Louis René Beres, "Bipolarity, Multipolarity, and the Reliability of Alliance Commitments", *The Western Political Quarterly*, Vol. 25, No. 4, 1972, pp. 702 – 710; Frank Whelon Wayman, "Bipolarity and War: The Role of Capability Concentration and Alliance Patterns among Major Powers, 1816 – 1965", *Journal of Peace Research*, Vol. 21, No. 1, 1984, pp. 61 – 78.

不存在边缘地带,任何遥远地区发生的事态都会引发两个超级大国的关注,两个超级大国中任何一方的任何举动和变化都不会逃出另一方从势力均衡角度计算权衡的范畴,而两个大国又都有在权力和安全竞争中占据先机的动机,因此两极结构的一个显著特点就是紧张压力的持续存在和危机的反复出现。①

与此同时,许多学者认为,两极状态下出现两个对立的联盟阵营是一种自然甚至必然的现象,或者将其视为两极体系的一个重要特征。② 在两极体系下,两大集团都会试图扩大其成员范围,但如果拉拢新成员的努力会迫使一个原本不结盟的国家倒向敌对集团,两个大国则都会宁愿让其继续保持两不结盟的状态。③ 这种理论观点意味着,在两极结构下,大国对其追随者的争夺是排他性的,一个国家要么是某大国的盟国,要么是该大国对手的盟国,要么是不结盟国家,而不可能"骑墙",既是该大国的盟国又是该大国对手的盟国。

第二,现有理论似乎也能解释为什么两个彼此尖锐对峙的超级大国会保持和平。两极稳定论的经典论述是:首先,与多极结构相比,两极结构下谁最有可能成为潜在霸权国、因而最有可能成为其他体系成员的威胁要明确得多,两个超级大国都无处隐藏自己,也很难将自己造成的威胁"嫁祸"给他国。其次,与多极结构相比,由谁来承担制衡潜在霸权国的责任这一点在两极结构下同样要明确得多,很难出现超级大国推诿责任的情况。最后,由于超级大国与其他国家在实力上的巨大差距,任何某个具体的盟国对两个超级大国的意义都是微不足道的,这使得两极结构下的大国不大可能像多极结构下的大国那样因为不能无视盟国而

---

① Kenneth N. Waltz, "The Stability of a Bipolar World", pp. 882 – 883.
② Bruce Bueno de Mesquita, "Measuring Systemic Polarity", *The Journal of Conflict Resolution*, Vol. 19, No. 2, 1975, pp. 187 – 216; Raymond Aron, *Peace and War: A Theory of International Relations*, New York: Doubleday, 1966, p. 128; Thomas J. Volgy and Lawrence E. Imwalle, "Hegemonic and Bipolar Perspectives on the New World Order", *American Journal of Political Science*, Vol. 39, No. 4, 1995, pp. 819 – 834.
③ Morton A. Kaplan, "Balance of Power, Bipolarity and Other Models of International Systems", *The American Political Science Review*, Vol. 51, No. 3, 1957, p. 693.

被拖入战争。①

（二）问题的细化

现在的问题是，两极是否真的是与"对抗＋无战争"紧紧绑定的？具体而言，两极结构是否一定导致大国无战争？是否一定导致体系分化对抗？

现有的关于这一命题的质疑和争论，绝大部分都是围绕前一个问题，即两极结构是否一定导致两个大国之间无战争。② 许多研究都显示，如果将"两极"这个概念扩展至历史上的其他相似体系，就不难发现历史上并非所有两极结构都能保持大国间的和平。例如，古希腊城邦时期的斯巴达和雅典的两极就直接引发了体系性的大战。③ 1521—1559 年欧洲出现的哈布斯堡帝国和奥斯曼帝国两极，其战争和冲突的频率与此前的多极结构相比并无明显差异。④ 17—18 世纪欧洲国家间出现的短暂的两极以及 20 世纪初英德之间的两极对峙，同样也没有导致和平和稳定。⑤ 西汉时期

---

① Kenneth N. Waltz, *Theory of International Politics*, chapter 8; Kenneth N. Waltz, "The Stability of a Bipolar World", pp. 881 – 909. 一些模型和实证研究也似乎支持这种理论，参见 Alvin M. Saperstein, "The 'Long Peace': Result of a Bipolar Competitive World?" *The Journal of Conflict Resolution*, Vol. 35, No. 1, 1991, pp. 68 – 79; Manus I. Midlarsky, "Polarity and International Stability", *The American Political Science Review*, Vol. 87, No. 1, 1993, pp. 174 – 180。

② 相关争论和批判参见 Michael Haas, "International Subsystems: Stability and Polarity", *The American Political Science Review*, Vol. 64, No. 1, 1970, pp. 98 – 123; Charles W. Ostrom, Jr. and John H. Aldrich, "The Relationship Between Size and Stability in the Major Power International System", *American Journal of Political Science*, Vol. 22, No. 4, 1978, pp. 743 – 771; Patrick James and Michael Brecher, "Stability and Polarity: New Paths for Inquiry", *Journal of Peace Research*, Vol. 25, No. 1, 1988, pp. 31 – 42; Richard Ned Lebow, "The Long Peace, the End of the Cold War, and the Failure of Realism", *International Organization*, Vol. 48, No. 2, 1994, pp. 249 – 277; Randolph M. Siverson and Michael D. Ward, "The Long Peace: A Reconsideration", *International Organization*, Vol. 56, No. 3, 2002, pp. 679 – 691。

③ Peter J. Fliess, *Thucydides and the Politics of Bipolarity*, Baton Rouge: Louisiana State University Press, 1966.

④ Ted Hopf, "Polarity, the Offense-Defense Balance, and War", *The American Political Science Review*, Vol. 85, No. 2, 1991, pp. 475 – 493.

⑤ William R. Thompson, "Polarity, the Long Cycle, and Global Power Warfare", *The Journal of Conflict Resolution*, Vol. 30, No. 4, 1986, pp. 587 – 615.

西汉和匈奴两极之间同样发生过多次战争。① 这意味着，两极并不是"大国无战争"的充分条件。

与此同时，两极也并不是大国无战争的必要条件。自1991年至今，国际体系大致处于单极状态，但世界主要国家之间的和平仍在继续。这意味着，单极同样能够促进和平。② 而华尔兹自己后来也明确承认，只要存在核武器，大国间冲突就不会升级至战争。③ 事实上，越来越多的学者开始注意到，由于核武器、相互依赖以及规范进化等因素，国际体系自1945年第二次世界大战结束起，就已经进入了一个事实上的大国无战争时代。大国之间不发生直接战争，是这个时代多种因素共同造成的结果，而与某种特定的国际实力结构无关。④

既然两极体系既不是大国无战争的充分条件，也不是其必要条件，那么"两极是否一定导致无战争"这个问题已不是我们关心的重点。在这一时代，无论何种国际结构，大国间直接发生战争的可能性都极低。本章真正关心的是后一个问题：两极是否一定导致体系的分化对抗？未来如果出现两极，它们固然不大可能发生直接的战争，但它们是否会形成两个泾渭分明、壁垒森严的对峙阵营，从而将世界割裂为敌对的两半？

乍一看，这似乎也是一个无须回答的问题，至少在纯粹的现实主义者眼中是如此：核武器等因素只能防止冲突升级为战争，却无法抑制大国对权力的竞争，而权力竞争又会引发安全领域的关切，从而导致国际

---

① 孙力舟：《西汉时期东亚国际体系的两极格局分析——基于汉朝与匈奴两大政治行为体的考察》，《世界经济与政治》2007年第8期。

② William C. Wohlforth, "The Stability of a Unipolar World", *International Security*, Vol. 24, No. 1, 1999, pp. 5–41.

③ [美]詹姆斯·费伦：《两极格局的形成与国际政治的不平等：对话肯尼斯·沃尔兹》，《国外理论动态》2013年第2期。

④ 近年来论述大国无战争现象及其原因的代表性文献参见 Joshua Baron, *Great Power Peace and American Primacy: The Origins and Future of a New International Order*, New York: Palgrave Macmillan, 2014; Christopher J. Fettweis, *Dangerous Times? The International Politics of Great Power Peace*, Washington D. C.: Georgetown University Press, 2010; Raimo Vayrynen, ed., *The Waning of Major War*, London and New York: Routledge, 2006. 有关更宽泛意义上的战争和暴力行为趋于消亡的论述参见 Steven Pinker, *The Better Angels of Our Nature: Why Violence Has Declined*, New York: Viking, 2011; John Mueller, "War Has Almost Ceased to Exist: An Assessment", *Political Science Quarterly*, Vol. 124, No. 2, 2009, pp. 297–321.

体系分化为两个以两个超级大国为核心的彼此对峙的阵营。应当承认，这的确是两极体系的一种常见状态，但从历史上的一些反例来看，这绝不是一种必然状态。例如在中国春秋时期、北宋和辽对峙时期，都曾出现过体系性的或者地区性的两极结构，而在这些体系中，却都出现过小国同时接受两个超级大国领导的大国"共治"现象，即同一个小国既是 A 大国的属国又是 B 大国的属国。这与小国阵营归属的非此即彼（抑或中立"不结盟"）颇有不同。

那么，当出现两极结构后，两个大国究竟在什么情况下会出现彼此争夺和划分势力范围的分治，又会在什么情况下会出现零和程度较低、竞争较为缓和的共治？其产生机制是什么？这是本章受"两面结盟"现象启发而待研究的核心理论问题。

（三）现有两极理论研究简要回顾

当前，学界对两极的理论研究基本趋于停滞。但类似古代东亚两极体系这样的案例所包含的特殊现象提示我们，目前学界对两极体系的认识和理解还远未达到完善的程度。不过，现有研究仍然在两极体系的分类、两极与霸权的关系、两极与结盟的关系等重要问题上做出了初步但富有启发性的探讨。[①] 回顾这些研究，有助于明确我们研究的出发点和发现创新点。

1. 两极体系的类型

从理论上讲两极体系可能有哪些形式和类型？对于这个问题，现有的研究并不充分，但仍然有少数学者做出了初步的尝试。

莫顿·卡普兰（Morton A. Kaplan）将两极体系划分为两大类：松散两极体系（loose bipolar system）和紧密两极体系（tight bipolar system）。在前者中，存在两个一级大国和以其为核心的两大集团，同时还存在一些不属于两大集团中的任何一个的不结盟国家；而在后者中，（几乎）没有哪个国家游离于两大集团之外。卡普兰认为，在松散两极体系中，两个对峙集团都会不惜诉诸战争来阻止对方获得压倒性的实力优势，而且如果某个集团的内部组织原则具有等级性质，该集团甚至有可能为消除

[①] 现有研究讨论最为集中的问题实际是两极与稳定（和平）的关系，但这方面研究与本章的核心研究问题关系不大，且已在第一部分中做过回顾，故这里从略。

敌对阵营而发动大战,而如果是非等级性集团,则不会出于增加自身实力的目的而主动发动大战。相对于松散两极体系,紧密两极体系由于没有可在两大对峙集团之间起缓冲和调节作用的非结盟国家,因此该体系下的紧张程度和不稳定程度均会高于松散两极体系。[1]

沃尔弗拉姆·汉瑞德（Wolfram F. Hanrieder）在卡普兰分类的基础上又引入了"对称/非对称"这一维度,从而将两极体系划分为4类:对称的（symmetrical）、不对称的（asymmetrical）、异质性对称的（hetero-symmetrical）和异质性不对称的（hetero-asymmetrical）。其中前两类属于卡普兰所说的紧密两极体系,后两类属于松散两极体系。在对称的两类两极体系中,两个极势均力敌且在任何功能领域均享有双寡头垄断地位。而在不对称两极体系中,两个极相较其他国家均具有压倒性优势,但同时其中一极相较另一极又拥有十分显著的优势。对于最为常见的异质性不对称两极体系,其有两种可能的演变趋向:一种是由于两大集团中的一个解体而导致体系转变为单极体系,另一种则是原来处于不结盟地位的某个国家取代原来的某一极从而使体系由旧两极转变为新两极。[2]

总的看来,现有理论的共识是,两极结构下世界总是会因两个大国的竞争而被割裂,中小国家要么选择中立,走不结盟路线,要么就必须在两个大国间做出非此即彼的选择,两个阵营在地理空间和成员上基本不重合,有着清晰的界线。

2. 两极与霸权的关系

在现实主义理论阵营中,长期存在着均势现实主义和霸权现实主义的分野,两者在究竟是霸权还是均势更有助于体系稳定这一问题上存在明显分歧。[3] 这种分歧给人们造成的一种印象是,两极与霸权是彼此排斥

---

[1] Morton A. Kaplan, "Balance of Power, Bipolarity and Other Models of International Systems", pp. 691 – 693.

[2] Wolfram F. Hanrieder, "The International System: Bipolar or Multibloc?" *The Journal of Conflict Resolution*, Vol. 9, No. 3, 1965, pp. 303 – 304.

[3] 关于这两种理论的区分,参见 Jack Levy, "War and Peace", in Walter Carlsnaes, Thomas Risse and Beth A. Simmons, eds., *Handbook of International Relations*, London: Sage Publications, 2002, pp. 354 – 355.

的两种状态：如果一个体系是两极体系，那么它就是一个均势体系，因而不可能同时存在霸权；相反，如果体系中存在霸权国，那么该体系就不可能是两极体系。这种印象是致使目前许多人无法承认一个新的两极体系正在形成的重要原因，因为无论从何种角度看，美国的绝对实力优势和霸权地位都将继续保持相当长的时间。①

托马斯·沃尔吉（Thomas J. Volgy）和劳伦斯·尹万力（Lawrence E. Imwalle）通过对1945至1991年两极体系的实证研究否定了这种将两极与霸权对立起来的看法。一方面，根据学界普遍接受的判断标准，这一时期两极的存在是确定无疑的；② 另一方面，通过与19世纪英国霸权的对比，两位学者发现20世纪美国的相对实力优势甚至比19世纪的英国还明显，如果不否认19世纪的英国是当时体系中的霸权国，那么美国更毫无疑问也是二战之后的霸权国。③ 不仅如此，两位学者通过分析英美两国霸权的实力组成结构又进一步发现，英美两国各自的实力构成要素都不均衡。英国的霸权主要是基于其在经济领域相对于其他大国的优势，其军事实力在列强中并不拔尖。美国霸权则更多的是依赖其军事实力，

---

① 关于美国霸权地位仍将延续的论述，参见 Joseph S. Nye, "The Twenty-First Century Will Not Be a 'Post-American' World", *International Studies Quarterly*, Vol. 56, No. 1, 2012, pp. 215 – 217; Michael Beckley, "China's Century? Why America's Edge Will Endure", *International Security*, Vol. 36, No. 3, 2011/2012, pp. 41 – 78; Sheena Chestnut and Alastair Iain Johnston, "Is China Rising?" in Eva Paus, Penelope Prime and Jon Western, eds., *Global Giant: Is China Changing the Rules of the Game?*, New York: Palgrave Macmillan, 2009, pp. 242 – 248; Josef Joffe, "The Default Power: The False Prophecy of America's Decline", *Foreign Affairs*, Vol. 88, No. 5, 2009, pp. 21 – 35; 宋伟：《国际金融危机与美国的单极地位》，《世界经济与政治》2010年第5期。对其的质疑参见 Joshua R. Itzkowitz Shifrinson and Michael Beckley, "Debating China's Rise and U. S. Decline", *International Security*, Vol. 37, No. 3, 2012/2013, pp. 172 – 177; Christopher Layne, "This Time It's Real: The End of Unipolarity and the Pax Americana", *International Studies Quarterly*, Vol. 56, No. 1, 2012, pp. 203 – 213; David P. Calleo, *Follies of Power: America's Unipolar Fantasy*, Cambridge: Cambridge University Press, 2009.

② 这个判断标准是：体系中有且只有两个国家的实力之和不低于全部大国实力的50%，且这两个国家的实力分别均不低于25%。

③ Thomas J. Volgy and Lawrence E. Imwalle, "Hegemonic and Bipolar Perspectives on the New World Order", pp. 820 – 825.

经济领域的主导地位并不十分明显。①

上述研究对我们的启示有两点：第一，两极与霸权并不必然冲突。即使未来出现两极，也并不意味着一国霸权地位的失去。② 反过来，一国继续保持其霸权地位，并不妨碍任何一个大国崛起为新的一极。成为极的门槛低于成为霸权的门槛。③ 第二，一国实力要素发展不均衡依然有可能成为一极。如果英、美自身实力要素的不均衡都不妨碍其获得霸权，那么目前仅在某一领域实力优越的大国也可能成为未来的单独一极。

3. 两极与结盟的关系

两个超级大国的出现是否一定会导致两个对立的联盟阵营的形成？一个体系是否必须存在两个对立的联盟阵营才能被视为两极体系？过往的文献对这两个问题的认识曾一度处于含混状态。正如有学者曾总结的，有关国际体系的极的研究的一个基础性障碍就是极这个概念的不确定性，有时是指体系中的一级大国，有时又是指联盟集团。④ 不少学者对"两极（bipolar）"和"两集团化（bipolarization）"这两个概念的区别并不十分清楚，有时甚至根本没有意识到这两个概念存在区别，因而在研究中不加区分地使用。⑤ 但实际上，二者的区别是简单而明确的："两极"是指国际体系的权力主要分布于两个大国，"两集团化"则是指世界主要国家

---

① Thomas J. Volgy and Lawrence E. Imwalle, "Hegemonic and Bipolar Perspectives on the New World Order", pp. 824 – 825.

② 失去的只是"单极霸权"地位。

③ 同为极的大国其实力可能存在极大的不均衡，但较弱一方仍是一极。参见 Edward D. Mansfield, "Concentration, Polarity, and the Distribution of Power", *International Studies Quarterly*, Vol. 37, No. 1, 1993, pp. 105 – 128。

④ Patrick James and Michael Brecher, "Stability and Polarity: New Paths for Inquiry", p. 32.

⑤ 例如 Michael Haas, "International Subsystems: Stability and Polarity", pp. 98 – 123; Michael D. Wallace, "Alliance Polarization, Cross-Cutting, and International War, 1815 – 1964: A Measurement Procedure and Some Preliminary Evidence", *The Journal of Conflict Resolution*, Vol. 17, No. 4, 1973, pp. 575 – 604; Bruce Bueno de Mesquita, "Measuring Systemic Polarity", pp. 187 – 216; Frank Whelon Wayman, "Bipolarity and War: The Role of Capability Concentration and Alliance Patterns among Major Powers, 1816 – 1965", pp. 61 – 78。

分化为两个对立的联盟阵营的趋势。①

即使"两极"和"两集团化"是两个不同的概念，但在一些学者看来，这两种现象总是同时存在的：只要出现两个极，就自然会形成以这两个极为中心的两个集团（bloc/cluster/camp）。例如雷蒙·阿隆（Raymond Aron）对两极体系的定义就是：该体系中有两个行为体相对于其他行为体而言拥有显著的支配地位，以至于这两个行为体分别成为一个联盟阵营的核心，而其他行为体则不得不选择加入其中一个阵营，除非它们有选择中立的机会。②华尔兹更专门构建了一个国际政治理论，以解释两极结构下均势状态出现的"必然性"。③

但戴维·拉普金（David P. Rapkin）等学者的研究对此提出了质疑。他们指出，在两极对峙的状态下，的确很有可能出现以这两个极为核心的高度两集团化现象，但这并不应成为两极体系理论的一个先验假定，两极是否一定会导致两集团化是一个经验问题。他们分别用世界主要大国军事实力占全球比重、联盟集团内部合作程度与两集团间冲突程度两个指标衡量了自1948年至1973年国际体系的极与集团化的程度。结果显示，这一时期两极结构始终清晰而稳定，但两集团化程度却总体呈下降趋势，至20世纪70年代初时甚至已经低至两集团化不存在的程度。拉普金等由此指出，两极不一定总会与两集团化共生，是否存在两个对立的联盟集团并非两极存在与否的必要条件。④

拉普金等学者的研究对我们研究两极体系下国家互动状态的多样性提供了重要的启发。留待解决的问题是：如果两极在最开始的确导致了高度的两集团化，只不过随着时间的推移两集团化程度逐渐下降，那么

---

① David P. Rapkin, William R. Thompson and Jon A. Christopherson, "Bipolarity and Bipolarization in the Cold War Era: Conceptualization, Measurement, and Validation", *The Journal of Conflict Resolution*, Vol. 23, No. 2, 1979, pp. 261–295; William D. Jackson, "Polarity in International Systems: A Conceptual Note", *International Interactions*, Vol. 4, No. 1, 1978, pp. 87–95; Joseph L. Nogee, "Polarity: An Ambiguous Concept", *Orbis*, Vol. 18, No. 4, 1974, pp. 1193–1224.

② Raymond Aron, *Peace and War: A Theory of International Relations*, p. 128.

③ Kenneth N. Waltz, *Theory of International Politics*, chapter 6.

④ David P. Rapkin, William R. Thompson and Jon A. Christopherson, "Bipolarity and Bipolarization in the Cold War Era: Conceptualization, Measurement, and Validation", pp. 261–295.

未来如果出现两极,是否有可能从一开始就避免高度两集团化这种紧张的对峙状态?如果可能,规避这种状态的机制是什么?如果这种状态得以规避,那么替代它的状态又是什么样的?

第二节 两极体系下的大国共治

为回答第一节提出的理论问题,本节将根据第二章发展的"两面结盟"理论,提出大国共治的形成机制。本节首先从理论上对两极结构下大国与小国可能存在的权力关系做出分类,并分析"共治"这种权力关系较为罕见的原因。然后以此为基础,揭示两极结构下大国差异化共治的产生机制及其意义。其中,大国对外功能出现分异以及大国不会因争夺对小国的独占权而发动对另一个大国的战争,是促使大国实现并保持共治状态的关键因素。

一 两极结构下大国与小国权力关系的四种类型

根据华尔兹的标准,国际体系中的所有国家可以简单地划分为两大类:一类是能够影响国际结构的国家,即极,华尔兹称其为"大国(great power)";[1] 另一类就是体系内的其他国家,相对于"大国"它们可统称为"小国"。显然,只有那些成为极的大国,才有资格竞标主导国际体系的权力。而权力是一个关系性的概念,[2] 是指让他人做其原本不愿做的事情的能力,[3] 只有在控制(control)与被控制、影响(influence)

---

[1] Kenneth N. Waltz, *Theory of International Politics*, p. 162.

[2] 学术界对"权力"(power)有两种理解方式:一种是作为资源的权力路径(power-as-resources approach),另一种是关系性权力路径(relational power approach)。前一种理解方式实际上是将权力等同于实力(capability)。而这里所说的权力,亦即狭义的权力,遵循的是后一种理解方式。参见 David A. Baldwin, "Power and International Relations", in Walter Carlsnaes, Thomas Risse and Beth Simmons, eds., *Handbook of International Relations*, London: Sage Publications, 2002, p. 178.

[3] Robert A. Dahl, "The Concept of Power", *Behavioral Science*, Vol. 2, No. 3, 1957, pp. 202–203;[美]丹尼斯·朗:《权力论》,陆震纶、郑明哲译,中国社会科学出版社2001年版,第3页。

与被影响的关系中才能体现。假如世界上只有一个人，那么这个人也就无所谓是否拥有权力。同样地，超级大国的权力必须通过对小国的控制和影响才能实现。这种控制和影响亦即政治学中所谓的统治（rule/governance）。从理论上讲，两极结构下大国与小国的统治与被统治关系包括4种类型（如图3—1所示）。

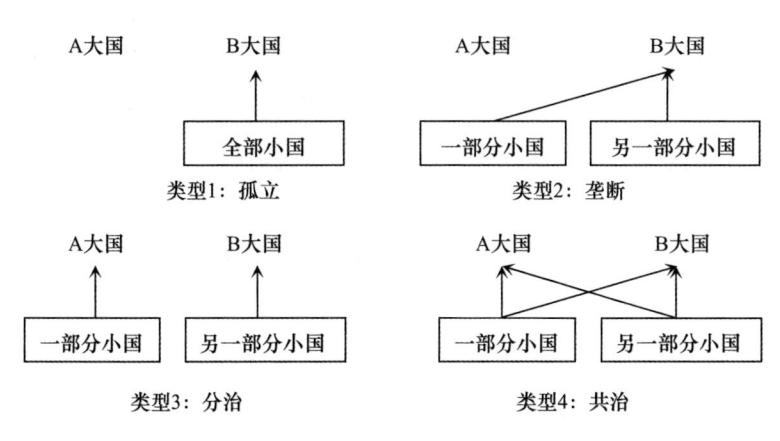

图3—1 两极结构下大国与小国权力关系的四种类型

第一种类型是孤立，指有一个超级大国，完全没有接受其领导和支配的小国。第二种类型是垄断，指有一个超级大国实现了对体系内绝大多数小国的领导和支配。在两极结构下类型1和类型2在本质上是一样的。只是相对于类型2而言，类型1更为极端。这种一个大国明明有竞争权力的实力却放弃竞争而将整个体系的主导权都拱手让给对手的情况，现实中并不多见，但不排除由于国家内部的某些原因，在一定时期内国际体系出现这种权力归属"一边倒"的情况。例如，20世纪80年代末90年代初国际体系出现了短暂的有两个超级大国但却只有一个联盟阵营的局面。

第三种类型是分治，指两个超级大国分别领导和支配一部分小国，从而形成两个壁垒分明而又相互对峙的集团或阵营，即所谓的两集团化。从均势理论的视角看，这是国际结构呈现两极特征后的必然结果。① 因此

---

① Kenneth N. Waltz, *Theory of International Politics*, chapter 8.

如本章文献回顾所述,许多学者将两极与两集团化视为一种共生现象。但正如拉普金等学者所指出的,两集团化这种两极结构下的分治充其量只是一种出现概率很高的经验现象,而非两极结构下大国与小国权力关系的唯一状态。①

另一种可能的替代性状态就是如图3—1所示的第四种类型——共治,它是指两个超级大国共同对体系内所有或大部分小国施加领导和支配。在分治状态下,某个小国是A大国的盟国,就不是B大国的盟国,某个地区是A大国的势力范围,就不是B大国的势力范围,两个大国的权力范围是按照国家的地理边界划分的,彼此泾渭分明。而在共治状态下,两个大国的权力范围在空间上大都是重合的,大部分小国既接受A大国的领导,同时也服从于B大国。如果稍稍放松一点定义,甚至可以说在此类型下,大部分小国既是A大国的盟国,又是B大国的盟国。② 对于目前的主流国际安全理论来说,这种共治状态即使不是不可能的,也是不可想象的。然而最近已有学者指出,从无政府状态导致大国自助这一点出发,其实并不像结构现实主义所认为的那样能够从理论上得出两个超级大国必然相互制衡的推论。③

结构现实主义的理论推论在很大程度上依赖于对微观经济市场的类比。④ 但根据微观经济学理论,寡头企业在彼此互动中并不必然选择相互竞争。事实上,两个寡头企业合谋的收益往往会高于它们彼此竞争的收益。正是由于寡头企业的合谋(对消费者而言)有如此大的"危险性",国内社会通常都会出台法律防止这种合作的出现。如果国际政治的两极

---

① David P. Rapkin, William R. Thompson and Jon A. Christopherson, "Bipolarity and Bipolarization in the Cold War Era: Conceptualization, Measurement, and Validation", p. 263.

② 这种小国与两个对立大国同时结盟的现象即为第二章所研究的两面结盟现象。

③ Jonathan Kirshner, "The Economic Sins of Modern IR Theory and the Classical Realist Alternative", *World Politics*, Vol. 67, No. 1, 2015, p. 158.

④ 参见 Kenneth N. Waltz, *Theory of International Politics*, pp. 88 – 99; Richard Little, "International Relations and the Methodological Turn", *Political Studies*, Vol. 39, No. 3, 1991, p. 473; Barry Buzan, Charles Jones and Richard Little, *The logic of Anarchy*, New York: Columbia University Press, 1993, pp. 178 – 180; Jonathan Haslam, *No Virtue like Necessity: Realist Thought in International Relations Since Machiavelli*, New Haven and London: Yale University Press, 2002, p. 238。

体系可以类比双寡头市场，那么体系中的两个极国家就不一定如新现实主义所宣称的那样相互制衡，而也有可能为了自身更大的收益而选择相互合谋，实现共治。① 事实上，正如本章案例研究部分将要详细展示的那样，中国古代春秋国际体系的晋楚两极结构时期，就曾出现过所有小国同时臣服于晋楚两国的大国共治现象。

二 大国共治在历史上罕见的原因

上述4种大国与小国权力关系的类型中，最常见的无疑是第三种类型，甚至很多人以为它是一种必然的规律。相比之下，第四种类型则非常罕见，几乎没有现成的国际安全理论试图去解释这种现象。既然两大国共治在理论上是可能的，而且也存在实际发生了的先例，可它为什么会如此罕见呢？

这是因为在大多数情况下，共治这种状态是不稳定的。主要有以下三个原因：首先，A、B两个大国都有独占全部小国的机会主义动机。这种动机源于大国对权力和相对地位的追求。进攻性现实主义认为，国家对相对权力非常敏感，总是尽可能使自己的权力最大化，同时伺机削弱对手的权力。② 进攻性现实主义还只是从国家的生存动机出发得出这一推论的，事实上，国家对权力和地位本身的追求可能是驱使一个大国伺机削弱另一个大国权力的更重要的动机。③ 地位体现于不平等和差异，因此即使两个大国实现了共治，只要其中有一个大国相信有把握击败对方，共治就不是一个纳什均衡状态，该大国就会选择通过对另一个大国发动战争来谋求自己更高的地位，④ 而赢得战争的一方则会"赢者全得"，共

---

① 参见 Jonathan Kirshner, "The Economic Sins of Modern IR Theory and the Classical Realist Alternative", pp. 158 – 160；另可参见叶泽《寡头垄断企业竞争策略》，科学出版社2012年版，第6章。

② John J. Mearsheimer, *The Tragedy of Great Power Politics*.

③ Richard Ned Lebow, *A Culture Theory of International Relations*, Cambridge: Cambridge University Press, 2008; Jonathan Kirshner, "The Tragedy of Offensive Realism: Classical Realism and the Rise of China", *European Journal of International Relations*, Vol. 18, No. 1, 2010, pp. 53 – 75.

④ 实际上这正是1648年至今大多数国际战争爆发的根本原因。参见 Richard Ned Lebow, *Why Nations Fight: Past and Future Motives for War*。

治也就不复存在。

其次,随着地理距离的增大,大国对距离自己遥远的小国的控制力会显著减弱。地理距离对国家军事投送能力的负向影响很早就已为国际关系学者所注意。① 对于那些与大国毗连的小国,由于大国能够轻易地对其施加胁迫和控制,这些小国会更容易选择追随大国。② 而随着距离的增加,特别是在当代这种全球体系下,海洋巨大的水体则会对一国权力的投放产生非常明显的阻遏作用,从而阻止全球霸权的出现。③ 在古代东亚朝贡体系中,中原王朝对周边政权的影响也存在明显的随距离增加而递减的现象。④ 即使在科技已高度发达的今天,距离对控制力的这种削弱效应依然存在。⑤ 因此,在两极体系下,那些远离某大国而接近另一个大国的小国,会更容易被后者所控制,从而使权力关系类型由共治滑向分治。

再次,小国同时臣服两个大国比只臣服一个大国的成本高、难度大,因此小国有改变共治状态的动机。大国要想获得对小国的统治让小国听命于自己,归根结底有两种方式:一种是胁迫(coercion),即"如果你不听我的命令我就要你的命";另一种是利益交换,即"如果你听我的命令我可以给你好处"。换言之,小国之所以愿意接受大国的支配,是因为其能够因此而获得大国的某种保证,要么是负面保证"我保证不再侵犯你",要么是正面保证"我保证给你某种好处"。就正面保证而言,在无政府状态下,大国最常给小国提供的——而且也是小国最常需要的——好处就是安全保障。而负面保证本质上也是一种安全保障。但问题是,小国对安全保障的需求是一种缺乏弹性的需求(inelastic demand),在有

---

① Kenneth E. Boulding, *Conflict and Defense: A General Theory*, New York: Harper and Brothers, 1962, pp. 229–231.

② Stephen M. Walt, *The Origins of Alliances*, p. 24.

③ John J. Mearsheimer, *The Tragedy of Great Power Politics*, pp. 40–41, 114–119.

④ 因此朝贡体系才会由内而外被划分为"汉字圈"、"内亚圈"、"外圈"等圈层或者内臣地区、外臣地区、暂不臣地区等地区。参见〔美〕费正清主编《中国的世界秩序——传统中国的对外关系》,第2页;张锋:《解构朝贡体系》,第42页。

⑤ Daisaku Sakaguchi, "Distance and Military Operations: Theoretical Background toward Strengthening the Defense of Offshore Islands", *NIDS Journal of Defense and Security*, No. 12, 2011, pp. 83–105.

一个大国能够给它提供保证并满足它的这一需求时，新增另一个大国的保证对小国安全效用的改善不会太明显。①

另一方面，新增一个大国的保证，会使小国承担双倍的臣服义务。在古代东亚的朝贡体系中，这意味着小国必须同时向两个大国朝觐进贡。在现代国际体系中，这意味着小国必须在军事上同时承担对两个大国的同盟义务，在政治上同时支持和服从两个大国，这对于小国来说无疑会增加巨大的负担。此外，同时臣服两个大国不仅成本加倍，而且实施的客观难度也比较大。社会心理学中结构平衡理论的一个基本原理就是，将朋友的敌人作为敌人，三者之间的关系会非常稳定；相反，将朋友的敌人作为朋友，三者的关系将极不稳定。② 两极体系下两个超级大国彼此互为竞争对手这种身份是明确的，小国很难与这两个互为"敌人"的大国同时保持良好关系。总之，在两个大国都只能对小国做出安全方面的保证时，小国同时臣服两个大国所增加的收益并不明显，而成本和难度却会显著增加，因此小国往往会选择"一边倒"或"不结盟"，而不是接受两个大国的"共治"。

三　大国功能分异与差异化竞争

探究大国共治罕见的原因，有助于我们寻找大国共治出现的条件和机制。如上所述，大国共治之所以难以出现和维持的一个重要原因是，小国接受两个大国共治的收益和成本不匹配。那么如何才能让小国更情愿同时接受两个大国的领导呢？关键在于大国的功能是否出现分异。

众所周知，国家功能无差异是华尔兹结构现实主义研究纲领的一个

---

① 在无政府状态下，小国单靠自己很难确保自身的安全，因此对小国来说，"外部安全保障"这个"商品"的可替代性低。而商品的低可替代性决定了对该商品的需求缺乏弹性。商品的需求弹性测量的是商品的需求量对价格变化（亦即供给变化）的敏感程度。需求越缺乏弹性，增加供给对提高需求的拉动作用就越不明显。参见［美］罗宾·巴德、［英］迈克尔·帕金《微观经济学原理》，第130—132页。

② Fritz Heider, "Attitudes and Cognitive Organization", pp. 107 – 112; Fritz Heider, *The Psychology of Interpersonal Relations*.

基本假定。华尔兹认为，在无政府状态下，每个国家都必须保卫自身安全并对本国国内的各项事务提供协调和治理，因此国家都是相似的单元（like unit）。[1] 但在一些学者看来，无视国家功能的分异（differentiation）不仅在理论上是一种重大缺憾，[2] 而且也与经验事实不符，他们认为国际体系中客观上存在着许多不相似的国家。[3] 不过，华尔兹国家功能无差异假定的关键缺陷在于他未能意识到国家对内功能和对外功能的区别。所有国家的对内功能都是保卫自己国家的安全，并不意味着每个国家对其他国家、对国际社会所发挥的作用和其所扮演的角色也都是一样的。就对外功能而言，每个国家的功能显然是存在差异的。[4]

国家的对外功能是指"一个国家所提供的能够满足其他国家各种需要的服务"。[5] 国际体系中的国家就像市场中的消费者一样，也有各自的需求（demand）；而一些国家（特别是大国）也像市场中的企业一样，能够通过提供某种"商品"或"服务"来满足其他国家的需求。当一个国家能够满足另一个国家的某种迫切的需求，而后者自己又无法满足自己时，后者对前者就会产生依赖，前者对后者的权力也就产生了。[6] 如前所述，大国获得小国的服从和支持有两种方式：一种是胁迫，另一种是利益交换。前一种方式的内在逻辑是："因为害怕你，所以支持你"；后

---

[1] Kenneth N. Waltz, *Theory of International Politics*, pp. 96 – 97. 另见 Colin Elman, Miriam Fendius Elman and Paul Schroeder, "Correspondence: History vs. Neo-realism: A Second Look", *International Security*, Vol. 20, No. 1, 1995, p. 189; 陈小鼎：《试析国际关系理论的合成——一种科学哲学的分析视角》，《国际政治研究》2006 年第 4 期。

[2] Barry Buzan and Mathias Albert, "Differentiation: A Sociological Approach to International Relations Theory".

[3] Barry Buzan, Charles Jones and Richard Little, *The logic of Anarchy*, pp. 121 – 131, 146; George Sørensen, "States Are Not 'Like Units': Types of State and Forms of Anarchy in the Present International System", *Journal of Political Philosophy*, Vol. 6, No. 1, 1998, pp. 79 – 98.

[4] 杨原：《体系层次的国家功能理论——基于对结构现实主义国家功能假定的批判》，第 129—153 页。

[5] 杨原：《体系层次的国家功能理论——基于对结构现实主义国家功能假定的批判》，第 138 页。

[6] 依赖产生权力的经典论述，参见 [美] 罗伯特·基欧汉、[美] 约瑟夫·奈：《权力与相互依赖》，门洪华译，北京大学出版社 2002 年版，第 1 章。

一种方式的内在逻辑是:"因为需要你,所以支持你"。① 大国对外功能的意义就在于此:它能够满足小国的某种需要并使小国因此对大国产生某种依赖。

显然,如果一个大国能够充分发挥自己的对外功能,很好地满足大部分国家的重要需求,那么这个大国在国际体系中一定会备受推崇并拥有很大的影响力。② 正如历史学家保罗·施罗德(Paul Schroeder)所观察到的,19 世纪前半期欧洲国际体系中的英国、俄国等大国由于分别发挥了维持欧洲大陆均势、保护小国不受他国威胁等功能,因此得以彰显和扩大其国际影响力。③ 另外,霸权稳定论的一个核心观点是,霸权体系之所以能够稳定,是因为霸权国能够为该体系提供安全和发展的秩序和各种公共物品。④ 等级制理论的核心逻辑与霸权稳定论相似,即一个大国能否让其治下的国家甘愿接受某种"不平等"的等级关系,关键在于大国能否为这些国家提供安全保障、经济发展秩序以及公正的纠纷仲裁。⑤ 这些理论从侧面印证了国家对外功能的存在及其对大国权力的重要意义。

如前所述,小国之所以不愿同时臣服于两个大国是因为如此则须承担两份臣属的义务而却只能得到一种好处。而如果这两个大国的对外功

---

① 杨原:《武力胁迫还是利益交换?——大国无战争时代大国提高国际影响力的核心路径》,第 106—107 页。

② 杨原:《体系层次的国家功能理论——基于对结构现实主义国家功能假定的批判》,第 147 页。

③ Paul Schroeder, "Historical Reality vs. Neorealist Theory", *International Security*, Vol. 19, No. 1, 1994, p. 126.

④ Charles P. Kindleberger, "Dominance and Leadership in the International Economy: Exploitation, Public Goods, and Free Rides", *International Studies Quarterly*, Vol. 25, No. 2, 1981, pp. 242 – 254; Robert Gilpin, *War and Change in International Politics*, Cambridge: Cambridge University Press, 1981; Robert Gilpin, *The Political Economy of International Relations*, Princeton: Princeton University Press, 1987; Michael C. Webb and Stephen D. Krasner, "Hegemonic Stability Theory: An Empirical Assessment", *Review of International Studies*, Vol. 15, No. 2, 1989, pp. 183 – 198.

⑤ David A. Lake, "Escape from the State of Nature Authority and Hierarchy in World Politics", *International Security*, Vol. 32, No. 1, 2007, pp. 47 – 79; David A. Lake, *Hierarchy in International Relations*; Ahsan I. Butt, "Anarchy and Hierarchy in International Relations: Examining South America's War-Prone Decade, 1932 – 41", *International Organization*, Vol. 67, No. 3, 2013, pp. 575 – 607.

能存在差异，能够分别满足小国两种不同但都很重要的需要，那么小国同时接受两个大国领导的意愿就会上升。从供给与需求的角度出发，我们可以给出两极体系下大国功能出现分异的两个条件：

条件一：作为功能需求方的小国，除基本的生存需求外，还普遍存在另一种其同样非常重视的需求。

条件二：作为功能供给方的两个大国，均只有能力和意愿满足小国的某一种需求，且它们所能满足的不是同一种需求。

当这两个条件同时满足时，就意味着这两个大国开始扮演起不同的角色，开始对小国具有不同但都很重要的意义。此时，小国出于确保自身不同需要都能得到满足的考虑，就会在不同领域接受相应大国的领导；而两个大国则会为了获得比对手更大的对小国的影响力，不断提高自身对小国相应需求的满足程度，从而形成一种发挥各自比较优势的"差异化竞争"。[1]

四 大国共治的产生机制

即使满足了上述两个条件实现了大国功能的差异化，也并不一定能够形成或维持大国共治的状态。如前所述，形成共治的条件很苛刻，即使两个大国均只能满足小国的某一种需求，但在权力欲望的驱使下，两个大国仍然有动机寻求机会发动对对方的战争，通过武力征服对手的方式将所有小国都置于自己一国的统治之下。因此，导致大国共治局面得以出现和维持的另一个必要条件是：大国受战争成本或规范性因素的约束，不再能够通过战争和暴力的方式强迫另一个大国退出权力的竞争或使其丧失竞争权力的能力。

在一个没有更高权威的无政府世界中，这个条件在大部分时间里的确都很难满足。但幸运的是，如本章第一部分已经提到的，自1945年二战结束开始，国际体系已经进入了"大国无战争"的时代，由于核武器、

---

[1] 如果上述两个条件不全部具备因而导致大国对外功能未出现分异，在此情况下两个大国通过拉拢小国而进行的权力竞争则可称为"同质性竞争"，意为两个大国的功能以及赢得小国支持的原因是"同质的"。

经济相互依赖等因素的影响，大国间战争的成本已经高到大国难以承受的程度。而且从规范的层面看，随着主权规范的不断深化，领土兼并更是一种不可接受的策略选项，大国无战争的时代同时也是"主权零死亡"的时代。[①]而从社会演化的角度看，这种大国间低暴力的状态已经不大可能出现倒退和逆转。[②]从这个意义上讲，1945年以后的国际体系具备出现大国共治的有利条件。

综合以上分析，我们可以得出两极结构下大国实现差异化竞争并对小国进行共治的产生与维持机制，如图3—2所示：当"小国普遍有不止一种重要需求"和"两大国均只能满足小国某一种需求"这两个条件满足时，会首先引发两个大国功能的分异。而大国功能出现分异，既为小国同时臣服于两个大国提供了行为动机，同时又使得两个大国获取权力的途径得以"差异化"。如果此时大国与大国间不再能够发生直接的战争，那么每个大国就都无法通过暴力强制方式让对方退出对小国的争夺，由大国功能分异而导致的差异化竞争态势就会得到保持，从而使大国共治状态得以生成并持续。

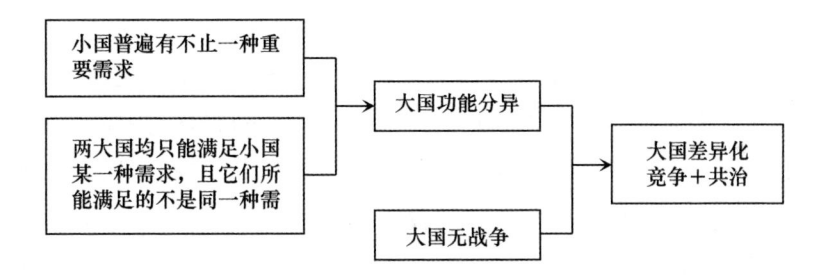

图3—2 两极结构下大国差异化竞争与共治的产生与维持机制

[①] Sharon Korman, *The Right of Conquest: The Acquisition of Territory by Force in International Law and Practice*, Oxford: Clarendon Press, 1996, chapter 7; Tanisha M. Fazal, "State Death in the International System", *International Organization*, Vol. 58, No. 2, 2004, pp. 311 – 344; Tanisha M. Fazal, *State Death: The Politics and Geography of Conquest, Occupation, and Annexation*, Princeton: Princeton University Press, 2007; 姜鹏：《规范变迁与身份再造——主权零死亡时代大国崛起战略之路径重构》，中国社会科学出版社2015年版。

[②] Shiping Tang, "Social Evolution of International Politics: From Mearsheimer to Jervis", *European Journal of International Relations*, Vol. 16, No. 1, 2010, pp. 31 – 55.

与两极分治状态相比较，这种差异化竞争和共治有着明显的积极意义。首先，相对于同质性竞争，差异化竞争的冲突性和对抗性会更弱。好比一个菜市场中的两个商家，一个卖蔬菜、一个卖水果，其竞争的激烈程度一定比两家都卖蔬菜的竞争激烈程度要低。其次，由于两个大国共治大部分小国，因此两个大国的"势力范围"不再纯粹以空间划界，而更多地会以功能领域划界（如一个大国在安全领域领导小国，另一个在经济领域领导小国），这使得大国政治的地缘政治色彩会比分治状态下弱。[①] 最后，共治状态得以维持的一个前提是两个大国均能充分地满足小国某个方面的重要需要，这意味着这样的大国权力竞争具有"正外部性"，小国会因大国间的竞争而获得好处。差异化竞争会迫使两个大国尽可能地发挥各自的比较优势，小国则会因此从两个大国那里获得更"优质"的"服务"。

综合这三点意义可以看到，大国和小国的处境都会因差异化共治而改善，因此实现差异化共治是一种帕累托改善。

五　大国共治的意义

大国共治这种权力形态之所以重要，是因为它的一系列理论和现实意义：首先，在大国无战争时代，大国功能分异对大国可能并非坏事。新现实主义明确反对国家"专业化"（specialization），认为国家的功能一旦出现差异，国家就将处于易受攻击的脆弱状态。[②] 然而，在大国无战争时代，崛起国要想在减少与霸权国冲突的同时扩大自己的权力范围，拥有更多的追随者，崛起国必须至少要有"一技之长"，必须有自己的"比较优势"。特别是当面对美国这样在政治、经济、军事、文化、科技等几乎所有领域都曾长期高居世界第一的"全能型"单极霸权时，崛起国与其不切实际地寄希望于在各个领域同时实现赶超，还不如积极发挥自己的"特长"，在拥有竞争优势的领域吸引更多的

[①] 地缘政治因素只能减弱而不会完全消失。由于地理空间对权力影响范围的削弱作用，距离某大国较近的小国受该大国影响的程度总是会大于受另一个距离较远的大国的影响。因此地理空间意义上的"势力范围"以及对其的争夺在共治状态下也不会完全消失。

[②] Kenneth N. Waltz, *Theory of International Politics*, pp. 104–107.

追随者。

其次，大国共治对小国同样利大于弊。小国同时接受两个大国的领导，固然需要支付更多的从属于大国的成本，牺牲一定程度的行为自主性，但同时，因为共治状态得以维持的一个前提是两个大国均能充分地满足小国某个方面的重要需要，这意味着这样的大国权力竞争具有"正外部性"，小国会因大国间的竞争而获得好处。差异化竞争会迫使两个大国尽可能地发挥各自的比较优势，小国则会因此从两个大国那里获得更"优质"的"服务"。

第三，最重要的是，大国共治这种大国权力竞争模式，能够帮助大国避免重蹈激烈对抗的覆辙。在大国分治模式下，两大国为各自盟友提供的是高度同质化的物品，都是同时为自己的盟国提供安全保障、经济援助和意识形态支持。导致的结果就是两国的势力范围完全按照地理空间划分，双方阵营的界限是泾渭分明的。由于地理空间的划分具有很强的零和性，因此这种竞争的冲突性和对抗性非常高。而在大国共治模式下，两个大国的势力范围将主要以功能领域划界（如一个大国在安全领域领导小国，另一个在经济领域领导小国），这会在很大程度上弱化大国政治的地缘政治色彩和大国竞争的对抗性。

第三节 大国共治生成与维持机制的实证检验

本节将分析古代两极体系中的大国权力竞争案例，以检验上一节提出的大国共治的生成与维持机制。案例分析显示，只有当大国无战争和大国功能分异两个条件同时具备时，两极结构下的大国共治才会出现并稳定地持续。

一 案例1：大国功能未分异与大国间有战争

本部分将以春秋晋楚弭兵作为案例来观察当大国功能未出现分异且大国间存在战争的情况下大国共治的情况。在历时三百多年的春秋体系中，晋楚两国的权力竞争是大国争霸的核心和焦点，晋楚两国的历史构成了春秋史的中坚。① 在公元前632年城濮之战至公元前546年向戌弭兵之会之间的80多年时间里，国际体系基本处于晋楚两极结构之下。② 晋楚两国争夺体系霸权的主要途径就是争夺小国的归附。城濮之战、邲之战和鄢陵之战等这段时期发生的重大战争，都是由晋楚两国争夺对宋、郑等中原国家的领导权而引发的。晋楚作为当时体系的两个超级大国，都想将尽可能多的国家纳入自己的领导范围，这是晋楚矛盾的焦点。

但长期而频繁的争霸战争令各国都承受着巨大的压力。有统计显示，晋楚两国在城濮之战至向戌弭兵之会间大小战争有20余次。③ 郑、宋等作为晋楚两国争夺焦点的中小国家均饱受战争的荼毒。"其民人不获享其土利，夫妇辛苦垫隘，无所底告"，④"民死亡者，非其父兄，即其子弟，夫人愁痛，不知所庇"。⑤ 在这种情况下，停止战争就成为当时的主流社会思潮。例如，晋国大夫韩宣子就认为："兵，民之残也，财用之蠹，小国之大菑也。将或弭之，虽曰不可，必将许之。弗许，楚将许之，以召诸侯，则我失为盟主矣。"齐国大夫陈文子也认为："人曰弭兵，而我弗许，则固携吾民矣，将焉用之？"⑥ 可见当时是否"弭兵"已经关系到民心向背和霸权的得失。

与此同时，北方霸主晋国国内公室日益衰微，卿大夫势力日益膨胀，国内权力争夺日趋尖锐，因此不得不将主要精力转到国内。而南方霸主楚国则面临侧后方日益崛起的吴国的巨大威胁。⑦ 在这种情况下，晋和楚均无力也无意继续为争夺小国领导权而发动战争，于是两

---

① 顾德融、朱顺龙：《春秋史》，上海人民出版社2003年版，第162页。
② 公元前546年弭兵之会的决议本身就是当时晋、楚、齐、秦等大国权力地位的很好体现：除齐、秦两国外，其他国家均须同时向晋、楚两国朝贡。与会各国对此均无异议，这反映了当时各国对晋、楚两国所享有的超越其他国家的权力地位的一种共识，所谓"晋、楚狎主诸侯之盟也久矣"。参见《左传·鲁襄公二十七年》。
③ 王庆成：《春秋时代的一次"弭兵会"》，《江汉学报》1963年第11期。
④ 《左传·鲁襄公九年》。
⑤ 《左传·鲁襄公八年》。
⑥ 《左传·鲁襄公二十七年》。
⑦ 黄朴民：《梦残干戈——春秋军事历史研究》，岳麓书社2013年版，第345页。

国均接受了当时宋国执政向戌的建议,决定正式弭兵。① 公元前546年夏天,晋、楚、齐、秦、鲁、宋、郑、卫、陈、蔡、许、曹、邾、滕等14个大小诸侯国在宋国召开规模空前的诸侯国间会议,商定晋楚弭兵,史称"弭兵之会"或"弭兵之盟"。

为了保持霸权同时避免继续因争夺小国而再次卷入战争,楚国在会上提出"请晋、楚之从交相见也",亦即让晋国的属国今后也要到楚国去朝觐,楚国的属国也须到晋国去朝觐。晋国则指出齐、秦两国实力地位的不同:"晋、楚、齐、秦匹也。晋之不能于齐,犹楚之不能于秦也。楚君若能使秦君辱于敝邑,寡君敢不固请于齐?"最终两国约定,除齐、秦两国外,其他国家须两面朝觐。随后晋楚两国还曾一度为歃血盟誓的先后产生过争执。晋国认为:"晋固为诸侯盟主,未有先晋者也。"楚国则表示:"子言晋、楚匹也,若晋常先,是楚弱也。且晋、楚狎主诸侯之盟也久矣!岂专在晋?"最终晋国同意让楚国先歃。②

由这次弭兵之会的决议和过程可以看到,当时无论是其他国家还是晋楚两国自己,都将晋楚视为势均力敌的两个超级大国。在晋楚形成战略均势,且长年战争严重消耗两国资源的情况下,两国进行了共享霸权的尝试,③ 即晋楚两国同意让自己的属国同时成为对方的属国。这其中,陈、蔡、许等是楚国的属国,鲁、宋、卫、郑等是晋国的属国。④ 这表明,晋、楚两国同意并对小国实行"共治"。

晋楚虽然尝试实行了"共治",但两国的"对外功能"是高度同质化的。弭兵之会上晋楚两国宣扬的口号是:"将利小国,而亦使安定其社

---

① 据《左传》记载,在此之前,晋、楚两国还曾于公元前579年举行过一次"弭兵之会",约定"无相加戎,好恶同之,同恤菑危,备救凶患"(参见《左传·鲁成公十二年》)。但这次弭兵之会显然并不成功,因为就在4年后的公元前575年,晋、楚两国就又爆发了鄢陵之战。事实上,公元前579年的这次弭兵之会究竟是否真实发生过,在史学界还存在争议。参见杨升南:《春秋时期的第一次"弭兵盟会"考——兼论对"弭兵"盟会的评价》,《史学月刊》1981年第6期。

② 《左传·鲁襄公二十七年》。

③ 黄朴民:《梦残干戈——春秋军事历史研究》,第348页。

④ 童书业:《春秋史》,中华书局2012年版,第240页。

稷，镇抚其民人，以礼承天之休。"① 这里所谓的给小国的"利"，实际就是指由弭兵而给小国带来的和平稳定的外部环境。公元前 541 年，周景王卿士刘定公在奉命慰劳晋国执政赵武时也表示："微禹，吾其鱼乎！吾与子弁冕端委，以治民临诸侯，禹之力也。子盍亦远绩禹功，而大庇民乎？"② 希望赵武领导下的晋国能够发扬大禹的功绩，承担起庇护各国人民的责任。可见当时国际社会期待晋楚这样的大国所发挥的主要功能就是安全保障。事实上，晋楚两国长期以来都在同时采用正面保证和负面保证的方法为小国提供安全保障。③

在晋楚两国为小国提供同质性好处的同时，"晋楚共治"又使得小国的负担加倍。事实上，单是奉一国为"伯主"的负担就已经很重。晋国称霸时对其属国的要求是："三岁而聘，五岁而朝，有事而会，不协而盟。"④ 而在实践中，霸主对属国的要求往往更苛刻。例如，郑国对晋国就曾"不朝之间，无岁不聘，无役不从"。⑤ 鲁国对晋国也是"职贡不乏，玩好时至，公卿大夫，相继于朝"。⑥ 而弭兵之会上规定的"晋楚之从交相见"则显然将小国这种本已十分沉重的负担翻倍，变成同时向两个霸主纳币朝聘。⑦ 同时，当时晋楚两国虽然弭兵，但这主要是出于顺应民心和应对国内国际压力，并非像二战后那样是由于大国间战争本身的成本高到大国无法承受。事实上，弭兵之会后，晋齐、吴楚、吴越之间依然经常发生军事冲突乃至战争，这说明当时大国通过战争获利的机会主义动机依然存在。

由于大国功能未分异且大国间战争的可行性无法完全杜绝，因此小国缺乏"被共治"的动机，同时大国对权力的排他性占有欲望难以被有效地抑制。在这种情况下，晋楚一度达成的"共治"协议很难真正得以

---

① 《左传·鲁襄公二十八年》。
② 《左传·鲁昭公元年》。
③ 积极保证是指帮助小国抵御其他国家的侵略，消极保证是指向小国保证自己不对其进行侵略。
④ 《左传·鲁昭公三年》。
⑤ 《左传·鲁襄公二十二年》。
⑥ 《左传·鲁襄公二十九年》。
⑦ 高锐：《中国上古军事史》，军事科学出版社 1995 年版，第 256 页。

执行。公元前535年，楚国章华之台落成，要求各国派使臣前往祝贺。鲁昭公不得已赴楚，此举引起晋国不满，晋国要求其必须立即将此前占领的杞国的土地全部归还。① 鲁国正卿季孙在决定同意晋国的要求时曾无奈地表示："君之在楚，于晋罪也。又不听晋，鲁罪重矣。晋师必至，吾无以待之，不如与之，间晋而取诸杞。"② 这很好地体现了当时小国在两个大国的双重胁迫下不得不首鼠两端、左右逢迎的无奈窘境。公元前531年，楚国无视晋国的劝阻进攻蔡国，最终灭掉了蔡国。③ 很快，大国与小国的关系又重新回到了弭兵之会以前那种晋楚两国各自威逼小国臣服于自己的分治状态。

二 案例2：大国功能分异与大国间有战争

本部分将以宋辽对高丽的争夺作为案例来观察当大国功能出现分异且大国间存在战争的情况下大国共治的情况。公元960年建国的北宋并没有实现大一统，华北部分地区和整个东北为辽所统治。④ 所以在北宋存续的相当长的时期内，东亚地区实际呈现的是一种宋辽两极南北对峙的格局。宋辽两国都想成为当时朝贡体系的中心，而作为当时朝贡体系的核心成员的高丽自然就成为两国争夺的焦点。在北宋和辽争夺高丽的过程中，北宋无疑占有先天的优势。这是因为高丽虽然是边陲小国，但却有超越基本生存需求的对文化认同和政权合法性的需求。而后一类需求恰恰只有作为中原汉族王朝的北宋才能提供和满足⑤。

高丽开国之主王建在给后世子孙的《训要十条》中说："惟我东方，旧慕唐风，文物礼乐，悉尊其制。殊方异土，人性各异，不必苟同。契丹是禽兽之国，风俗不同，言语亦异，衣冠制度，慎勿效焉"，"以强恶之国（辽）为邻，按不可忘危，兵卒宜加护"。⑥ 这等于从建国之初就立

---

① 晃福林：《春秋战国的社会变迁》（上册），商务印书馆2011年版，第121页。
② 《左传·鲁昭公七年》。
③ 《左传·鲁昭公十一年》；晃福林：《春秋战国的社会变迁》（上册），第119—120页。
④ 杨昭全、何彤梅：《中国——朝鲜·韩国关系史》（上册），第218页。
⑤ 参见第二章第三节。
⑥ 《高丽史》卷2，《世家》，太祖二十六年。

下了遵慕唐风、勿效契丹的国训,这对此后历代高丽政权的合法性以及高丽与宋辽的关系都产生了深远的影响。① 960年北宋建立后,高丽成为第一个向其朝贡的国家。962年,高丽国王王昭遣广评侍郎李兴佑等入宋朝贡,② 963年改用宋太祖"乾德"年号。③ 自此,两国正式建立朝贡关系。

自963年之后的30年间,高丽曾向宋朝派遣使团26次,宋朝也向高丽派遣使团10次。在缺乏现代交通工具的当时,这种互访频率堪称密集。高丽王朝还希望通过与宋朝的政治往来,更好地学习和吸收汉族先进文化。976年,高丽主动派遣留学生到宋朝国子监学习中国文化。④ 当然,这种频繁的朝贡更主要地体现了北宋对高丽王朝政权合法性的重要意义。981年,高丽国王胄病重,禅位于其堂弟治。国王治随即派使者向北宋报告其即位的原委,请求宋朝的册封。在得到北宋册封之前,他只敢以摄位者自居,自称"知国事"。⑤ 而高丽在文化和合法性上对北宋的这种高度依附心理,北宋也非常清楚。曾任宋使随员的徐兢在其《宣和奉使高丽图经》中就曾指出:"本朝之于高丽,如彼之远,北虏(指辽)之于高丽,如此其近。然(高丽)附北虏者,常以困于兵力,伺其稍弛,则辄拒之。至于尊事圣朝,则始终如一,拳拳倾戴,虽或时有牵制,不能如愿,而诚意所向,坚如金石。"⑥

而辽相对于北宋的竞争优势则在于它与高丽在地理上的临近性,这使得它能够在军事和安全层面对高丽施加更大的控制。高丽与辽陆路相邻、壤土相接。⑦ 而自从后晋割弃燕云之后,高丽和中原王朝陆路不再接壤。⑧ 两国隔海相望,只能靠海上交通维系两国关系。⑨ 在这种情况下,

---

① 杨昭全、何彤梅:《中国——朝鲜·韩国关系史》(上册),第352页。
② 《高丽史节要》卷2,光宗十三年。
③ 《高丽史节要》卷2,光宗十四年。
④ 陈尚胜:《中韩交流三千年》,第25页。
⑤ 蒋非非等:《中韩关系史(古代卷)》,第159页。
⑥ 徐兢:《宣和奉使高丽图经》卷40,正朔。
⑦ 蒋非非等:《中韩关系史(古代卷)》,第156页。
⑧ 蒋非非等:《中韩关系史(古代卷)》,第156页。
⑨ 杨昭全、何彤梅:《中国——朝鲜·韩国关系史》(上册),第218页。

辽和北宋在军事争夺高丽上的优劣就显现出来了。985年宋太宗决定伐辽，派监察御史韩国华赍诏书到高丽，要求高丽出兵，"可申戒师徒，迭相犄角，协比邻国，同力荡平"。①但北宋联合高丽伐辽的计划已经被辽国所预料到，两年前（983年10月）辽圣宗亲阅东京（辽阳）留守兵马，并命侍中萧蒲领、东路林牙萧恒德等制订讨伐高丽的计划。②985年7月，辽圣宗诏令诸道修缮兵甲，"以备东征高丽"，只因8月"辽泽沮洳"而罢师。③

虽然到985年为止，辽和高丽并未发生正面冲突，但是辽却扫荡了鸭绿江下游一带女真人住地，为军事进攻高丽扫清了障碍，从而对高丽构成了强大的威慑。迫于辽的安全压力，高丽国王对北宋的要求一再拖延，"迁延不发兵"。④经宋使"（韩）国华谕以威德，（高丽）王始许发兵西会"。⑤但实际上，高丽虽然派出了2.5万军队，但却没有证据显示高丽军队曾与契丹军队交战，这显然是受契丹威慑和外交举措的影响。⑥986年春，"契丹遣厥烈来请和"，⑦高丽就在宋辽对峙，而自身安全受到辽极大威胁的情况下，接受了辽的提议，辽丽关系就此恢复，⑧高丽尊辽为"上国"。⑨

此时的北宋受制于自身的军事实力以及地缘位置上的劣势，只能坐视辽对高丽的控制而无力阻止。由此，当时的东亚国际体系在事实上出

---

① 《高丽史》卷3，《世家》，成宗四年。
② 《辽史》，圣宗统和元年十月。
③ 《辽史》卷115，《高丽传》。
④ 《高丽史》卷3，《世家》，成宗四年。
⑤ 《高丽史》卷3，《世家》，成宗四年。
⑥ Jing-shen Tao, *Two Sons of Heaven: Studies in Sung-Liao Relations*, p. 80.
⑦ 《高丽史》卷3，《世家》，成宗五年。
⑧ 926年，辽灭亡渤海国。高丽认为"契丹尝与渤海连和，忽生疑贰，不顾旧盟，一朝殄灭，此为无道之甚，不足远结为邻"（《高丽史》卷2，《世家》，太祖二十五年）。于是，942年辽国遣使赴高丽时，高丽太祖将30余名辽国使臣流放到海岛。从此，丽辽关系破裂，双方断绝了官方往来。参见李春虎等编著：《朝鲜通史》（第二卷），第67—68页。
⑨ 993年，辽以高丽占其土地和"越海事宋"为由第一次入侵高丽，"汝国兴新罗地，高句丽之地我所有也，而汝侵蚀之，又与我连壤而越海事宋，故有今日之师，如割地以献而修朝聘，可无事矣"。高丽使臣回复时即称辽国为"上国"，"若论地界，'上国'之东京皆在我境，何得谓之侵蚀乎？"参见《高丽史节要》卷2，成宗十二年；《高丽史》卷94，《列传—徐熙传》。

现了北宋和辽共治高丽的局面：北宋在文化认同和政权合法性方面影响高丽，而辽则在安全领域控制高丽。之所以会出现这种共治，是因为辽宋两个大国都不能单独满足高丽在生存安全和认同、政权安全两个领域的需求，同时，辽宋的大致战略均势使双方一度都无法完全垄断对高丽的领导权。

一方面，辽国由于是由北方游牧民族建立，在文化领域具有先天的劣势，无法满足高丽对中原文化和汉族统治正统性的需求。正因如此，高丽才会在多次面对辽强大的武力胁迫的情况下，仍不肯轻易断绝与北宋的朝贡关系。993年，辽第一次征伐高丽。994年2月，高丽被迫向辽称臣，依据双方议和条件，高丽应断绝与北宋的关系。但高丽却于同年6月，遣使赴北宋，"诉以契丹寇境"，"乞师以报前年之役"。[①] 997年，高丽国王治卒，弟诵立。此时，高丽已奉辽为正朔，"受制于契丹"，但却仍然"尝遣兵校徐远来候朝廷（指'宋'）德音，无奈"远久不至"。[②] 1010年辽第二次伐丽后，1014年高丽仍遣使携贡品入宋，"仍请归附如旧"。[③] 甚至于1016年恢复使用宋朝大中祥符年号纪年。[④]

另一方面，北宋军事能力的孱弱又使其无力给予高丽足够的安全保障。面对高丽的屡次求救，宋朝每每以"北鄙甫宁，不可轻动干戈，为国生事"为由，予以拒绝或消极回应。[⑤] 由此可见，宋辽对高丽的"功能"的分异，是由这两个大国自身实力要素不均衡导致的。在高丽既不愿放弃生存需求也不愿放弃文化认同和政权合法性的需求的情况下，它只能选择同时接受宋辽两国的领导。

但是，当辽宋战略均衡被打破后，一度形成的辽宋共治高丽的局面也很快瓦解。989年辽国攻陷北宋易州后，宋太宗采纳主和派意见，遣使向辽请和，[⑥] 宋辽军事实力高下逐渐清晰，辽国开始占据优势。在此情况

---

① 《高丽史》卷3，《世家》，成宗十三年；《宋史》卷487，《高丽传》。
② 《宋史》卷487，《高丽传》。
③ 《高丽史》卷4，《世家》，显宗五年；《宋史》卷487，《高丽传》。
④ 《高丽史》卷4，《世家》，显宗七年。
⑤ 《高丽史》卷3，《世家》，成宗十三年；《宋史》卷487，《高丽传》。
⑥ 《宋史纪事本末》卷13，《契丹和战》。

下，辽开始考虑彻底解决高丽问题。如果说辽在985年还没有足够的实力要求高丽脱离北宋的话，此时则已具备了独占高丽的可能性。993年，辽大规模入侵高丽并获得大胜，高丽于994年2月被迫向辽称臣，改用辽"统和"年号，并遣侍中朴良柔赴辽"告行正朔，乞还俘口"。[1] 如果说986年由于宋辽的战略僵持，高丽尚有可能"两面结盟"的话，那么到993年，在辽实力优于北宋、而高丽又面临来自辽的生存威胁的情况下，"高丽慑于辽之威，恐遭侵掠，不仅不敢出兵助北宋作战，甚至被迫向辽朝贡，与北宋断绝外交关系，以求自存"。[2] 辽宋共治局面的瓦解再次印证了大国共治稳定维持所需的一个必要条件，即两个大国均不能以暴力方式独占对小国的领导权。

由此可见，当大国间不存在功能分异，且大国间战争仍有可能的情况下，强行实行大国"共治"最终将退回"分治"的局面。

小　结

本章的研究显示，如果小国有超过一种重要需求，而两个大国又恰好分别只能满足其中的一种需求时，大国的对外功能就会出现分异，从而使小国有动机同时接受两个大国的领导。两个大国的权力竞争将不得不采取差异化的方式，尽可能地发挥各自的优势功能以争取小国的归附。而如果大国间战争的成本非常高且（几乎）没有赢得战争的可能性，那么两个大国尽管非常希望自己独占对小国的领导权，但也只能（无奈地）接受这种共治的状态。案例研究结果显示，大国功能分异和大国无战争是确保大国差异化共治能够产生并得以稳定维持的必要条件。这两个条件同样是第二章提出的"两面结盟"机制的生成条件，"两极共治"是"两面结盟"的一般化表现。

从本章的视角看，共治无疑比分治要好。首先，由于两国提供给小国用以换取它们追随的好处是差异性的，因此大国竞争的冲突性和对抗

---

[1] 《高丽史》卷3，《世家》，成宗十三年。
[2] 杨昭全、何彤梅：《中国——朝鲜·韩国关系史》（上册），第219页。

性要比分治时期更弱而不是更强。其次，由于两国的"势力范围"是按经济和安全这样的领域进行划分的，它们的领导对象是同一批中小国家，因此其竞争的地缘政治色彩也会比分治时期更弱而不是更强。

本章的理论对身处大国无战争时代的崛起国的一个重要启示是：要想成功崛起与霸权国竞争国际影响力和领导权，崛起国必须至少要有"一技之长"，必须有自己的"比较优势"。特别是当面对美国这样在政治、经济、军事、文化、科技等几乎所有领域都曾长期高居世界第一的"全能型"单极霸权时，崛起国与其不切实际地寄希望于在各个领域同时实现赶超，还不如积极发挥自己的"特长"，才有可能在自己拥有竞争优势的领域分得一杯羹。[1]

---

[1] 当然，崛起国也不可放松其他领域实力的发展。

第 四 章

不对称同盟下小国的"自我孤立"行为

根据第二章的研究，小国在已经有一个大国盟国的情况下，为了应对来自另一个大国的安全压力，有时会在保持与前一个大国同盟关系的同时（被迫）与后一个大国结盟。这种"两面结盟"行为在很大程度上是小国应对外部安全压力的一种策略。深入研究不对称同盟下小国的行为，我们还会发现，拥有大国盟国的小国在应对外部安全威胁时，还可能出现其他的反常行为。根据现有的主流理论和国际关系的一般常识，当面临大国安全威胁时，小国的正常举动是寻求其他国家的援助，比如追随另一个大国与其结盟。如果小国已经有一个与其存在安全保护关系的大国盟国，那么小国的优先策略应当是巩固和加强与这个大国盟国的关系，以更好地抵御外部安全威胁，保障自身安全。但是通过对小国行为的梳理我们发现，在面临其他大国的安全威胁时，有时小国非但不维护和加强与大国盟国的合作关系，反而选择"自我孤立"，公开疏远与大国盟国的关系。与"两面结盟"行为一样，这种"自我孤立"行为也是现有国际关系理论无法解释的现象，本章将从这种反常识现象入手，探讨现有同盟理论忽视的、不对称同盟下小国的第二种行为——"自我孤立"，解释其背后的行为原理，推动相关理论认识的创新。

第一节 "自我孤立"现象及其困惑

一 小国的"自我孤立"行为

自1999年卡吉尔（Kargil）冲突以来，印度和巴基斯坦在克什米尔地区虽仍有违反停火协议的事件发生，但只是零星出现。但 2017 年到 2018 年两国违反停火协议的事件猛增。据印度官方统计，2017 年双方共发生 881 起违反停火协议事件，比 2016 年增加 230%。2017 年同时也是十年来两国发生军事冲突最频繁的一年，平均每天交火次数达 2.41 次。① 而按照巴基斯坦官方机构三军公共关系办公室（Inter-Services Public Relations office，ISPR）的统计，2017 年两国共发生 1140 起违规事件，相比于 2016 年的 382 起有明显增加。② 2018 年，两国间的冲突持续增加，到 2018 年 8 月为止，双方发生军事冲突的事件为 1432 起，已超过 2017 年的总数。③

与此同时，巴基斯坦与美国的关系恶化。2018 年 1 月 5 日，巴基斯坦外交部长哈瓦亚·穆罕默德·阿西夫表示，"巴基斯坦与美国的'盟友'关系就此结束"。④ 虽然美国国防部长马蒂斯在同日表示，"不会'放弃'巴基斯坦，继续与巴基斯坦合作，"⑤ 且美国最高军事长官、海军陆战队上将邓福德也表示，"致力于美巴关系"，⑥ 但巴基斯坦仍继续采取疏离美国的外交政策。

以上就是 2017 至 2018 年巴基斯坦与美印两国关系的基本状态。这段时期，印度为争夺对克什米尔的控制权，不断通过言辞和行为加大对巴基斯坦的军事压力。巴基斯坦一方面继续坚持"三位一体"的核打击能

---

① "230% Increase in Ceasefire Violations: Govt.", *Hindu*, December 20, 2017, https://www.thehindu.com/news/national/pak-violated-ceasefire-881-times-in-2017-govt/article21938321.ece?homepage = true.

② Christophe Jaffrelot, "Ceasefire Violations in Kashmir: A War by Other Means?" Carnegie Endowment for International Peace, October 24, 2018, https://carnegieendowment.org/2018/10/24/ceasefire-violations-in-kashmir-war-by-other-means-pub-77573.

③ Vijayta Lalwani, "Data Check: Ceasefire Violations along Line of Control This Year Are Already More Than All of 2017", *Scroll*, August 7, 2018, https://scroll.in/article/888719/data-check-already-more-ceasefire-violations-along-line-of-control-this-year-than-all-of-2017.

④ "Pakistan Foreign Minister Says U.S. Has Undermined Countries'Ties", *Wall Street Journal*, January 5, 2018, https://www.wsj.com/articles/pakistan-says-alliance-with-u-s-is-over-1515155860.

⑤ "Mattis Pledges Anti-terrorism Partnership with Pakistan Intact as US Cuts Aid to the Country", January 5, 2018, https://www.stripes.com/news/mattis-pledges-anti-terrorism-partnership-with-pakistan-intact-as-us-cuts-aid-to-the-country-1.505461.

⑥ "Top U.S. General Says 'Not Giving Up' on Pakistan Ties", *Retures*, January 16, 2018, https://www.reuters.com/article/us-pakistan-usa-military-idUSKBN1F42DH.

力，对抗印度的军事威胁，另一方面，巴基斯坦的一些做法又在使美巴关系走低，[①] 例如由官方出面公开谴责美国、声称要终止美巴同盟关系等。从理论上说，这种疏远与自己盟国的做法会带来一个直接风险，即当遭受敌对大国军事打击时，小国有可能会因为与自己盟国关系的疏远而使自己陷入孤立无援的境地，这种可能性又会反过来增加敌对大国对小国实施军事打击的概率。

我们不妨将小国这种在面对大国军事威胁时疏远而非强化与大国盟国关系的现象简称为"自我孤立"。由此带来的一个理论困惑是：究竟是什么原因，会使小国做出"自我孤立"这种高危行为？

二 小国"自我孤立"的困惑

"自我孤立"现象对国际关系学的一些经典理解提出了挑战。首先，实力对比与权力的关系。在现实主义看来，"强者能做其想做的事，而弱者只能接受强者所做的事"是国际政治的基本原则。[②] 经过多年争论，目前国际安全理论界普遍达成的一个共识是，当国家间实力差距过于悬殊时，较弱一方将会选择追随而不是制衡较强一方。[③] 巴基斯坦与美印两国实力均存在显著差异，[④] 但巴基斯坦非但没有追随两个大国的任何一国，

[①] 2004 年美国国务卿鲍威尔在伊斯兰堡访问时明确称，巴基斯坦是美国的"非北约主要盟友"。参见 Geoff Dyer and Farhan Bokhari, "Pakistan to Reopen NATO Supply Routes", *Financial Times*, July 3, 2012, https://www.ft.com/content/db492b4c-c533-11e1-b6fd-00144feabdc0.

[②] Thucydides, *The War of the Peloponnesians and the Athenians*, ed. and trans. Jeremy Mynott, Cambridge: Cambridge University Press, 2013, p. 380. 英文译文是："The strong do what they can and the weak suffer what they must."

[③] Eric J. Labs, "Do Weak States Bandwagon?" *Security Studies*, Vol. 1, No. 3, 1992, p. 385; William C. Wohlforth, "The Stability in a Unipolar World", pp. 5–41; Davide Fiammenghi, "The Security Curve and the Structure of International Politics: A Neorealist Synthesis", pp. 136–143; Giorgi Gvalia, et al., "Thinking Outside the Bloc: Explaining the Foreign Policies of Small States", *Security Studies*, Vol. 22, No. 1, 2013, pp. 102–104.

[④] 在 1947 年、1965 年、1971 年爆发的三次印巴战争中，巴基斯坦均是败多胜少，特别是 1971 年巴基斯坦战败，东巴基斯坦在印度的支持下从巴基斯坦独立出来建立孟加拉国后，巴基斯坦的常规军事实力遭到大幅削弱。而据世界知名的军力排名网"全球火力"（Global Firepower）最新公布的数据显示，巴基斯坦的常规军事力量排在世界第 15 位，而印度排在第 4 位，美国位列首位。参见"全球火力"网址：https://www.globalfirepower.com/countries-listing.asp.

反而在强硬对抗印度的同时主动疏远与美国的关系。但巴基斯坦这种主动"自断后援"的行为并没有招致印度军事压力的升级，相反，2018年5月底，印巴军方高层还经由热线联络，确认了双方缓和紧张局势的共识。

其次，相互依赖与权力的关系。国际政治的另一个基本常识是：在不对称相互依赖中，更依赖对方的一方权力更小，更被依赖的一方权力更大。① 美巴两国相互依赖的不对称性非常明显。自20世纪50年代起，美国就对巴基斯坦进行经常性的双边援助。"9·11"事件之后，美国对巴基斯坦的援助更是达到高潮。阿富汗战争期间，巴基斯坦共获得约200亿美元的援助，其中主要为直接经济和军事援助，成为仅次于以色列和埃及的最大美援受惠国。美国还支持国际货币基金组织等给予巴基斯坦合计110亿美元的紧急财政援助，以缓解巴经济困境。奥巴马上台后，每年向巴提供大约20亿美元军事援助，同时还增加了对巴的非军事援助。通过《2009年巴基斯坦持久援助与合作加强法案》，美国对巴的非军事援助资金增加三倍，5年内将向巴提供总额75亿美元援助，用于支持巴民主、经济与社会发展。② 2011年美国曾暂停向巴基斯坦提供8亿美元的军事援助，巴基斯坦为此还一度关闭了北约通往阿富汗的后勤补给线。③ 这表明美国对巴基斯坦在多个领域尤其是军事安全领域有着不可替代的重要性。但奇怪的是，这种不对称依赖并未能使巴基斯坦的对美政策保持稳定，相反在一段时期内出现了明显波动。

安全上存在不对称相互依赖的国家之间本质上是一种"供给—需求"关系。与任何物品的供求关系一样，"安全"这种物品越稀缺，能够提供这种物品的国家权力就越大。④ 所以从理论上说，当一国面临的外部军事威胁越严峻，因而对盟国的安全依赖程度越高时，该国的盟国越容易令

---

① Robert O. Keohane and Joseph S. Nye, *Power and Interdependence*, *Fourth Edition*, Boston: Pearson, 2012, pp. 7 – 16.
② 李青燕:《美巴同盟再次站在十字路口》,《亚非纵横》2013年第5期。
③ Geoff Dyer and Farhan Bokhari, "Pakistan to Reopen NATO Supply Routes".
④ Tongfi Kim, *The Supply Side of Security*: *A Market Theory of Military Alliances*.

该国做出更多的让步;① 在不对称同盟中,被保护的一方为了获得另一方的支持,有时必须在自主性方面做出妥协。② 多项研究表明,这种不对称相互依赖所产生的权力甚至可以使依赖方放弃获得核武器的企图。③ 但这些理论在巴基斯坦这个案例中似乎失灵了。面对大国印度的军事威胁,巴基斯坦的安全需求足够迫切,外部安全供给相对稀缺。按说在这种情况下,巴基斯坦理应不惜做出让步以维护与美国的同盟关系,可为什么会反其道而行之呢?

此外,在与两个大国同时进行互动时,小国要么选择追随其中某个大国,要么在两个大国之间两面下注,④ 换言之小国至少会努力保持与一个大国的友好关系,与两个大国的关系同时下行的现象较为罕见。印巴两国在克什米尔问题上尖锐对立,在这种情况下,对美巴关系的一个合乎直觉的预期是两国关系会因此变得更加紧密,但真实情况却与此相反。

总之,参照国际关系的基本常识不难发现,在面临大国的军事威胁且外部安全保障来源有限的情况下,"自我孤立"是一个小国看似不可能做出的选择。本章将以不对称同盟下小国的这种"自我孤立"行为为研究对象,从理论上探讨小国做出这种选择的一般性原理,以期拓展和深化我们在小国与大国互动、核扩散的战略后果、联盟的负面威慑功能等重要议题上的理解。

---

① Jesse C. Johnson, "The Cost of Security: Foreign Policy Concessions and Military Alliances", *Journal of Peace Research*, Vol. 52, No. 5, 2015, pp. 665 – 679.

② James D. Morrow, "Alliances and Asymmetry: An Alternative to the Capability Aggregation Model for Alliances", pp. 904 – 933; Avery Goldstein, *Deterrence and Security in the 21st Century: China, Britain, France, and the Enduring Legacy of the Nuclear Revolution*, Stanford: Stanford University Press, 2000, p. 21.

③ Philipp C. Bleek and Eric B. Lorber, "Security Guarantees and Allied Nuclear Proliferation", *Journal of Conflict Resolution*, Vol. 58, No. 3, 2014, pp. 429 – 454; Gene Gerzhoy, "Alliance Coercion and Nuclear Restraint: How the United States Thwarted West Germany's Nuclear Ambitions", pp. 91 – 129. 另可参见 Nuno P. Monteiro and Alexandre Debs, "The Strategic Logic of Nuclear Proliferation", *International Security*, Vol. 39, No. 2, 2014, p. 10.

④ Brock F. Tessman, "System Structure and State Strategy: Adding Hedging to the Menu", *Security Studies*, Vol. 21, No. 2, 2012, pp. 192 – 231.

第二节　现有文献回顾

小国面对强国威胁时的"自我孤立"现象并不常见，学界也几乎没有对这一问题的专门性研究。但为了进一步框定在这个问题上已知和未知的边界，我们仍需简要回顾学界对两个相关问题的现有回答。

一　有关"小国为什么敢对大国强硬"的现有研究

（一）弱国挑战强国的一般性解释

在均势理论看来，制衡是实力较弱一方对较强一方的最优策略。[①] 但反对均势理论的学者认为，当实力差距悬殊到一定程度后，弱国反而会转为追随强国，[②] 或者在不同强国之间灵活接触、两面下注。[③] 显然，后两种理论难以解释小国对远强于自己的大国强硬的现象。保罗（T. V. Paul）在理性主义的框架内对这种反常现象做出了解释。他指出，四个因素会增加弱国主动向强国发动战争的动机：（1）弱国仅追求有限的政治军事目标；（2）弱国拥有能够获得短期军事优势的进攻性武器；（3）弱国拥有能够为其提供军事保障的强国作为其盟友；（4）弱国的决策由缺乏安全感的军国主义集团掌握。[④] 史蒂夫·陈（Steve Chan）特别强调了外部军事援助的可获得性对小国挑战大国行为的影响，他认为能够获得可靠的外部大国援助或介入是小国挑战大国的最主要原因。[⑤]

根据保罗和陈的理论，巴基斯坦坚持对印度的强硬甚至挑衅政策的重

[①] 参见 Susan B. Martin, "From Balance of Power to Balance Behavior: The Long and Winding Road", pp. 61–74.

[②] William C. Wohlforth, "The Stability in a Unipolar World", pp. 5–41; Davide Fiammenghi, "The Security Curve and the Structure of International Politics: A Neorealist Synthesis", pp. 126–154.

[③] Hanna Samir Kassab, *Weak States in International Relations Theory*, New York: Palgrave Macmillan, 2015.

[④] Thazha Varkey Paul, *Asymmetric Conflicts: War Initiation by Weaker Powers*, New York: Cambridge University Press, 1994.

[⑤] Steve Chan, "Major-power Intervention and War Initiation by the Weak", *International Politics*, Vol. 47, No. 2, 2010, pp. 163–185.

要前提应当是争取和强化美国对其的安全保障。但令人费解的是，巴基斯坦许多时候的做法更像是在故意摒弃这个至关重要的因素。当然，学界对弱国主动挑战强国还有其他解释。比如策略互动层面的解释。伊万·阿雷金—托夫特（Ivan Arreguín-Toft）指出，弱国可以通过游击战等间接对抗策略，弥补其在与强国的直接对抗中的劣势；① 乌里·雷斯尼克（Uri Resnick）从多轮博弈的视角指出，相比较于大国，小国往往对现状更加不满，因此会更有耐心将冲突延续下去，这种耐心是小国的重要战略优势。② 还有心理认知层面的解释。布兰特利·沃马克（Brantly Womack）指出，由于实力上的先天劣势，弱国容易将强国的任何举动都解读为对自己的威胁，这种认知失衡容易引发弱国的过度反应，导致以弱抗强局面的发生。③

（二）核武器对拥有国行为的影响

影响小国对大国行为由软弱向强硬转变的更直观变量是核武器。学界围绕1991年之后新拥核国家战略行为的一个主要争论就是，核威慑对这些国家是否依然有效。④ 保罗·卡普尔（Paul Kapur）通过研究巴基斯坦获得核武器后行为的变化指出，核武器对那些对现状不满的小国具有"壮胆"效应（emboldenment effect），拥有核武器会增加这类小国发动常规军事进攻的动机。⑤ 马克·贝尔（Mark S. Bell）系统探讨了获得核武器对国家行为的影响，他也指出，拥有核武器后国家的进攻性会增强，会以更好战的姿态争夺利益和应对争端，同时在面对冲突或胁迫时会更倾

---

① Ivan Arreguín-Toft, *How the Weak Win Wars: A Theory of Asymmetric Conflict*, New York: Cambridge University Press, 2005; Ivan Arreguín-Toft, "Unconventional Deterrence: How the Weak Deter the Strong", in T. V. Paul, Patrick M. Morgan and James J. Wirtz, eds., *Complex Deterrence: Strategy in the Global Age*, Chicago: University of Chicago Press, 2009, pp. 204–221.

② Uri Resnick, *Dynamics of Asymmetric Territorial Conflict: The Evolution of Patience*, New York: Palgrave Macmillan, 2013.

③ Brantly Womack, "Asymmetry and Systemic Misperception: China, Vietnam and Cambodia during the 1970s", *The Journal of Strategic Studies*, Vol. 26, No. 2, 2003, pp. 92–119; Brantly Womack, *China and Vietnam: The Politics of Asymmetry*, Cambridge: Cambridge University Press, 2006.

④ Joshua Rovner, "After Proliferation: Deterrence Theory and Emerging Nuclear Powers", in Toshi Yoshihara and James R. Holmes, eds., *Strategy in the Second Nuclear Age: Power, Ambition, and the Ultimate Weapon*, Washington D. C.: Georgetown University Press, 2012, pp. 17–35.

⑤ Paul Kapur, *Dangerous Deterrent: Nuclear Weapons Proliferation and Conflict in South Asia*, Stanford: Stanford University Press, 2007.

向于采取强硬立场，拒绝让步。①

贝尔同时指出，拥有核武器还会增加拥核国家的自主（independence）倾向，因为核武器会增强拥核国家的自卫能力，这使得拥核国会在一定程度上减少对同盟和外部保护国的安全依赖，从而降低其为盟友做出让步的意愿。②周建仁的研究也显示，自助能力增强会增加国家摆脱同盟束缚的动机，在这种情况下如果与盟国还存在较严重的战略分歧，国家甚至有可能在共同威胁仍然存在的情况下选择退出现有同盟。③乔纳森·波拉克（Jonathan Pollack）更直接地指出，小国追求核武器的一个重要动机就是摆脱外部势力干预、实现国家的独立自主。在获得一定的核能力之后，这种核能力会限制大国控制小国的能力。④

核武器的"壮胆效应"以及增强拥核国家自主倾向的效应，似乎可以解释巴基斯坦同时对印度和美国强硬这一经验困惑，但正如贝尔的研究所指出的，核武器对拥核国家政策倾向的影响是多重的，不同的政策倾向之间是存在张力的。例如，拥核固然有可能使国家变得更固执更具进攻性，但同时也有可能使国家变得更容易妥协，因为拥有核武器会使国家妥协的成本降低。⑤此外，当小国面临严峻外部安全威胁时，单纯拥有有限规模的核武器恐怕无法完全确保小国行为的自主性。特别是当其能够获得的外部军事援助资源极其有限时，小国没有理由主动放弃这种外部资源。总之，仅从拥有核武器这一个维度难以充分解释拥核国家对外政策的变化性和复杂性。

此外，小国谋求核武器的行为本身也是对有核大国安全以及有核大

---

① Mark S. Bell, "Beyond Emboldenment: How Acquiring Nuclear Weapons Can Change Foreign Policy", *International Security*, Vol. 40, No. 1, 2015, pp. 92 – 94, 98 – 99.

② Mark S. Bell, "Beyond Emboldenment: How Acquiring Nuclear Weapons Can Change Foreign Policy", pp. 96 – 97.

③ 周建仁：《走向决裂：弱国退出同盟之谜》，社会科学文献出版社2018年版。

④ Jonathan D. Pollack, "China's North Korea Conundrum: How to Balance a Three Legged Stool", *Yale Global Online*, October 23, 2009, http://yaleglobal.yale.edu/content/chinas-north-korea-conundrum-how-balance-three-legged-stool; Jonathan D. Pollack, *No Exit: North Korea, Nuclear Weapons, and International Security*, London: IISS, 2011, p. 105.

⑤ Mark S. Bell, "Beyond Emboldenment: How Acquiring Nuclear Weapons Can Change Foreign Policy", pp. 99 – 100.

国所倡导的反核扩散规范的挑战。不过，不同的拥核策略对大国的挑战程度不同。根据维平·纳兰（Vipin Narang）的分类，小国共有6种拥核策略，其中最激进、对现状最具挑衅性的是"冲刺"策略（sprinting），即几乎完全不掩饰其发展核武器的意图和能力，公开研发核武器材料和运载工具。如果一国面临严峻的外部威胁，又缺乏正式的外部安全保障来缓解这种威胁，国内对发展核武器又具有高度共识，并且不易遭受外部军事或经济介入，那么该国就会倾向于选择这种策略。① 显然，巴基斯坦拥核所选择的就是这种冲刺策略。但问题是，对巴基斯坦而言，这种策略的最后一个适用条件"不易遭受外部军事或经济干涉"并不满足。我们仍然不知道，在巴基斯坦遭受外部干涉风险非常大的情况下，它为何还会以这种极具挑衅性的方式发展核武器。

二 有关"大国为什么无法阻止小国的强硬挑战"的现有研究

（一）核武器的威慑作用

"弱者只能接受强者所做的事"这一信念成立的根本前提是无政府状态下武力的使用不受限制。小国与大国的实力差异决定了前者在战争和强制等暴力互动中的先天劣势，因此小国即使因某种原因敢于对大国采取强硬立场，这种立场往往也会很脆弱，会很容易在大国的威逼下退让。对于小国坚持发展核武器这一具体举动而言，大国有明确的动机对其做出强制性干预。反核扩散理论的一个基本观点是，当一个国家谋求核武器的举动有可能迅速改变与敌对国家安全能力对比、引发敌对国家决策者强烈担忧时，该国很有可能招致敌对国家的军事打击。② 布雷特·本森

---

① Vipin Narang, "Strategies of Nuclear Proliferation: How States Pursue the Bomb", *International Security*, Vol. 41, No. 3, 2016/2017, pp. 120 – 132; Jacques E. C. Hymans, *Achieving Nuclear Ambitions: Scientists, Politicians, and Proliferation*, Cambridge: Cambridge University Press, 2012, pp. 124 – 156.

② Lyle J. Goldstein, *Preventive Attack and Weapons of Mass Destruction: A Comparative Historical Analysis*, Stanford: Stanford University Press, 2006; Matthew Fuhrmann and Sarah E. Kreps, "Targeting Nuclear Programs in War and Peace: A Quantitative Empirical Analysis, 1941 – 2000", *Journal of Conflict Resolution*, Vol. 54, No. 6, 2010, pp. 831 – 859; Rachel Elizabeth Whitlark, "Nuclear Beliefs: A Leader-Focused Theory of Counter-Proliferation", *Security Studies*, Vol. 26, No. 4, 2013, pp. 545 – 574.

(Brett V. Benson)等学者的博弈模型分析也显示,当反扩散方认为扩散方谋求核武器的意图非常坚定、核扩散对反扩散方构成威胁、实施预防性军事打击的成本相对较低时,反扩散方会倾向于选择预防性打击。①

但许多研究指出,一国一旦拥有核武器能力(nuclear weapon capability),军事打击将不再是其敌对国家的可选策略。索纳莉·辛格(Sonali Singh)等学者将拥有核武器能力的标准操作化定义为成功完成一次核爆炸。② 根据这一操作化定义,大卫·索贝克(David Sobek)等学者发现,一国越接近拥有核武器,其遭受军事打击的风险越大;但是一旦拥有了核武器,该风险则会显著降低。③ 同样依据这一操作化定义,穆罕默德·巴斯(Muhammet A. Bas)等学者指出,在一国获得核武器能力前,美国情报部门对该核扩散项目接近完成的程度估计越高,美国发动预防性打击的可能性越大;但如果核扩散项目已经完成,美国则会倾向于接受现实。④ 彼得·菲弗(Peter D. Feaver)等学者的博弈分析也指出,一旦核扩散国家完成核武器的部署,那么美国将不会对其实施军事打击。⑤

拥核国家遭他国军事打击概率低,最可能的原因是其对敌国形成了核威慑。维克多·阿萨尔(Victor Asal)等学者的研究显示,如果危机中有有核国家参与,那么危机以非暴力方式结束的可能性比没有有核国家参与的情况下要大,而且卷入危机的有核国家越多,发生战争的可能性越低。⑥ 纳兰则进一步探讨了拥核小国慑止大国入侵的战略选择,指出小

---

① Brett V. Benson and Quan Wen, "A Bargaining Model of Nuclear Weapons: Development and Disarmament", in Robert Rauchhaus, Matthew Kroenig and Erik Gartzke eds., *Causes and Consequences of Nuclear Proliferation*, New York: Routledge, 2011, pp. 111 – 137.

② Sonali Singh and Christopher R. Way, "The Correlates of Nuclear Proliferation: A Quantitative Test", *Journal of Conflict Resolution*, Vol. 48, No. 6, 2004, p. 866.

③ David Sobek, Dennis M. Foster and Samuel B. Robison, "Conventional Wisdom? The Effect of Nuclear Proliferation on Armed Conflict, 1945 – 2001", *International Studies Quarterly*, Vol. 56, No. 1, 2012, pp. 149 – 162.

④ Muhammet A. Bas and Andrew J. Coe, "A Dynamic Theory of Nuclear Proliferation and Preventive War", *International Organization*, Vol. 70, No. 2016, pp. 655 – 685.

⑤ Peter D. Feaver and Emerson M. S. Niou, "Managing Nuclear Proliferation: Condemn, Strike, or Assist?" *International Studies Quarterly*, Vol. 40, No. 2, 1996, pp. 209 – 233.

⑥ Victor Asal and Kyle Beardsley, "Proliferation and International Crisis Behavior", *Journal of Peace Research*, Vol. 44, No. 2, 2007, pp. 139 – 155.

国虽然核武库规模较小,但可以凭借"不对称升级"(asymmetric escalation)策略有效威慑核大国。①

但同时,也有学者质疑这种核威慑视角的解释。贝尔和尼古拉斯·米勒(Nicholas L. Miller)的实证研究显示,冲突双方均拥有核武器并不能显著降低其发生战争的可能性。② 马修斯·福尔曼(Matthew Fuhrmann)等学者也指出,美国是否选择攻击某国的核项目,受攻击成本以及核扩散后果的影响,但该项目是否接近成功并不决定美国的策略选择。③ 托德·塞克瑟尔(Todd S. Sechser)等学者进一步指出,大国对小国的核胁迫成功的难度很大,因为实施核打击同样会对胁迫方自己带来很高的成本,所以被胁迫方很难相信这种核威胁会真的实施。④ 在核边缘对抗中,⑤拥有核武器仅是威慑生效的必要条件,决定对抗结果的最关键因素是双方的决心对比,即谁愿意冒更大的核冲突的风险。

(二)其他大国的战略牵制

另一个大国为小国提供安全保障是敌对大国无法阻止该小国强硬行为的另一个直观原因。就巴基斯坦这个具体案例而言,美国的战略牵制被认为是印度不敢下决心对巴基斯坦全面动武的重要原因。这种解释有待回应的问题是,美国的对巴政策存在模糊性和两面性,通过领导人表态以及对印关系等方式,美国同时也在向巴基斯坦以及印度越来越明确地表达在印巴间中立甚至倾向印度的政策意图,那么为什么这些与保护

---

① Vipin Narang, "Deter? Regional Power Nuclear Postures and International Conflict", *Journal of Conflict Resolution*, Vol. 57, No. 3, 2012, pp. 478 – 508; Vipin Narang, *Nuclear Strategy in the Modern Era: Regional Powers and International Conflict*, Princeton: Princeton University Press, 2014.

② Mark S. Bell and Nicholas L. Miller, "Questioning the Effect of Nuclear Weapons on Conflict", *Journal of Conflict Resolution*, Vol. 59, No. 1, 2015, pp. 74 – 92.

③ Matthew Fuhrmann and Sarah E. Kreps, "Targeting Nuclear Programs in War and Peace: A Quantitative Empirical Analysis, 1941 – 2000", pp. 831 – 859.

④ Todd S. Sechser and Matthew Fuhrmann, "Crisis Bargaining and Nuclear Blackmail", *International Organization*, Vol. 67, No. 1, 2013, pp. 173 – 195.

⑤ 严格来说,利用核武器实施威慑和胁迫,存在核边缘战略和有限反击战略(limited retaliation)两种方式,但这两种方式的实质是相似的,有限使用武力本身也是一种释放有效信号的途径。参见 Robert Powell, *Nuclear Deterrence Theory: The Search for Credibility*, Cambridge: Cambridge University Press, 1990, p. 3; Dan Altman, "Advancing without Attacking: The Strategic Game around the Use of Force", *Security Studies*, Vol. 27, No. 1, 2018, p. 62.

巴基斯坦的意图相反的信号并没有打消印度对美国潜在干预的顾虑？更重要的是，如果美国的战略牵制作用对印度对巴基斯坦政策的影响果真如此显著，那么巴基斯坦对美国的安全依赖程度就应当非常高，巴基斯坦就更加没有理由在印度军事威胁非常大的情况下疏远与美国关系。巴基斯坦的实际做法与这种解释存在矛盾。

第三节 信号博弈与"自我孤立"机制

为了更准确地揭示"自我孤立"这一理论困惑背后的逻辑，根据本章第一节所展示的这一困惑的经验来源，对问题的前提做出如下5个方面的限定：(1) 小国（S）拥有核武器并具备核威慑能力；(2) 拥有核武器的敌对大国（A）以战争相威胁，胁迫S在核心利益上做出重大让步；(3) S有拥有核武器的大国盟国（P）；(4) S第一位的战略偏好是确保自身安全；(5) S与A、与P在常规军事实力和核军事实力存在明显差距。现在研究问题抽象为：在上述5个条件所限定的情境下，假定S、A、P均为单一理性行为体,[①] 那么它们将作何选择？

分析理性行为体互动状态下的行为选择的最有效方法是博弈论,[②] 但是博弈论对完全理性假定的依赖越来越为实证主义和行为主义学者所诟病。的确，现实世界中任何决策者的计算和推理能力都是有限的，实际

---

① 国内因素无疑对国家行为存在重要影响，假定三国为单一行为体（unitary actor）将不可避免地牺牲理论模型的真实性。但这种简化对于构建模型来说是必要的。另外，在面临紧迫外部生存威胁和激烈权力竞争的情境下，国内特质对国家行为的影响程度将下降，因此这种简化的代价是有限的。

② Bruce Bueno de Mesquita, "Accomplishments and Limitations of a Game-Theoretic Approach to International Relations", in Frank P. Harvey and Michael Brecher eds., *Evaluating Methodology in International Studies*, Ann Arbor: The University of Michigan Press, 2002, pp. 59 – 80; Robert Powell, "Game Theory, International Relations Theory, and the Hobbesian Stylization", in Ira Katznelson and Helen V. Milner, eds., *Political Science: State of the Discipline*, New York: Norton, 2002, pp. 755 – 783; Andrew Kydd, "The Art of Shaker Modeling: Game Theory and Security Studies", in Detlef F. Sprinz and Yael Wolinsky-Nahmias, eds., *Models, Numbers, and Cases: Methods for Studying International Relations*, Ann Arbor: University of Michigan Press, 2004, pp. 344 – 366.

的决策几乎不可能完全遵循演草纸上繁复而冗长的推导步骤。① 因此，要想让理论推演不至于太过偏离真实世界，② 我们需要缩短模型的计算过程。为此，在构建博弈模型之前，需要做好相关理论准备，以简化博弈参与者所面临的博弈情境。

一 理论准备1：决心是核边缘竞争的决定性因素

除直接发动战争外，利用强制手段（coercion）解决利益争端的最核心机制，就是操纵和利用可能引发战争这个对对方来说更不愿承担的风险，迫使对方在利益争端中做出让步和妥协。这种强制性机制生效的关键是，设法证明自己不惜一战的决心（resolve），从而使对手相信战争威胁是真实的。③ 当冲突双方都拥有核武器时，这种强制性机制被称为"核边缘策略"（nuclear brinkmanship）。④ 在核冲突中，因为核武器巨大而确

---

① Herbert A. Simon, "Bounded Rationality and Organizational Learning", *Organization Science*, Vol. 2, No. 1, 1991, pp. 125-134; Reza Salehnejad, *Rationality, Bounded Rationality and Microfoundations: Foundations of Theoretical Economics*, New York: Palgrave Macmillan, 2007; Jonathan Bendor, *Bounded Rationality and Politics*, Berkeley and Los Angeles: University of California Press, 2010; Kevin A. Clarke and David M. Primo, "Modernizing Political Science: A Model-Based Approach", *Perspectives on Politics*, Vol. 5, No. 4, 2007, pp. 741-753; James Johnson, "What Rationality Assumption? Or, How 'Positive Political Theory' Rests on a Mistake", *Political Studies*, Vol. 58, No. 2, 2010, pp. 282-299.

② 这是科学实在主义的基本要求，参见 Paul K. MacDonald, "Useful Fiction or Miracle Maker: The Competing Epistemological Foundations of Rational Choice Theory", *American Political Science Review*, Vol. 97, No. 4, 2003, pp. 551-565.

③ Zeev Maoz, "Resolve, Capabilities, and the Outcomes of Interstate Disputes, 1816-1976", *Journal of Conflict Resolution*, Vol. 27, No. 2, 1983, pp. 195-229; James D. Fearon, "Signaling Foreign Policy Interests: Tying Hands versus Sinking Costs", pp. 68-90; Paul K. Huth, "Deterrence and International Conflict: Empirical Findings and Theoretical Debates", *Annual Review of Political Science*, Vol. 2, No. 1, 1999, pp. 25-48; James D. Morrow, "The Strategic Setting of Choices: Signaling, Commitment, and Negotiation in International Politics", pp. 77-114; Branislav L. Slantchev, *Military Threats: The Costs of Coercion and the Price of Peace*, Cambridge: Cambridge University Press, 2011.

④ Thomas C. Schelling, *The Strategy of Conflict*, Cambridge: Harvard University Press, 1960, pp. 187, 199-201; Thomas C. Schelling, *Arms and Influence*, New Haven: Yale University Press, 1966, chapter 3; Richard Ned Lebow, *Between Peace and War: The Nature of International Crisis*, Baltimore: Johns Hopkins University Press, 1981, pp. 57-97; Richard K. Betts, *Nuclear Blackmail and Nuclear Balance*, Washington D. C.: The Brookings Institution, 1987, chapter 4.

定的破坏能力，所以相比较于实力，决心对冲突结果的影响更具有决定性。事实上，如果核战争给双方带来的损失均超过了各自所期望获得的任何可能的收益，那么决定冲突结果的唯一因素就是双方的决心对比，谁的决心更强，谁就能逼迫对方让步。① 需要指出的是，在信息不对称的情况下，决心较弱的一方有可能利用虚张声势策略（bluffing strategy）赢得核危机的胜利，② 但其之所以能够获胜，是因为它能设法使对手误以为自己的决心更强。换言之，在不完全信息条件下决心较弱一方获胜的前提仍然是"（完全信息条件下）决心较强一方获胜"这个基本原理。

---

① Thomas C. Schelling, *Arms and Influence*, pp. 92 – 125; Glenn H. Snyder and Paul Diesing, *Conflict among Nations*, Princeton: Princeton University Press, 1977, pp. 456 – 458; Robert Jervis, "Deterrence Theory Revisited", *World Politics*, Vol. 31, No. 2, 1979, pp. 291 – 292; Robert Jervis, "Why Nuclear Superiority Doesn't Matter", *Political Science Quarterly*, Vol. 94, No. 4, 1979/1980, p. 631; Kenneth N. Waltz, "Towards Nuclear Peace", in Robert J. Art and Kenneth N. Waltz, eds., *The Use of Force*, Second Edition, Lanham: University Press of America, 1983, pp. 589 – 590; Robert Jervis, *The Illogic of American Nuclear Strategy*, Ithaca: Cornell University Press, 1984, pp. 126 – 146; Robert Powell, "The Theoretical Foundations of Strategic Nuclear Deterrence", *Political Science Quarterly*, Vol. 100, No. 1, 1985, p. 78; Richard K. Betts, *Nuclear Blackmail and Nuclear Balance*, pp. 11 – 12; Robert Jervis, *The Meaning of the Nuclear Revolution: Statecraft and the Prospect of Armageddon*, Ithaca: Cornell University Press, 1989, pp. 38 – 41, 105; Robert Powell, *Nuclear Deterrence Theory: The Search for Credibility*, pp. 33 – 45; Robert Powell, "Nuclear Deterrence Theory, Nuclear Proliferation, and National Missile Defense", *International Security*, Vol. 27, No. 4, 2003, pp. 89 – 97. 在核边缘博弈中，决心的操作化定义是一个国家为赢得核危机而愿意承受的最大程度的核战争风险，参见 Robert Powell, "Crisis Bargaining, Escalation, and MAD", *American Political Science Review*, Vol. 81, No. 3, 1987, p. 721; Robert Powell, "Nuclear Deterrence Theory, Nuclear Proliferation, and National Missile Defense", p. 92; Robert Powell, "Nuclear Brinkmanship, Limited War, and Military Power", *International Organization*, Vol. 69, No. 3, 2015, p. 592. 正因为在相互核威慑的情况下，决定双方对抗结果的核心因素不再是总体实力对比和常规军事实力强弱，因此核武器被认为是"弱者的武器"和"伟大的平衡器"（a great equalizer），参见 Richard K. Betts, "The New Threat of Mass Destruction", *Foreign Affairs*, Vol. 77, No. 1, 1998, p. 27; T. V. Paul, "Great Equalizers or Agents of Chaos? Weapons of Mass Destruction and the Emerging International Order", in T. V. Paul and John A. Hall, eds., *International Order and the Future of World Politics*, Cambridge: Cambridge University Press, 1999, pp. 373 – 392; T. V. Paul, "Disarmament Revisited: Is Nuclear Abolition Possible?" *Journal of Strategic Studies*, Vol. 35, No. 1, 2012, pp. 149 – 169.

② Robert Powell, "Crisis Bargaining, Escalation, and MAD", pp. 717 – 736; Robert Powell, "Nuclear Brinkmanship with Two-Sided Incomplete Information", *American Political Science Review*, Vol. 82, No. 1, 1988, pp. 155 – 178. 另可参见左希迎《核时代的虚张声势行为》，《外交评论》2017 年第 6 期。

根据现有的核边缘理论，有两个因素会影响冲突双方的决心对比。一是冲突所牵涉的利益（stake）：在核危机中获胜的收益越大，或者失败的成本越大，决心就越大。[1] 二是核武库的规模：谁的核武库规模越大，谁的决心就越大。[2] 在小国与大国的对抗中，小国失败的代价往往远大于大国失败的代价，但同时，大国的核武库往往远大于小国的核武库。所以在这种不对称的核冲突中，究竟哪一方有决心上的优势，是一个经验问题，具有不确定性。[3]

在经典核威慑文献中，核边缘危机的一个默认前提是双方均具备第二次核打击能力，即相互确保摧毁。[4] 但另一种同样非常主流的观点认为，少量核武器和运载工具就足以给对手制造不可接受的损失，而对手永远无法确定第一次打击是否能够完全消除核报复能力，因此一国核武器数量并不需要达到确保摧毁的门槛就足以对对方构成有效威慑。[5] 事实

---

[1] Kenneth N. Waltz, "Towards Nuclear Peace", p. 589; Robert Powell, "Nuclear Deterrence Theory, Nuclear Proliferation, and National Missile Defense", p. 94.

[2] Glenn H. Snyder and Paul Diesing, *Conflict among Nations*, pp. 459 – 462; Matthew Kroenig, "Nuclear Superiority and the Balance of Resolve: Explaining Nuclear Crisis Outcomes", *International Organization*, Vol. 67, No. 1, 2013, pp. 141 – 171.

[3] 实证研究也显示，如果对手也拥有核武器，那么单纯拥有核武器这一个因素无法显著增加一国赢得冲突的几率。Kyle Beardsley and Victor Asal, "Winning with the Bomb", in Robert Rauchhaus, Matthew Kroenig and Erik Gartzke, eds., *Causes and Consequences of Nuclear Proliferation*, New York: Routledge, 2011, pp. 231 – 254.

[4] 例如，Thomas C. Schelling, *The Strategy of Conflict*, chapter 8; Louis Rene Beres, "Tilting Toward Thanatos: America's 'Countervailing' Nuclear Strategy", *World Politics*, Vol. 34, No. 1, 1981, pp. 25 – 46; Robert Jervis, *The Illogic of American Nuclear Strategy*; Robert Powell, *Nuclear Deterrence Theory: The Search for Credibility*.

[5] Bernard Brodie, *Strategy in the Missile Age*, Princeton: Princeton University Press, 1959, p. 275; Kenneth N. Waltz, "Toward Nuclear Peace", pp. 584 – 598; John J. Mearsheimer, "Nuclear Weapons and Deterrence in Europe," *International Security*, Vol. 9, No. 3, 1984/1985, pp. 19 – 46; Stephen J. Cimbala, "Deterrence Stability with Smaller Forces: Prospects and Problems", *Journal of Peace Research*, Vol. 32, No. 1, 1995, pp. 65 – 78; Kenneth N. Waltz and Scott D. Sagan, *The Spread of Nuclear Weapons: A Debate*, New York: W. W. Norton, 1995, pp. 1 – 46. 这种认为只要存在核武器就具有核威慑能力的观点是如此普遍，以至于被有的学者称为"存在偏见"（existential bias），参见 Vipin Narang, "What Does It Take to Deter? Regional Power Nuclear Postures and International Conflict", p. 479。有关核威慑理念的变迁，参见 Lawrence Freedman, *The Evolution of Nuclear Strategy*, New York: Palgrave Macmillan, 2003; Patrick M. Morgan, *Deterrence Now*, Cambridge: Cambridge University Press, 2003.

上，常规实力或者核实力较弱的一方，可以通过不对称升级策略，抢先增大危机升级为核战争的风险，以此成功慑止较强一方的进攻。[①]

这种"不对称升级"策略是拥有核投送能力后巴基斯坦对印度威慑战略的重要内容。由于巴基斯坦核武库规模和运载工具数量和质量都相对有限，因此当其感知到印度有可能发起进攻时，巴基斯坦鲜有强烈动机发动先发制人式的第一次核打击。因为巴基斯坦非常清楚，一旦由印度首先发动解除武装式打击，那么自己很可能再也没有机会使用核武器；而如果自己率先使用核武器，则还有一线生机。所以印度也非常清楚，一旦其对巴基斯坦的威胁过度，其将有极大可能遭受巴基斯坦的突然核打击。这种风险即使不太大，其代价也是印度无法承受的。总之，核武器小型化后、特别是拥有"三位一体"打击能力后的巴基斯坦已拥有给印度制造足够显著的损失的能力，从而能够将双方拖入核边缘危机。

二 理论准备2：正式军事同盟不是大国为小国提供安全保障的必要条件

在正式的军事同盟中，联盟成员往往负有援助盟友的同盟义务。当盟友面临军事威胁或入侵时，如果同盟规定联盟成员有援助义务但成员不提供援助，该成员将承担相应的声誉成本和观众成本。[②] 正是受这些潜在成本的制约，联盟成员始终面临被盟国牵连而陷入不必要战争的风险。[③] 近年来，学者们以"牵连风险"理论为基础，又相继揭示了"道

[①] Vipin Narang, "Deter? Regional Power Nuclear Postures and International Conflict", *Journal of Conflict Resolution*, Vol. 57, No. 3, 2012, pp. 478 – 508; Vipin Narang, *Nuclear Strategy in the Modern Era: Regional Powers and International Conflict*; Robert Powell, "Nuclear Brinkmanship, Limited War, and Military Power", pp. 613, 620.

[②] James D. Fearon, "Signaling Foreign Policy Interests: Tying Hands versus Sinking Costs", pp. 68 – 90; Douglas M. Gibler, "The Costs of Reneging: Reputation and Alliance Formation"; Mark J. C. Crescenzi, et al., "Reliability, Reputation, and Alliance Formation", pp. 259 – 274; Gregory D. Miller, *The Shadow of the Past: Reputation and Military Alliances before the First World War*.

[③] "牵连风险"（entrapment）是联盟的固有风险，系统论述见 Glenn H. Snyder, "The Security Dilemma in Alliance Politics", pp. 461 – 495; Glenn H. Snyder, *Alliance Politics*. 更早指出这种风险的文献，参见 Michael Mandelbaum, *The Nuclear Revolution: International Politics Before and After Hiroshima*, p. 152;《韩非子·五蠹第四十九》《韩非子·说林上第二十二》《韩非子·亡征第十五》。

德风险"（moral hazard）、"纠缠问题"（entanglement）、"资助人困境"（patron's dilemma）、"承诺难题"等一系列大国因受小国盟国"连累"而使自身冲突风险上升的作用机制。① 这些机制的存在，反过来印证了大国有动机履行同盟义务、为小国盟国提供军事援助，甚至不惜为此承担一定的风险。这种动机是如此强烈，以至于甚至有可能引发"弱国让强国做其不愿做的事"这种违反直觉的悖论。②

即使没有明确的同盟义务，大国同样有可能为小国提供安全保障。③ 大国为小国提供安全保障的行为本质上是一种利益交换：④ 大国通过为小国提供安全保障，可以换取小国在其他事务上对大国的支持和追随，塑造大国权威，提高大国的影响力。⑤ 换言之，在 S 遭受 A 的胁迫时，其潜在保护国 P 无论是否与 S 有正式的盟约，只要 P 与 A 存在权力竞争，P 就有动机为 S 提供或明确或模糊的安全保障。

---

① 关于"道德风险"，参见 Brett V. Benson, *Constructing International Security: Alliances, Deterrence, and Moral Hazard*。关于"纠缠问题"，参见 Tongfi Kim, "Why Alliances Entangle but Seldom Entrap States", pp. 350 – 377; Michael Beckley, "The Myth of Entangling Alliances: Reassessing the Security Risks of U. S. Defense Pacts", pp. 7 – 48。关于"资助人困境"，参见 Keren Yarhi-Milo, Alexander Lanoszka, and Zack Cooper, "To Arm or to Ally? The Patron's Dilemma and the Strategic Logic of Arms Transfers and Alliances", pp. 90 – 139. 关于"承诺难题"，参见左希迎《承诺难题与美国亚太联盟转型》。

② Stephen G. Brooks, G. John Ikenberry, and William C. Wohlforth, "Don't Come Home, America: The Case against Retrenchment", *International Security*, Vol. 37, No. 3, 2012/2013, p. 29; 杨原：《大国政治的喜剧——两极体系下超级大国彼此结盟之谜》，《世界经济与政治》2019 年第 12 期。

③ 大国与小国结盟不是大国为小国提供安全保障的必要条件，参见 Arthur A. Stein, *Why Nations Cooperate*, p. 152; James D. Morrow, "The Strategic Setting of Choices: Signaling, Commitment, and Negotiation in International Politics", p. 104; James D. Morrow, "Alliances: Why Write Them Down?" *Annual Review of Political Science*, Vol. 3, No. 1, 2000, p. 64.

④ Deborah Welch Larson, "Exchange and Reciprocity in International Negotiations", *International Negotiation*, Vol. 3, No. 2, 1998, p. 134.

⑤ James D. Morrow, "Alliances and Asymmetry: An Alternative to the Capability Aggregation Model for Alliances", pp. 904 – 933; David A. Lake, *Entangling Relations: American Foreign Policy in Its Century*, 1999; David A. Lake, *Hierarchy in International Relations*; Stefan A. Schirm, "Leaders in Need of Followers: Emerging Powers in Global Governance", *European Journal of International Relations*, Vol. 16, No. 2, 2010, pp. 197 – 221; Hanna Samir Kassab, *Weak States in International Relations Theory*, Chapters 5 – 6; Tongfi Kim, *The Supply Side of Security: A Market Theory of Military Alliances*.

三 "自我孤立"的信号博弈

根据理论准备2，初始状态下P有为S提供保护的动机，因此可以将S、A、P三方的互动简化为S与A两方的互动。对于同样具有核打击能力的S和A来说，双方讨价还价的焦点是A试图以核打击相威胁，胁迫（compel）S在某问题上做出让步，而S则试图以核报复相威胁，慑止（deter）A的军事打击。无论是威慑还是胁迫，其生效的关键都是：被威胁一方相信，如果其无视发出威胁一方的威胁，后者将真的实施这种威胁并对前者造成足够重大的损失。① 但在相互核威慑的条件下，一方对另一方实施核进攻或核报复将招致对方的核反制从而使自己遭受巨大损失，因此这种核进攻或核报复的威胁很难直接令被威胁方置信，所以，双方必须尽可能表现出比对方更敢于承担核战争风险的意愿。②

根据理论准备1，谁的决心更坚决，谁就将赢得这场讨价还价的胜利。因此，S有动机向A证明其有足够坚决的决心。S有多强的决心这个信息A预先是很难完全掌握的，在这种信息不对称情况下，即使S实际的决心并不强，它也有动机装作决心很强。③ 由此，S与A的博弈可以进一步抽象为：S如何令A相信其决心的坚定程度，而A又如何根据其对S决心的判断来制定对S的战略。这是一个典型的信号博弈：一方拥有另一方不掌握的私人信息，后者需要通过前者的行动来更新对这一不对称信息的信念，而这种信念将直接决定双方的策略选择和互动

---

① Thomas C. Schelling, *Arms and Influence*, pp. 69 – 86.
② Kenneth N. Waltz, "Toward Nuclear Peace", pp. 588 – 589; Thomas C. Schelling, *The Strategy of Conflict*, chapter 8.
③ 关于不对称信息情况下，信号传递对威慑方和被威慑方策略和结果的影响，参见 Robert Powell, "Crisis Bargaining, Escalation, and MAD", pp. 717 – 736; Robert Powell, "Nuclear Brinkmanship with Two-Sided Incomplete Information", pp. 155 – 178; Barry Nalebuff, "Rational Deterrence in an Imperfect World", *World Politics*, Vol. 43, No. 3, 1991, pp. 313 – 335; William Reed, "Information, Power, and War", *American Political Science Review*, Vol. 97, No. 4, 2003, pp. 633 – 641; Anne E. Sartori, *Deterrence by Diplomacy*, Princeton: Princeton University Press, 2005; Branislav L. Slantchev, *Military Threats: The Costs of Coercion and the Price of Peace*, pp. 96 – 116.

结果。①

在非协调博弈中，一个信号要想可置信，必须负载有成本。② S 公开疏远与大国盟国 P 的关系，就是一种负载有明显成本的行为。随着 S 与 P 关系的疏远，P 对 A 对 S 的进攻所起到的（潜在的）延伸威慑的可信度将受到削弱，A 对 S 实施军事打击的动机将因此增加。此外，一旦 A 真的实施对 S 的进攻，S 也有可能因与 P 关系的疏远而无法得到 P 的军事援助，从而只能纯粹依靠自助。总之，S 公开疏远与 P 的关系，将同时支付"自缚手脚"（tying hands）和"沉没成本"（sinking cost）两种成本。③

正是因为公开疏远与 P 的关系代价高昂，所以这一举动才能够帮助 S 向 A 传递有助于 A 甄别 S 类型的信息：如果 S 的决心足够坚决，那么它即使没有 P 的军事援助，一样能够在与 A 的核边缘对抗中逼退 A；而如果 S 的决心不够坚决，那么失去 P 的援助所带来的损失和风险将是 S 所无法承受的。因此，在信息对称情况下，只有那些决心足够坚决的 S 才敢于疏远与 P 的关系，而那些决心不足的 S 则不敢这样做。不过，在信息不对称情况下，决心不够坚决的 S 也有可能"虚张声势"，同样选择公开疏远与 P 的关系。这意味着，A 在判断 S 类型时面临着不确定性。S 如何利用这种不确定性，以及 A 如何应对这种不确定性，是下面的信号博弈模型所要解决的核心内容。

现在设 S 有两种类型：一种决心非常大，足以超过 A 的决心（记为 S_r），另一种决心则没有那么大（记为 S_{ir}）。当 S 是类型 S_r 时，它只会选

---

① 最早提出和运用信号博弈的文献，参见 Michael Spence, "Job Market Signaling", *Quarterly Journal of Economics*, Vol. 87, No. 3, 1973, pp. 355 – 374; Michael Spence, "Competitive and Optimal Responses to Signaling: An Analysis of Efficiency and Distribution", *Journal of Economic Theory*, Vol. 7, No. 3, 1974, pp. 296 – 332。信号博弈在国际关系中的运用，相关梳理见 James Igoe Walsh, "Do States Play Signaling Games?" *Cooperation and Conflict*, Vol. 42, No. 4, 2007, pp. 441 – 446。

② James D. Fearon, "Threats to Use Force: Costly Signals and Bargaining in International Crises", Ph. D dissertation, University of California, Berkeley, 1992. 更早的思想见 Thomas C. Schelling, *The Strategy of Conflict*, pp. 21 – 43; Thomas C. Schelling, *Arms and Influence*, pp. 43 – 59。

③ James D. Fearon, "Signaling Foreign Policy Interests: Tying Hands versus Sinking Costs", pp. 68 – 90。

择一种行动:"疏远与 P 的关系"(记为 s^1)。而如果 S 是类型 S_{ir} 时,它既可能选择 s^1,也可能选择"维持与 P 的关系"(记为 s^2)。当 S 做出选择后,A 需要在"胁迫 S"(记为 a^1)和"退让"(记为 a^2)两种行动中做出选择。A 不知道与它互动的 S 属于哪种类型,但它知道 S 属于类型 S_r 和类型 S_{ir} 的概率(分别记为 θ 和 1−θ,1>θ>0)。根据理论准备 1,当 S 属于类型 S_r 时,S 将赢得这场核边缘博弈(收益记为 v_S);当 S 属于类型 S_{ir} 时,除非 A 选择 a^2,否则 A 将赢得这场博弈(收益记为 v_A)。A 选择 a^1 由此引发双方对抗但未引发核战争时,S 和 A 的对抗成本分别为 c_S($v_S > c_S > 0$)和 c_A($v_A > c_A > 0$)。S 如果维持与 P 的关系(即 S 类型为 S_{ir}),那么 S 因 P 的援助而决心增大从而赢得博弈的概率为 π(1≥π>0)。① 这个不完全信息动态博弈的扩展式如图 4—1 所示。

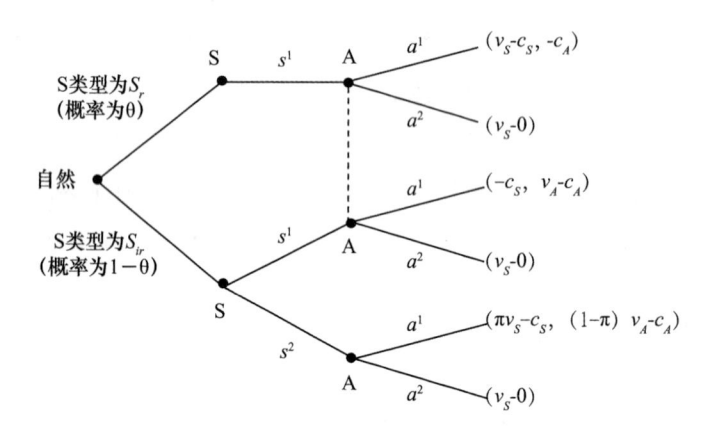

图 4—1 "自我孤立"的信号博弈

情况 I:$(1-\pi) v_A - c_A > 0$,即 $\pi \leq 1 - \dfrac{c_A}{v_A}$,此时,当 S 做出行动 s^2 时,A 将选择行动 a^1。S 有两种策略:1)无论自己的类型是 S_r 还是 S_{ir},

---

① 在得到有核盟国军事援助的情况下,小国一方的核武库规模将增大,从而使其能够承受的最大核战争风险(亦即决心)增加,进而使小国在核边缘对抗中获胜的概率增加。参见 Matthew Kroenig, "Nuclear Superiority and the Balance of Resolve: Explaining Nuclear Crisis Outcomes", pp. 141–171。

都选择 s^1（记为"强硬威慑"）；2）自己类型为 S_r 时选择 s^1，类型为 S_{ir} 时选 s^2（记为"相机威慑"）。A 也有两种策略：1）如果博弈第一阶段 S 选择 s^2，则自己选择 a^1，否则选择 a^2（记为"相机胁迫"）；2）无论第一阶段 S 作何选择，自己均选择 a^1（记为"强硬胁迫"）。这些策略的组合对应的支付如图 4—2 所示。易知 $(1-\theta)(v_A - \pi v_A - c_A) > -\theta c_A + (1-\theta)(v_A - \pi v_A - c_A)$，$v_S > \theta v_S + (1-\theta)(\pi v_S - c_S)$。

A 国

	相机胁迫	强硬胁迫
S 国 强硬威慑	0 v_S	$(1-\theta)v_A - c_A$ $\theta(v_S - c_S)+(1-\theta)(-c_S)$
相机威慑	$(1-\theta)(v_A - \pi v_A - c_A)$ $\theta v_S+(1-\theta)(\pi v_S - c_S)$	$-\theta c_A+(1-\theta)(v_A - \pi v_A - c_A)$ $\theta(v_S - c_S)+(1-\theta)(\pi v_S - c_S)$

图 4—2 情况 I 的支付矩阵

情况 I′：$(1-\theta)v_A - c_A \leq 0$，即 $\theta \geq 1 - \frac{c_A}{v_A}$。此时"相机胁迫"是 A 国的占优战略（dominant strategy），该博弈的贝叶斯精炼均衡是：S 无论是类型 S_r 还是类型 S_{ir}，都会选择疏远与 P 的关系；A 在观察到 S 的行动后选择退让。这是一个混同均衡（pooling equilibrium）：真正决心坚定的 S 固然会以疏远与 P 的关系这种方式来证明自己的决心，决心不足的 S 同样也会这样做以虚张声势，而 A 只能选择退让。

情况 I″：$\theta < 1 - \frac{c_A}{v_A}$。此时博弈没有纯策略均衡，但存在一个半分离均衡（semi-separating equilibrium）：S 以 $\frac{\theta c_A}{(1-\theta)(v_A - c_A)}$ 的概率采取"强硬威慑"策略；由于 S_r 类型的 S 只可能选择 s^1，因此当 A 观察到 S 选择 s^2 时，A 会选择胁迫 S（a^1），但当 S 选择 s^1 时，A 无法确定 S 的类型，而只能选择以 $\frac{\pi v_S}{v_S + c_S}$ 的概率选择退让。

情况 II：$\pi > 1 - \frac{c_A}{v_A}$，此时，当 S 做出行动 s^2 时，A 将选择行动 a^2。S

仍然有"强硬威慑"和"相机威慑"两种策略。A有两种策略：1）如果博弈第一阶段S选择s^2，则自己选择a^2，否则选择a^1（记为"相机退让"）；2）无论第一阶段S作何选择，自己均选择a^2（记为"永远退让"）。这些策略的组合对应的支付如图4—3所示。易知$\theta(v_S-c_S)+(1-\theta)(v_S)>\theta(v_S-c_S)+(1-\theta)(-c_S)$，$0>-\theta c_A$。

		A国	
		相机退让	永远退让
S国	强硬威慑	$\theta(v_S-c_S)+(1-\theta)(-c_S)$, $-\theta c_A+(1-\theta)(v_A-c_A)$	v_S, 0
	相机威慑	$\theta(v_S-c_S)+(1-\theta)(v_S)$, $-\theta c_A$	v_S, 0

图4—3 情况Ⅱ的支付矩阵

情况Ⅱ′：$-\theta c_A+(1-\theta)(v_A-c_A)\leq 0$，即$\theta\geq 1-\dfrac{c_A}{v_A}$。此时"永远退让"是A国的占优战略，该博弈的贝叶斯精炼均衡是：S无论是类型S_r还是类型S_{ir}，都会选择疏远与P的关系（s^1）；A无论观察到S做何行动，都选择退让。

情况Ⅱ″：$\theta<1-\dfrac{c_A}{v_A}$。此时"相机威慑"是S国的占优战略，该博弈的贝叶斯精炼均衡是：S如果属于类型S_r，则选择s^1，如果属于类型S_{ir}，则选择s^2；A无论观察到S做何行动，都选择退让。

综合上述4种情况，无论P对S提供的军事保障能在多大概率上提升S在与A对抗时获胜的概率（$\pi\leq 1-\dfrac{c_A}{v_A}$或者$\pi>1-\dfrac{c_A}{v_A}$），只要S决心足够坚定的概率足够大（$\theta\geq 1-\dfrac{c_A}{v_A}$），那么无论S实际的决心坚定程度高还是低，它都会选择疏远与大国盟国P的关系，并都会起到迫使其敌对大国A退让的效果。如果S决心足够坚定的概率未能超过临界值（$\theta<1-\dfrac{c_A}{v_A}$），那么它会在一定概率上选择疏远与P的关系，并且仍然能够在不同

程度上起到慑止 A 的胁迫的作用。①

这个信号博弈模型所揭示的一个深层的国际政治原理是：拥有核威慑能力的小国在面对强大敌国的军事威胁时，可以通过策略性地公开疏远与其盟国关系这种反直觉的手段，提升迫使敌国退让的概率，从而使自己在与敌国的对抗中占据优势。有核小国在实践中利用这个原理捍卫其利益时，就会出现小国有意降低获得外部安全援助概率的现象，因此不妨将这个原理简称为"自我孤立"原理。在反映这个原理的现象中，小国与敌对大国的对抗是小国不愿屈服于敌对大国的客观表现，而小国与其盟国关系的疏远则是小国强硬应对敌对大国胁迫的一种策略，导致这种现象的根本原因在于敌对大国的军事威胁。②

根据博弈模型，小国疏远与其援助国的关系是小国在拥有对敌对大国的核威慑能力之后的一种策略，目的是通过这种方式展示自己的决心，以慑止敌对大国的军事入侵。根据这一理论，对于那些满足"自我孤立"原理的 5 个限定条件的小国，我们可以对其行为做出两方面的预测：首先，相比较于拥有核威慑能力之前，拥有核威慑能力之后的小国更有可能疏远与其盟国的关系；小国拥有的核威慑能力越可靠，其疏远与其盟国关系的举动越明显。其次，敌对大国对拥核小国的军事威胁越大，拥核小国疏远与其盟国关系的举动越明显。前一个预测刻画的是小国疏远与其盟国关系的可行性，核武器赋予了小国执行这种策略的可行性。后一个预测刻画的是小国疏远这种关系的必要性，敌对大国对小国的军事威胁赋予了实施这种策略的必要性。值得注意的是，后一个预测与以威

---

① 具体而言，在 $\theta < 1 - \frac{c_A}{v_A}$ 的情况下，如果 P 对 S 提供的军事保障能够将 S 在与 A 对抗时获胜的概率提升到足够高的程度（$\pi > 1 - \frac{c_A}{v_A}$），那么 S 将以 θ 的概率选择主动恶化与 P 的关系，而 A 则以 1 的概率选择退让；如果不能（$\pi \leq 1 - \frac{c_A}{v_A}$），那么 S 将以 $\frac{\theta c_A}{(1-\theta)(v_A - c_A)}$ 的概率这么做，而 A 则以 $\frac{\pi v_S}{v_S + c_S}$ 的概率选择退让。

② 需要注意的是，"自我孤立"原理引发"自我孤立"现象的前提是本部分一开始所限定的那 5 个条件全部满足。

胁平衡论为代表的主流国际安全理论是截然相悖的,[1] 只有从信号博弈的视角才能加以解释。能够预言在旧理论看来完全不可能的新事实,这正是理论创新的重要标志。[2]

小　结

　　本章研究了不对称同盟下小国的"自我孤立"行为。这种自我孤立行为构成了一个悖论:在特定条件下,生存安全在小国的偏好排序中越靠前,敌对大国对小国的安全威胁越严峻,那么小国越有可能"疏远"而非强化与其盟国的关系;相反,如果生存安全在小国偏好排序中的位置下降,那么小国反而会寻求改善与其盟国的关系。更简单地说,生存威胁越大,小国越会选择"自我孤立"。在以实力界定利益、而生存是第一利益的无政府世界,信号博弈的视角能够帮助我们理解这种违背直觉的现象。就像有些鸟类会演化出夸张而无用的厚重羽毛,看似增加了生存的成本,却因释放了可信的信号反而增加了自身基因繁衍的概率一样,某些小国在高度激烈的生存竞争中也会找到原理相似的反常规策略。

　　"自我孤立"悖论能够帮助我们更全面地理解拥核小国的危机行为。应当承认,影响印巴、美巴和美印关系的因素十分复杂,巴基斯坦应对危机的举动也很可能存在多重动机,这其中既可能包括单纯的表达不满,也可能包括基于理性计算的策略性考量,并且这些动机很可能相互掺杂,难以完全拆分开。本章从信号博弈的角度探讨了 2017 至 2018 年美巴关系"疏远"过程中巴基斯坦决策可能基于的一种策略考量机制。需要说明的是,本章并不试图否认或取代对美巴关系的其他解释,只是指出,无论

---

　　[1]　几乎所有国际关系理论流派都不会反对的一个命题,也是现有国际关系学的一个基本原理和常识是:敌对大国对小国的军事威胁越大,小国主动改善和加强与其盟国关系的动机越强烈。这个命题可视为假设 2 的"零假设"。
　　[2]　[英]伊姆雷·拉卡托斯:《证伪和科学研究纲领方法论》,载［英］伊姆雷·拉卡托斯、[英]艾兰·马斯格雷夫主编《批判与知识的增长》,周寄中译,华夏出版社 1987 年版,第 151 页。

如何，巴基斯坦在印度军事威胁十分严峻的时期选择"疏远"而非巩固巴美关系，都是一种会显著增加自身安全风险的行为。"自我孤立"悖论可以为理解这种看似不理性的行为补充一种理性主义的解释框架。根据本章的理论，巴基斯坦之所以会采取"自我孤立"策略，根源在于印度对其施加的安全威胁。

此外，"自我孤立"悖论还有其他多重理论和现实意义。比如它揭示了一种在不对称冲突中弱势方得以占据战略优势的途径。又如它突显了防核扩散对大国在权力维度的重要意义：小国获得核武器不仅会恶化大国的安全环境，还会压缩大国的战略空间，削减大国的影响力。但"自我孤立"悖论最重要的理论意义，还在于它揭示了联盟的一个此前从未被人意识到的功能——负面威慑功能。现有的延伸威慑理论都只研究——更准确地说是都只认识到——联盟的正面威慑功能，即联盟成员可以为盟国提供积极安全保障，从而慑止联盟外敌人的进攻。因此几乎所有对延伸威慑的研究，都集中于盟国的保护承诺如何可置信，如何避免被盟国抛弃等议题。① 本章的研究则提示，联盟还具有负面威慑功能，即联盟的存在，使得国家可以通过故意破坏与盟国关系这种信号释放策略，同样实现慑止联盟外敌人进攻的效果。深入研究"自我孤立"悖论，有可能从一个全新的角度推动联盟理论、威慑理论等国际安全经典理论的创新。

---

① 参见 Alastair Smith, "Extended Deterrence and Alliance Formation", *International Interactions*, Vol. 24, No. 4, 1998, pp. 315–343; Vesna Danilovic, "The Sources of Threat Credibility in Extended Deterrence", *Journal of Conflict Resolution*, Vol. 45, No. 3, 2001, pp. 341–369; Timothy W. Crawford, "The Endurance of Extended Deterrence: Continuity, Change, and Complexity in Theory and Policy", in T. V. Paul, Patrick M. Morgan, and James J. Wirtz, eds., *Complex Deterrence: Strategy in the Global Age*, Chicago: The University of Chicago Press, 2009, pp. 277–303; Matthew Fuhrmann and Todd S. Sechser, "Signaling Alliance Commitments: Hand-Tying and Sunk Costs in Extended Nuclear Deterrence", pp. 919–935; Jesse C. Johnson, Brett Ashley Leeds, and Ahra Wu, "Capability, Credibility, and Extended General Deterrence", *International Interactions*, Vol. 41, No. 2, 2015, pp. 309–336; Daehee Bak, "Alliance Proximity and Effectiveness of Extended Deterrence", *International Interactions*, Vol. 44, No. 1, 2018, pp. 107–131; Matthew Fuhrmann, "On Extended Nuclear Deterrence", *Diplomacy & Statecraft*, Vol. 29, No. 1, 2018, pp. 51–73.

第 五 章

不对称同盟下小国的"自主权衡"行为

不对称同盟是大国和小国之间就安全与自主进行交换而形成的一类同盟。从理论上讲，不对称同盟中的小国通常希望用更少的自主换取更多的安全保障。但在现实中，不对称同盟中的小国有时会表现得积极谋求自主，有时却又会主动加深对大国的安全依赖。不对称同盟下小国在什么条件下会倾向自主性安全政策，在什么条件下会选择深度依赖大国，现有理论和政策研究对此并没有给出充分的回答。为研究上述问题，加深对小国安全政策变动规律的理解，本章将从理论创新的角度，探讨现有同盟理论忽视的、不对称同盟下小国的第三种行为——"自主权衡"，揭示不对称同盟下小国追求自主行为的决策规律。具体而言，本章将从战略信誉的角度展开理论分析，并通过多个案例的考察验证理论的可靠性与适用性。

第一节 不对称同盟下小国安全政策的困惑

一 经验困惑及主要研究发现

美韩同盟是典型的不对称同盟。对韩国来说，美韩同盟是韩国安全战略的基石，对韩国安全有着显而易见的重要影响。[①] 现有同盟理论认为，在美韩同盟这样的不对称同盟中，小国由于需要获得大国的安全保

[①] 参见沈定昌《韩国外交与美国》，社会科学文献出版社2008年版。自韩国建国至今，其历届政府都将美韩同盟视为国家安全的基石。例如，李明博政府将美韩同盟视为韩国的"第一安全支柱"；朴槿惠政府认为美韩同盟始终是韩国国家安全的主轴；文在寅政府认为美韩同盟是韩国民主和安全最重要的基石。

障，因此须要让渡自己的一部分自主权作为交换。① 按照这一原理，在美韩同盟存续期间，只要美韩实力对比不发生大的变化，韩国对美国的安全依赖程度应当稳定不变。但真实情况并非如此。20世纪60年代韩国与美国的实力差距并没有发生明显变化，这一时期韩国对美国的军事依赖程度依然维持了相当于50年代90%以上的水平。② 然而从1968年开始，当时的朴正熙政府突然转变原有的依赖美国的安全政策，转而追求在同盟框架下的自主国防，推行名为"栗谷事业"③ 的国防能力建设计划，研发核导等战略武器。在美韩实力没有发生明显变化，而且还是同一个总统任期内的情况下，韩国突然改变既有政策转而追求自主国防，这是现有的理论不能够解释的。

如第四章已经指出的，国际关系的另一个常识是，不对称同盟中小国受到联盟外第三国威胁越大，它对大国盟国的安全依赖程度应当越高。④ 然而奇怪的是，在某些受外部威胁很大的时期，韩国却选择了减少对美依赖的自主国防政策。2003年卢武铉总统上台时，韩国所面临的安全威胁陡然增大，但当时的卢武铉政府却没有强化对美国的军事依赖，反而积极追求在不对称同盟框架下的自主国防。反过来，在韩国外部威胁态势并不明显时，有时反而出现了韩国加强对美依赖的现象。李承晚政府第二任期开始，来自北方的威胁明显下降，然而就在这个时期，李承晚政府全面深化对美国的安全依赖，将象征国家主权的作战指挥权仍交由美军行使。

显然，单纯从联盟成员实力对比或者外部安全威胁的角度，均难以充分解释不对称同盟中小国的安全政策选择。本章的目的，就是通过剖析韩国建国以来的安全政策选择，揭示决定韩国安全政策选择的真正逻辑，以此深化和完善我们对不对称同盟中小国安全政策的理解。

---

① James D. Morrow, "Alliances and Asymmetry: An Alternative to the Capability Aggregation Model of Alliances", pp. 904 – 933.

② 沈定昌：《韩国外交与美国》，第56页。

③ 之所以命名为"栗谷"，是为纪念16世纪中期李栗谷提出的"养兵十万"的国防建议，弘扬自主国防的精神。

④ Glenn H. Snyder, *Alliance Politics*, Ithaca and London: Cornell University Press, 1997, pp. 183 – 184.

本章研究发现，盟国和威胁来源国的战略信誉会同时影响小国在不对称同盟中的安全政策。具体来说，当盟国和威胁来源国都有高战略信誉时，小国会选择强化对盟国的政治依赖和军事依赖；当盟国和威胁来源国战略信誉都低时，小国会选择在同盟框架下追求更多的政治自主和军事自主；当盟国战略信誉高，威胁来源国战略信誉低时，小国会选择强化对盟国的军事依赖，同时追求政治自主；当盟国战略信誉低，威胁来源国战略信誉高时，小国会选择强化对盟国的政治依赖，但追求军事自主。简而言之，在不对称同盟框架下，盟国战略信誉的高低会影响小国的军事自主性，威胁来源国战略信誉的高低会影响小国的政治自主性。

本章的研究在理论层面拓展了不对称同盟的研究议题。现有对不对称同盟的理解主要集中在两个议题：一是不对称同盟的存续时间。一般认为，在控制同盟价值不变的情况下，不对称同盟相较于对称同盟更有可能持续更长的时间。[1] 二是不对称同盟的性质。主流观点认为，不对称同盟的本质是不同实力的盟国就"安全"和"自主"进行交换所达成的协议。[2] 对不对称同盟下结盟各方特别是小国的行为规律的研究相对较少。詹姆斯·莫罗虽然指出小国实力变化与其追求自主意愿之间可能存在的关联，[3] 但如前所述，这种理论上的关联与现实的相符程度并不理想。此外，现有研究对"自主"的界定也并不清晰，这进一步妨碍了对相关问题的理解。本章针对现有研究的缺陷，通过创造性地将自主细分为政治自主和军事自主两类，给出了不对称同盟下小国在"自主"与"安全"之间进行权衡选择的一般性解释。本章的研究还有助于科学预测不对称同盟下小国的政策走向：通过更准确地把握不对称同盟下小国的行为规律，可以在发生特定事件或出现相应条件时，对小国接下来的政策倾向乃至同

---

[1] Brett Ashley Leeds and Burcu Savun, "Terminating Alliances: Why Do States Abrogate Agreements?" *The Journal of Politics*, Vol. 69, No. 4, 2007, pp. 1118 – 1132; Brett Ashely Leeds, "Alliance Reliability in Times of War: Explaining State Decisions to Violate Treaties".

[2] Michael F. Altfeld, "The Decision to Ally: A Theory and Test", pp. 523 – 544; James D. Morrow, "Alliances and Asymmetry: An Alternative to the Capability Aggregation Model of Alliances", pp. 904 – 933; Tongfi Kim, *The Supply Side of Security: A Market Theory of Military Alliances*.

[3] James D. Morrow, "Alliances and Asymmetry: An Alternative to the Capability Aggregation Model of Alliances", pp. 904 – 933.

盟关系的可能走向做出相对准确的预判，并给出针对性的应对建议。

二 现有理论解释

概括而言，现有理论研究为小国的安全自主政策提供了两个可能的解释因素。一是国家实力。莫罗认为，不对称同盟中，盟国实力的变化会导致盟国之间就安全与自主问题重新谈判。"如果是小国实力提升，它将要求盟国给予其更多的自主权，这要么通过获得新的让步，要么通过取消旧的义务来实现；如果是大国实力下降，由于其提供安全保障的能力以及意愿减少，小国将要求更多的自主权。"① 自美韩同盟建立以来，作为安全供给者的美国实力没有明显下降，1991年之后甚至成为世界唯一超级大国。那么，假设莫罗的理论适用于美韩同盟，韩国在安全自主问题上的政策变化应当与其自身国力变化相关，即随着韩国国力的上升，韩国政府将要求同盟内更多的自主权，越来越显现出自主国防的一面。

但这一推断与事实不符。自20世纪70年代以来，韩国经济军事实力不断提升，不仅有两次被称为"汉江奇迹"的经济腾飞，军事实力也已跃升至世界前十位。但是韩国政府在美韩同盟框架下追求自主的行为轨迹并不与线性上升的国力相吻合。朴正熙之后的全斗焕政府中止了追求自主国防的努力，而在卢武铉之后的李明博政府则全面修复疏远的美韩关系，将已谈妥的象征自主权的"战时作战指挥权"的移交时间由原定的2012年4月17日推迟至2015年12月1日。可见小国国家实力的上升并不必然导致小国自主诉求的增加。

二是大国的权力竞争。汉斯·摩根索认为，小国的安全政策是由其所处地区实力结构对比决定的。② 罗伯特·罗斯坦（Robert L. Rothstein）认为，小国的政策取决于"所在地区实力均衡的威胁"。③ 根据这个视角，

---

① James D. Morrow, "Alliances and Asymmetry: An Alternative to the Capability Aggregation Model of Alliances", pp. 916–917.

② Hans. J. Morgenthau, *Politics among Nations: The Struggle for Power and Peace*, 7th Edition, Beijing: Peking University Press, 2005, pp. 186–189.

③ Robert L. Rothstein, *Alliances and Small Powers*, New York: Columbia University Press, 1968, p. 62.

很多学者认为像韩国这样的小国其安全政策无疑受到了地区大国权力竞争的影响。例如，陆伯彬（Robert Ross）认为，周边大国的崛起是"首尔不愿在90年代之后继续与美国的防务合作"的重要原因。其依据是1977年韩国政府还坚持反对吉米·卡特总统缩减驻韩美军规模的计划，还因此爆发了"韩国门"事件，[1] 而2004年当美国提出把4000人的部队从韩国调往伊拉克并在2005年前将驻韩美军规模缩减三分之一时，韩国并没有表现出任何不安。[2] 金炳局（Kim Byung-Kook）认为，东亚地区的权力转移使韩国安全政策制定者们出现了两极分化。改革派认为这是一个摆脱对美依赖的机会，保守派则认为应与美国保持强有力的同盟关系。[3]

从大国权力竞争的角度解释韩国安全政策，存在的问题是两者在现实中的时间关联性很差。韩国安全政策的变化并不是与东亚地区权力转移的进程相一致。从1948年大韩民国建立以来，韩国政府就多次表现出在强化对美依赖和追求独立自主间政策的摇摆，而在这期间的绝大部分时间里都没有任何国家与美国展开权力竞争的实力和意图，这一事实是大国竞争理论所无法解释的。

三 现有具体政策解释

韩国提出自主国防政策始于朴正熙政府时期，其后历届政府在自主性问题上的态度不断出现反复。韩国学界有关自主国防研究的发展脉络也与韩国历届政府推进自主国防的决心和力度相吻合。在韩国国会图书馆数据库检索"自主国防"的结果显示，[4] 相关研究最早开始于朴正熙政府时期的1968年，而在20世纪80年代几乎没有任何有关自主国防的研究，最近的对自主国防问题的广泛讨论是在21世纪初。关于朴正熙、

---

[1] "韩国门"事件是1976年发生的韩国为推翻尼克松总统从韩国撤军的决定，进而贿赂美国国会10名民主党议员的一件政治丑闻。

[2] ［美］威廉·W. 凯勒、［美］托马斯·G. 罗斯基编：《中国的崛起与亚洲的势力均衡》，刘江译，上海人民出版社2010年版，第132页。

[3] 朱锋、［美］罗伯特·罗斯主编：《中国崛起：理论与政策视角》，上海人民出版社2008年版，第326页。

[4] 韩国国会图书馆网址：www.nanet.go.kr。

卢武铉、卢泰愚等几届韩国政府追求自主国防的原因,现有讨论主要提出了如下几种解释:①

一是美国军事安全战略调整尤其是削减和撤离驻韩美军。许多韩国学者将美国对韩军事政策调整视为韩国追求自主的首要原因。例如有学者认为,朴正熙政府追求自主是为了应对当时尼克松政府及后来卡特政府的撤军计划②;卢武铉政府则是为了应对当时美国布什政府单方面的军事转型计划。③ 但问题是,美国迄今共有五次从韩撤军,分别是韩国建立

---

① 除了韩文文献以外,中英文文献中对韩国自主国防原因的探讨相对较少,参见胡良孟《朴正熙自主国防问题刍议》,《当代韩国》2012年第4期;胡良孟《韩国自主国防研究——以朴正熙与卢武铉时期的国防政策比较研究为中心》,硕士学位论文,复旦大学,2012年。其他研究主要侧重分析美韩同盟的演变和可能的发展方向,对韩国自主国防动因的直接讨论较少,参见 David Hundt, *Korea's Developmental Alliance: State, Capital and the Politics of Rapid Development*, London: Routledge, 2008; Choi Kang, "Retrospect and Prospect of the ROK-US Alliance at 60 and Beyond", in Gilbert Rozman, ed., *Asia's Alliance Triangle: US-Japan-South Korea Relations at a Tumultuous Time*, New York: Palgrave Macmillan, 2015, pp. 29 – 41; Hyon Joo Yoo, "The Korea-US Alliance as a Source of Creeping Tension: A Korean Perspective", *Asian Perspective*, Vol. 36, No. 2, 2012, pp. 331 – 351; Hyun-Wook Kim, "Domestic Events, Ideological Changes and the Post-cold War US-South Korea Alliance", *Australian Journal of International Affairs*, Vol. 63, No. 4, 2009, pp. 482 – 504; C. S. Eliot Kang, "Restructuring the US-South Korea Alliance to Deal with the Second Korean Nuclear Crisis", *Australian Journal of International Affairs*, Vol. 57, No. 2, 2003, pp. 309 – 324; 汪伟民、李辛《美韩同盟再定义与韩国的战略选择:进程与争论》,《当代亚太》2012年第2期;韩献栋《利益差异、战略分歧和美韩同盟的再调整》,《东北亚论坛》2010年第1期;夏立平《论美韩同盟的修复与扩展》,《美国问题研究》2008年第1期;张威威《"九一一"以来日美同盟与美韩同盟的差异性》,《日本学刊》2007年第1期;郭宪纲《美韩同盟寻求新定位》,《国际问题研究》2006年第3期;汪伟民《美韩同盟再定义:一种联盟理论的视角》,《当代亚太》2006年第3期。

② 양흥모,"자주국방와 국방론",『육군』제 150 호, 1970, p. 13; 이원석,"주한미군 감축과 자주국방",『육군』제149 호, 1970, pp. 40 – 44; 金承萬,"駐韓美軍撤收 와 自主國防",『체신』제237 호, 1977, pp. 14 – 17; 全正煥,"美地上軍撤收 와 自主國防",『世代』제171 호, 1977, pp. 92 – 95; 李廷植,"美地上軍撤收 와 自主國防",『國民論壇』제16 호, 1977, pp. 12 – 14; 崔榮,"駐韓美軍撤收 와 韓國의自主國防",『統一論叢』제1 호, 1978, pp. 66 – 71; 鄭春日,"韓國 自主國防政策의 現代史의 意義와 脫冷戰時代의 課題",『軍史』제24 호, 1992, pp. 88 – 91.

③ 한용섭,"한국의 자주국방과 한미동맹: 역사적 고찰과 양립가능성에 관한 연구",『軍事史 研究叢書』제 4 권, 2004, p. 35; 고유환,"주한미군 재배치와 협력적 자주국방",『기러기』제8 호, 2004, pp. 14 – 15; 김철환,"협력적 자주국방에 부응하는 전력증강 소요",『合參』제25 호, 2005, pp. 80 – 88; 노훈,"협력적 자주국방과 국방개혁",『合參』제25 호, 2005, pp. 71 – 79; 정세진,"미군재편과 자주국방론 분석: 한국 안보정책에 대한 함의",『民族發展研究』제12 호, 2005, pp. 369 – 391; 朱锋、[美]罗伯特·罗斯主编:《中国崛起:理论与政策视角》,第334页;胡良孟:《朴正熙自主国防问题刍议》,第72—74页。

初期、20 世纪 50 年代、尼克松政府、老布什政府以及小布什政府时期，但并非每次撤军都影响了韩国的自主国防。例如，1948 年大韩民国成立初期，美国政府撤离了所有的驻韩美军，仅留下不足 500 人的顾问团。1953 年之后，驻韩美军 32.5 万人削减到只保留第 2 步兵师和第 7 步兵师约 8.5 万人。然而美国这两次大规模撤军行为并没有激发起当时韩国政府的自主国防意志，而是继续采取完全依赖美国的安全政策。

二是外部的安全威胁。另一些学者认为，外部的军事威胁是韩国政府追求自主的重要原因。例如有学者认为，20 世纪 60 年代外部威胁的增大促使朴正熙政府走向自主国防。[①] 但问题是，在 60 年代到 90 年代初的二三十年，韩国所面临的外部威胁始终存在，且威胁程度基本保持不变，但韩国国防政策却存在明显差异。例如，继朴正熙之后的全斗焕政府就完全放弃了自主国防政策，转而采取全面依赖美国的做法。另一方面，面对不同程度的外部安全威胁，不同时期的韩国政府也采取过相同的安全政策。与 20 世纪 80 年代末的卢泰愚政府相比，2003 年至 2008 年的卢武铉政府所面临的外部安全威胁无疑更大。但卢武铉政府与卢泰愚政府一样，均推行自主国防政策。导致外部威胁与韩国政策"脱节"的一个可能的重要原因是，决定国家行为的不是相对物质实力本身，而是决策者对相对实力的认知。[②]

三是韩国国内的反美情绪。有研究提出，卢武铉政府推进自主国防的原因之一是 21 世纪初韩国国内不断高涨的反美情绪，这种情绪也对卢泰愚政府时期的自主国防起到了重要的推动作用。[③] 但问题是即使该因素能够契合上述两个时期，也很难解释其他政府任期内的情况。比如韩国

[①] 李元烨，"自主國防의 새로운 態勢"，『國會報』제 80 호，1968，p. 10；해군본부，"최근 북괴의 침략적 군사노선: 북괴의 군사적 동향과 자주국방"，『해군』제 205 호，1970，pp. 73 – 87；양흥모，"70 년대 안보와 우리의 자세: 자주국방 이념의 구현을 중심으로"，『육군』제 152 호，1971，pp. 12 – 19.

[②] William C. Wohlforth, *The Elusive Balance: Power and Perceptions during the Cold War*, Ithaca: Cornell University Press, 1993.

[③] 박종철，"협력적 자주국방과 한·미 동맹"，『合參』제 25 호，2005，pp. 62 – 70；胡良孟：《韩国自主国防研究——以朴正熙与卢武铉时期的国防政策比较研究为中心》，第 38—40 页。

国内的反美情绪最早开始于1980年的光州民主化运动。但当时的全斗焕政府却不仅放弃了前任朴正熙的自主国防政策，还转变为全面追随美国，这显然与反美情绪推动自主改革的判断不符。

此外，还有学者提到总统个人因素，认为卢泰愚和卢武铉个人强烈的自主国防的意志推动了任期内的自主国防建设。① 但问题是，个人的特殊性格和特殊偏好往往是恒常不变的，这难以解释同一位总统任期内不同时段韩国安全政策的变化。在朴正熙执政前期的1962年至1968年，韩国坚决执行军事安全上追随和依赖美国的政策，但在1968年后却转为谋求自主国防。

总结来说，上述解释存在两个共通的不足。一是未能很好地打通特殊性解释和一般性解释之间的隔膜。许多解释或许能够与一两个时期的案例对榫，但往往难以解释韩国其他政府时期的安全政策，从而也就难以回答更一般性的问题，即不对称同盟的框架下，小国究竟会在什么条件下推动自主国防。而好的解释框架应当既能统一概括成抽象的原理，又能吻合待解释的每一个具体案例。二是多强调客观因素，较少关注决策者的主观认知。不管是美国的军事战略调整，还是外部威胁，对韩国政府来讲都是客观的外部环境，而决策者如何认知这些客观态势才是影响韩国安全政策的真正要素。因此，要想更准确地解释小国的安全政策，需要考虑引入能够同时捕捉客观变化和主观感知的变量。为此，下一部分将论述战略信誉与小国安全政策变化之间的关系。

第二节 战略信誉与联盟内小国自主性

本章的核心理论观点是，盟国安全保护的可信性和威胁来源国威胁的可信性会影响不对称同盟中小国安全政策的选择。盟国安全保护的可信性和威胁来源国威胁的可信性都属于战略信誉的范畴。为了尽可能清晰地讨论战略信誉与小国自主性之间的关系，本部分将首先对"战略信

---

① 심세현，"한국의 자주국방담론과 국방정책: 박정희, 노태우, 노무현 정부의 비교연구"，박사학위논문，중앙대학교，2015．

誉"和"自主"这两个变量做出界定，然后提出不对称同盟下小国自主政策变化的理论逻辑。

一　战略信誉的界定

阎学通认为，"领导国的战略信誉（strategic credibility）意味着这个领导是可靠的（reliable）"，[①] 进而认为决定战略信誉的一个重要因素是"履行对他国尤其是对盟国的承诺。……领导国的战略信誉意味着其承诺与行动是一致的"。[②] 黛博拉·拉森（Deborah Welch Larson）则认为，信誉（credibility）的意思是"我们相信个体会信守诺言"。在国际关系领域，信誉意味着"我们可以信赖一个国家去履行它的承诺"。[③] 这两种对"战略信誉"的理解的共同点是，他们都将信誉与承诺相联系。但这两种理解也存在差异。阎学通是从完成时的角度定义"战略信誉"，他的定义在本质上是对一国业已做出的行为是否符合其此前做出的承诺的一种事后评价。拉森则是从将来时的角度进行定义，她的定义在本质上是对一国尚未做出的行为是否会符合其此前做出的承诺的一种事前估计。

上述两种定义合在一起，构成了我们对"战略信誉"的基本理解。由于本章主要研究的是战略信誉对决策者决策的直接影响，因此将主要从事先估计的角度界定战略信誉。这是因为，如果假定A国的战略信誉会影响B国的决策，那么这种影响一定是基于B国对A国未来战略信誉高低的预测。A国过去的履约记录固然是B国对A国战略信誉进行主观判断的重要依据，但很显然不是唯一依据。基于上述分析，我们将"战略信誉"界定为一国对另一国在未来较长时间内履行其承诺的相信程度。[④] 根据该定义，如果B国非常相信A国会在未来较长时间内履行其承

[①] Yan Xuetong, *Leadership and the Rise of Great Powers*, Princeton: Princeton University Press, 2019, p. 22.

[②] Yan Xuetong, *Leadership and the Rise of Great Powers*, p. 17.

[③] Deborah Welch Larson, "Trust and Missed Opportunities in International Relations", *Political Psychology*, Vol. 18, No. 3, 1997, p. 714.

[④] 这里将"战略信誉"中的"战略"（strategic）理解为"较长时段"，即这种"信誉"不是对对方在未来短期一时一事上是否会履约的主观预期，而是对其在未来较长时期内是否会一直履约的主观预期。

诺，我们说 A 国对 B 国的战略信誉非常高；如果 B 国不太相信 A 国会在未来较长时间内履行其承诺，我们说 A 国对 B 国的战略信誉不太高；其他同理。

根据上述定义，"战略信誉"与"承诺"密切相关。对"承诺"理解的准确与否直接决定了我们对"战略信誉"理解的准确性与全面性。根据现有理论，"承诺"包括了奖励和惩罚两种情况。如前所述，信誉是指对他人是否履行承诺的相信程度，因此"承诺"是准确理解战略信誉的关键概念。"承诺"（commitment）是对做某事或不做某事的一种保证，它包括了"许诺"（promise）和"威胁"（threat）两种情况，前者是奖励性保证，后者是惩罚性保证。① 家长对孩子说，"如果你考试得了 100 分，我就给你买玩具"，这是许诺；家长对孩子说，"如果你考试没有考到 100 分，我就罚你一个月不许玩电脑游戏"，这是威胁；许诺和威胁都是承诺。承诺的双向性决定了战略信誉的双向性。假设有小国盟国 S 国、大国盟国 G 国和 S 国的威胁国 E 国三个国家。G 国向 S 国承诺，如果 S 国遭 E 国入侵，G 国将为其提供安全保护，S 国对 G 国的这个许诺的相信程度决定了 G 国对 S 国安全保障的战略信誉的高低；E 国向 G 国和 S 国承诺，如果 G 国试图攻击自己，将对 S 国进行军事打击，这是 E 国向 G 国和 S 国发出的威胁，S 国对这个威胁的相信程度决定了 E 国对 S 国威胁的战略信誉的高低。

为了进一步明确战略信誉的这种双向性，我们不妨将"信誉"与"信任"（trust）做一个比较。拉森认为，广义的信任包括了可预测性（predictability）、信誉（credibility）和善意（good intentions）三个层面，其中，可预测性是指"相信他者的行为具有预见性"，善意是指"有关他人有好意、不会试图利用自己的心理期待"。② 从这个分类可以看出，信誉不等于善意。安德鲁·基德（Andrew Kydd）认为，狭义的"信任"是指"一种信念，相信对方更喜欢相互的合作而不是利用

---

① ［美］托马斯·谢林：《承诺的策略》，王永钦、薛峰译，上海人民出版社 2009 年版，第 1 章；James W. Davis, Jr., *Threats and Promises: The Pursuit of International Influence*, Baltimore: The Johns Hopkins University Press, 2000.

② Deborah Welch Larson, "Trust and Missed Opportunities in International Relations", p. 714.

自己的合作"。① 根据这个定义,狭义的"信任"约等于"善意",同样不等于信誉。一言以蔽之,(狭义的)"信任"是与合作相关的,是正面的,积极的,而"信誉"则无此限定,对冲突性、威胁性的负面行为的强烈预期,同样可以构成高战略信誉。

二 自主的界定

与"战略信誉"相似的是,"自主"同样是一个没有人会觉得自己不懂、但却很少有人能对其做出真正清晰明确界定的概念。迈克尔·阿尔福德(Michael F. Altfeld)将自主界定为"一国政府就其所关心的国际问题采取它希望采取的任何立场,并能够随意改变这些立场的能力"。② 他将自主简单理解为"行动的自由",因此认为在同盟中的各方都须放弃一定的自主性。"联盟往往使各国在相关问题上的立场更广泛地联系在一起,因此任何一方都很难采取与其盟友立场太大不同的政策立场"。③ 不过,完全不受他者干预的行动自由是不存在的,即使是大国,即使其不在联盟内,依然会受到权力结构等因素的影响而不能真正做到"行动自由"。用一个现实中谁也无法达到的标准来定义"自主",这样的定义缺乏现实意义。

莫罗将"自主"与"安全"相对应,认为自主是"按照其期望改变现状的能力",而安全是"保持其希望维持的现状的能力"。一个国家按照其意愿改变现状的能力越强,其自主性越大。④ 他同时又认为,在不对称同盟中,小国往往需要通过牺牲一定程度的自主来换取大国提供的安全保障,小国在自主性方面做出的让步包括"为大国投射权力提供具有战略位置的军事基地,或允许大国在未来干预其国内政治"。⑤ 这里,莫

---

① Andrew Kydd, *Trust and Mistrust in International Relations*, Princeton: Princeton University Press, 2005, p.6.
② Michael F. Altfeld, "The Decision to Ally: A Theory and Test", p.524.
③ Michael F. Altfeld, "The Decision to Ally: A Theory and Test", p.526.
④ James D. Morrow, "Alliances and Asymmetry: An Alternative to the Capability Aggregation Model of Alliances", pp.908–909.
⑤ James D. Morrow, "Alliances and Asymmetry: An Alternative to the Capability Aggregation Model of Alliances", pp.910, 914.

罗对自主的定义与所列举的自主性让步之间存在张力。如果把自主看作"改变现状的能力",那么一国的自主程度将主要受到国家能力和国家资源的约束,这时自主是一个"权力"范畴。但当他谈到小国做出的具体的自主性让步时,不管是提供军事基地,还是允许他国干预本国内政,这些出让的"自主"实质上是涉及一国主权的"权利"。莫罗的定义存在前后逻辑不一致之嫌,但这也提示我们"自主"可能同时包含"权力"和"权利"两个维度。闵丙天认为,应当区分"自主国防"和"自力国防"。"自主国防"与"意志"相关,它强调国防的"主体性、自主性、自律性和独立性";而"自力国防"与"能力"相关,它强调国防的"自立和自力"。① 自主国防不应以国防能力为标准,"自主国防是以对国防的觉悟为基础,在政策、战略决定上的自主性和军事力量行使上的自主性"。②

这里所区分的"自主防卫"和"自力防卫"与上面指出的"自主"的"权利"维度和"权力"维度存在隐含的对应关系。为了进一步确证"自主"的这种双重性质,我们不妨再将"自主"与另一个与其内涵非常接近的概念"自由"做一个类比。以赛亚·伯林(Sir Isaiah Berlin)将自由区分为"消极自由"和"积极自由"两类。"消极自由"指的是个人行动不受他人干涉的领域,"个人自由应该有一个无论如何都不可侵犯的最小范围,如果这些范围被逾越,个人将会发觉自己身处的范围,狭窄到自己的天赋能力无法得到最起码的发挥"。消极自由对个体来说是必需的、最低限度的不可侵犯的自由领域。与消极自由不同,积极自由"不是'免于什么'的自由,而是'去做什么'的自由",③ 其中的"积极"是指个体希望成为自己的主人,"希望我的生活取决于我自己,而不是取决于随便哪种外在的强制力"。④ 显然积极自由的程度与个体的能力相关,能力更大的个体更有可能获得更多的积极自由。

---

① "自主国防"(자주국방)与"自力国防"(자력국방)的区别,请参见민병천,"자주국방의 개념과 한국적 적용문제",『국방연구』제30 호, 1971, pp. 7 – 28.
② 민병천,『한국방위론』,서울:고려원, 1983, pp. 257 – 258.
③ 以赛亚·伯林:《自由论》,胡传胜译,译林出版社 2011 年版,第 137 页。
④ 以赛亚·伯林:《自由论》,第 180 页。

如果将个体的自由与国家的自主相类比，那么国家自主也应包括"消极"和"积极"两方面。与消极自由相对应，"消极"的自主意味着国家应当拥有国家主权范畴内的国防自主权，这是所有主权国家都享有的"权利"。这种权利最核心的内容是作战指挥权应掌握在本国政府手中。考虑到这一类型的"自主"与国家的政治权利相关，不妨将其称之为"政治自主"。与积极自由相对应，"积极"的自主与国家的能力相关，强调在不借助盟国力量的情况下，仅依靠自身能力来防卫国家安全。这一类型的自主因与国家的军事力量相关，所以不妨称之为"军事自主"。

综上，同盟框架内的国家"自主"，亦即"国防自主"，[①] 包括了政治自主和军事自主两个维度。政治自主指的是拥有本属国家主权范畴内的、不受他国限制地行使军事指挥和管理等的权利，其最为核心的就是作战指挥权。军事自主指的是能够依靠本国的军事力量抵抗本国所明确界定的现实的外部威胁。据此，小国在同盟框架下追求自主性的努力可区分为追求政治自主和追求军事自主，而小国不追求自主性而完全追随大国也相应地包括了政治依赖和军事依赖两种情况。

需要补充说明的是，上面提及的作战指挥权固然是政治自主中最为根本的部分，但不是政治自主的全部。当这一目标达成时，小国还可能继续追求其他政治权利（比如收回军事基地）。此外，不对称同盟下小国追求军事自主，往往并不追求具备应对一切外部威胁的能力，而是限定在具体情境下。例如，在美韩框架下，韩国所追求的军事自主就是能够独立应对美韩同盟条约所规定的安全威胁。在这一追求下，美韩同盟的意义在于在军事力量上辅助而不是主导性地代替韩国应对安全威胁。

[①] 同盟是国家与国家之间缔结的军事合作协定，有着明确的国防安全意义。因此，本章所讨论的同盟框架内小国的自主问题，限定在小国对国防层面的自主追求，不涉及经济、文化等其他层面。

三　不对称同盟下小国自主行为的理论逻辑

本章的研究目的是解释不对称同盟内小国在追求自主性方面的政策变化。根据上文从政治（权利）和军事（能力）两个维度对自主的界定，我们可以将小国的安全政策划分为四种类型，分别是在同盟框架内，既追求政治自主也追求军事自主（A_1）；在军事上依赖大国，但追求政治自主（A_2）；在政治上依赖大国，但追求军事自主（A_3）；以及在政治和军事上都依赖大国（A_4）。其中，A_1 的行为表现是在同盟框架内小国既要求握有对本国军队的军事指挥和管理权，也追求提升独立防卫能力；A_2 的表现是小国仍愿意将军事指挥和管理权交予大国，但会积极提升防卫能力；A_3 与 A_2 相反，小国要求拥有军事指挥和管理权，但仍然主要依靠大国的军事力量保卫自身安全；A_4 的行为表现是将军事指挥和管理权交予大国，同时依赖大国的军事力量保卫自身安全。

考虑到双边同盟的基本功能是提供（单向或双向）军事援助，[①] 这里读者可能会提出的疑问是，小国追求军事自主（A_1 和 A_3）的政策是否会导致其脱离现有同盟？或者小国追求军事自主就是为了脱离现有同盟？笔者对这两个问题的回答都是，这是可能但非一定的。首先，如本书第二、三章所述，军事安全保护并非同盟的唯一功能和国家结盟的唯一动机。对于弱国来说，与强国结盟是一种"搭便车"行为，可以借助强国的力量获得许多仅靠自身无法获得或者需付出更大代价才能获得的利益。[②] 与潜在对手结盟，还能抑制相互敌意，增进信任，减少冲突。[③] 韩国之所以与美国签订《韩美相互防卫条约》，除了防御外部入侵之外，还包括了从美国获得经济援助和增强政府正统性的考虑。[④]

[①] "同盟"概念的主流定义都是从军事安全援助的角度加以定义的，参见 Stephen M. Walt, *The Origins of Alliance*, p. 12; Glenn H. Snyder, "Alliance Theory: A Neorealist First Cut", *Journal of International Affairs*, Vol. 44, No. 1, 1990, p. 104; Brett Ashley Leeds, et al., "Alliance Treaty Obligations and Provisions: 1815–1944".

[②] Randall L. Schweller, "Bandwagoning for Profit: Bringing the Revisionist State Back In", pp. 72–107.

[③] Patricia A. Weitsman, *Dangerous Alliances: Proponents of Peace, Weapons of War*.

[④] 김건홍，"한미동맹 발전방안에 관한 연구"，석사학위논문，한성대학교，2014, p. 22.

其次，即使小国结盟的目的仅是为了应对外部安全威胁，结盟与发展自身防卫力量之间也并不互斥。正如本杰明·莫斯特（Benjamin A. Most）和哈维·斯塔尔（Harvey Starr）所指出的，外交政策具有"可替代性"（substitutability），对于相同的问题，可以使用不同的外交政策工具来应对，或者使用这些工具的不同组合。为应对安全威胁，国家既可以采取战争的方式，也可以采取结盟、武器进口或是发展军备的办法，或者是这些工具的组合使用。[①] 在现实国际政治中，一国既发展独立军事力量，又与他国结盟是常见现象。

基于上述两方面原因，在不对称同盟框架下小国谋求自主性的行为，应当更多地理解为小国希望用更小的自主性牺牲换取更多的利益，获得更多的行动自由，这种努力在很多时候并无意打破现有的同盟关系。

当然，对于无政府状态下的小国来说，与大国结盟的最主要目的还是确保自身安全，特别是在小国有明确的外部军事威胁的情况下。在小国为防御威胁来源国入侵而与大国结盟的情境下，大国为小国提供安全保障的可靠程度和威胁来源国对小国军事威胁的可信程度，显然都会影响到小国的安全政策。根据上文的定义，前者就是大国对小国安全保障的战略信誉，后者则是威胁来源国对小国安全威胁的战略信誉。

大国对小国的安全保障之所以存在战略信誉问题，核心原因是同盟管理中始终存在的"抛弃"（abandonment）风险。同盟中的国家一方面担心自己遭到外敌入侵时盟友拒绝提供军事援助，另一方面又担心盟友与外敌发生冲突时自己因同盟义务而被迫卷入自己本不愿卷入的战争。前一种担心称为"抛弃"风险，后一种担心称为"牵连"（entrapment）风险，这两种风险都是无政府状态下结盟这种合作形式的固有风险。[②] 在不对称同盟中，大国更担心被牵连，小国则更多地面临被抛弃的风险。[③] 抛弃风险的实质是同盟的可靠性（reliability）问题，即对于成员国来说，

[①] Benjamin A. Most and Harvey Starr, "International Relations Theory, Foreign Policy Substitutability, and 'Nice' Laws", *World Politics*, Vol. 36, No. 3, 1984, pp. 383–406.

[②] Glenn H. Snyder, "The Security Dilemma in Alliance Politics", pp. 461–495; Glenn H. Snyder, *Alliance Politics*.

[③] Glenn H. Snyder, *Alliance Politics*, pp. 183–184.

军事同盟是否可靠,战争发生时盟友是否能够履行承诺。

抛弃风险不仅停留在理论分析中,而且真实存在于盟国履行同盟承诺的客观数据中。艾伦·撒布伦斯基(Alan N. Sabrosky)的研究显示,在1816年到1965年发生的50场国家间战争中,仅有27%的盟友履行了承诺,向盟国提供军事支持;61%的盟友选择了中立,12%的盟友甚至彼此开战。[1] 根据戴维·辛格(J. David Singer)和梅尔文·斯摩尔(Melvin Small)的研究,在1815年至1945年期间发生的国家间战争中,负有明确援助义务的同盟国履行承诺、选择中立和彼此开战的比例分别为33%、65%和2%。[2] 布雷特·利兹等学者批评撒布伦斯基对盟国是否应当履约的判断标准设定得过高,指出绝大多数盟约都规定了联盟生效的具体条件,盟国是否履约应当严格依据同盟条约的具体条款进行判断。在放松了判定标准后,利兹统计得出有74.5%的盟友履行了承诺。[3] 然而,即使按照利兹的标准,依然有超过两成的同盟国没有履行同盟承诺。

从以上数据可见,与大国建立同盟关系不意味着在遭受外敌入侵时必然会得到大国盟国的援助,因此小国不得不关注大国的战略信誉。对于小国来说,选择与大国结盟主要是为了弥补自身军事能力的不足,因此大国盟国是否可靠,影响的是小国安全政策自主程度在能力维度的变化。盟国的战略信誉越高,意味着盟国在威胁来源国入侵时履行承诺提供军事援助的可能性越高,因此小国越有可能选择在军事上依赖盟国;反之,盟国战略信誉越低,小国在危及关头被盟国抛弃的风险越高,小国因此将越倾向于谋求军事自主。

另一方面,威胁来源国的军事威胁同样存在战略信誉问题,同样会对小国的安全政策产生影响。威胁来源国威胁的存在是小国选择与大国

---

[1] Alan N. Sabrosky, "Interstate Alliances: Their Reliability and the Expansion of War", in J. David. Singer, ed., *The Correlates of War II: Testing Social Realpolitik Models*, New York: Free Press, 1980, pp. 161–198.

[2] J. David Singer and Melvin Small, "Formal Alliance, 1815–1939: A Quantitative Description", *Journal of Peace Research*, Vol. 3, No. 1, 1996, pp. 1–31.

[3] Brett Ashley Leeds, Andrew G. Long and Sara McLaughlin Mitchell, "Reevaluating Alliance Reliability: Specific Threats, Specific Promises", *Journal of Conflict Resolution*, Vol. 44, No. 5, 2000, pp. 686–699.

结盟并保持同盟关系的首要原因，如前所述，威胁是一种承诺，它是否生效取决于其对威胁对象的可信性，亦即威胁对象认为该威胁被真正付诸实施的可能性。[①] 如果小国相信来自威胁来源国的威胁是真实迫近的可信威胁时，威胁就奏效了。此时小国的优先偏好是尽可能充分和高效地发挥大国盟国的保护作用以应对该威胁，为了做到这一点，小国需要将自己与大国盟国尽可能紧密地捆绑在一起。在这种情况下，小国在政治上强化对大国的依赖，甚至将本国的作战指挥权交给大国，就成为一种自然（而又无奈）的选择。而如果威胁来源国的战略信誉低，即小国不相信该国会实施其威胁，那么小国让渡本国主权以强化与盟国政治关系的紧迫感就会降低，小国决策者的决策偏好将开始更多地受到国家尊严、主权诉求等因素的影响。在此情况下，小国安全政策在政治维度上将逐渐倾向于自主。

总之，威胁来源国威胁的战略信誉对同盟内小国安全自主性的影响主要体现在政治维度：当威胁可信度越高，亦即威胁来源国战略信誉越高时，小国倾向于选择在政治上依赖盟国；当威胁来源国战略信誉越低时，小国则倾向于追求政治自主。

表5—1　　　　不对称同盟框架下小国安全政策的决定因素

		威胁来源国的战略信誉	
		低	高
安全依赖国（盟国）的战略信誉	低	政治自主+军事自主 (A$_1$)	政治依赖+军事自主 (A$_3$)
	高	政治自主+军事依赖 (A$_2$)	政治依赖+军事依赖 (A$_4$)

综合上述两方面分析可知，盟国提供安全保障的战略信誉和威胁来源国实施威胁的战略信誉共同决定了小国在不对称同盟下的安全政策选

[①] [美] 托马斯·谢林：《冲突的战略》，赵华等译，华夏出版社2011年版，第104—111页。

择。如表5—1所示，当盟国和威胁来源国战略信誉都低时，小国将被迫同时谋求政治和军事自主（A_1）；当盟国战略信誉高而威胁来源国战略信誉低时，小国会选择在政治上谋求自主，而在军事上依赖盟国（A_2）；当盟国战略信誉低而威胁来源国战略信誉高时，小国会选择政治上依赖盟国，在军事上谋求自主（A_3）；当盟国和威胁来源国战略信誉都高时，小国会在政治和军事上都选择依赖盟国（A_4）。

第三节 案例检验

本部分将通过系统考察美韩同盟下小国韩国安全政策的选择，以检验战略信誉的变化是否会如本文理论假设所预示的那样影响小国的自主程度。具体来说，将重点考察李承晚政府、朴正熙政府、卢泰愚政府和卢武铉政府四个时期的韩国安全政策。相比较于韩国其他各届政府，这四个政府时期韩国在自主性维度上的政策选择最具典型性和代表性。其中，李承晚政府是在政治和军事方面对美依赖程度最深的政府，朴正熙政府被公认为是最早追求韩国自主国防的政府，卢泰愚政府是最先在政治自主方面，最早向美国提出收回"作战指挥权"的政府，卢武铉政府是历届政府中同时谋求政治自主和军事自主的政府。从方法论的角度看，这四个案例相当于全部样本中的极端案例。考察这样的案例能够最大限度地减少其他干扰变量的影响，更清晰地辨别影响结果的主要因素。

一 案例1：政治与军事双重依赖盟国

李承晚政府时期（1948年8月—1960年4月），韩国采取了军事和政治领域全面依赖美国的安全政策（A_4）。这一时期韩国不仅与美国签订《韩美相互防卫条约》，正式确立同盟关系，而且将作战指挥权交给美国，并在军力发展、安全防御上高度依赖美国。这一时期对韩国来说，外部安全威胁一直是可信和迫近的，加之同期盟国美国的高战略信誉，共同决定了李承晚政府需要采取政治与军事双重依赖盟国的安全政策。

美国的战略信誉。对李承晚政府来说，美国是当时韩国最值得信赖的国家。李承晚对美战略信誉的确信集中体现在他建国之初就要求美军留驻韩国以及美军撤退后强烈要求与美国签订军事同盟条约上。1948年8月15日，大韩民国政府成立，美国决定撤走驻韩美军。① 韩国对此表示坚决反对。为使驻韩美军撤退的副作用降到最低，1948年8月24日双方签订《关于过渡时期暂行军事安全的行政协定》，规定驻韩美军司令在美军撤退之前将继续保持对韩国军队的指挥权、基地及设施使用权。② 就在美军完全撤出前不久，1949年5月16日，李承晚提出希望美国建立类似北约的太平洋公约组织，与韩国签订共同防御条约，并公开声明将保卫韩国。③ 1949年6月29日，除495名军事顾问团（Korea Military Advisor Group，KMAG）成员外，所有驻韩美军全部撤离韩国。④ 7月11日，李承晚派遣特使赵炳玉向时任美国国务卿艾奇逊递交亲笔信，再次提出签订共同防御条约和保护韩国的请求。⑤ 就在1951年9月美国和日本正式签订《日美安全保障条约》之后，李承晚对时任美国国务卿杜勒斯表示，"我们整个民族的生命和希望都取决于此（美韩同盟条约）。美国是韩国可以请求帮助的唯一的国家"，⑥ 明确表达对美国的信赖。1953年4月14日，李承晚致函新任美国总统艾森豪威尔，再次请求签署防卫条约。4月30日，李承晚又致信联合国军总司令克拉克，5月12日与克拉克面谈，再提签署防卫条约。⑦ 最终美国同意与韩国就条约进行谈判。1953年10月1日，双方在华盛顿正式签署《韩美相互防卫条约》。

从上述过程可见，李承晚政府从建国伊始就一直致力于与美国签署双边安全协定，单方面多次敦促美国为韩国提供安全保护，这些举动充分说明了李承晚政府对美国的信任，相信美国签约后能够履行安全保障

---

① 当时驻韩美军共计约3万名。撤军共分三阶段进行，从1948年9月15日开始，至1949年6月29日结束。参见한국 외무부，『한국외교 20년』，서울：외무부，1981，pp. 292-293.
② 한국 국방부，『한미동맹과 주한미군』，서울：국방부，2002，p. 66.
③ Office of the Historian in the United States Department of State, *Foreign Relations of the United States*(*FRUS*), 1949, *The Far East and Australasia*, Volume VII, Part 2, pp. 1023-1024, https://history.state.gov/historicaldocuments/frus1949v07p2.
④ 한국 외무부，『한국외교 20년』，pp. 292-293.
⑤ 沈定昌：《韩国外交与美国》，第50页。
⑥ 차상철，"이승만과 한미상호방위조약"，유영익과 이채진 편，『한국과 6.25 전쟁』，서울：연세대학교 출판부，2002，p. 199.
⑦ 한배호，"한미방위조약 체결의 협상과정"，『군사』제4호，1982，pp. 165-166.

的承诺。

韩国的安全政策选择。在同时期来自北方的外部安全威胁迫近的情况下，基于对盟国美国高战略信誉的认知，李承晚政府强化了对美国的政治依赖和军事依赖。政治依赖集中体现在允许美国驻军及作战指挥权的让渡。1953 年 10 月 1 日韩美签署《韩美相互防卫条约》，正式建立军事同盟关系。除规定共同防御之外，该条约第四条规定美国取得在韩国领土以内及其周边区域部署陆军、海军和空军的权利。① 尽管在该条约中，没有涉及韩国向美国移交作战指挥权的内容，但是出于防范他国进攻的需要，李承晚政府在该条约签订一年之后，同意将韩国军队的作战指挥权继续保留在以美国为实质主体的联合国军司令部，继续保持对美国的政治依赖。② 1954 年 11 月 17 日美韩签署的《共同谅解备忘录》第二条规定："在联合国军司令部负责保卫大韩民国期间，大韩民国部队将保留在联合国司令部的行动控制之下。"③ 美国由此正式获得了停战之后在韩国的作战指挥权。④

李承晚政府对美国的军事依赖在韩国军队的组建、韩国军力的建设以及最为重要的安全防御方面均有体现。在韩国军队的组建方面，韩国建立之初，基本处于无防备状态，其国军是在美军政时期的警备队基础上组建起来的。⑤ 1948 年 9 月 1 日通过 "韩国过渡政府的行政权移交程序"，美军政府下属的警备队和海岸警备队分别编入大韩民国陆军和海

---

① 한국 외교통상부, 『한국외교 60 년: 1948 - 2008』, 서울: 외교통상부, 2009, p. 380.
② 韩国通过让渡军事主权加强对美国的政治依赖的意图是非常明确的，这一点在韩国学界存在高度共识。参见 박상혁, "비대칭 동맹에서의 갈등과 협력에 관한 연구 - 한미동맹을 중심으로 -", 석사학위논문, 국방대학교, 2014.
③ Office of the Historian in the United States Department of State, *Foreign Relations of the United States* (*FRUS*), 1952 - 1954, *Korea*, *Volume XV*, *Part 2*, p. 1877, https: //history. state. gov/historicaldocuments/frus1952 - 54v15p2; 한국 외교통상부, 『한국외교 60 년: 1948 - 2008』, pp. 385 - 386.
④ 由于签署《停战协定》后除美国以外的所有国家的军队都全部撤离，只有美国代表联合国军队继续驻扎，且美国继续担任联合国军总司令，因此韩国实际上是将作战指挥权交到了美国手中。
⑤ 1945 年到 1948 年的美军政时期，美国通过 "竹子计划"，创建起国防警备队。参见 한용섭, "한국 국방정책의 변천과정", 차영구와 황병무 편, 『국방정책의 이론과 실제』, 서울: 오름, 2004, p. 65.

军,次年空军从陆军中独立出来,初步形成了含陆海空三军兵力的军队体制。[1] 1953年美韩同盟建立之后,美国又根据《共同谅解备忘录》,帮助韩国增建了10个后备师。[2] 正是在美国的绝对主导和支援下,韩国军队才得以创建。

在韩国军备建设方面,根据1948年的《关于过渡时期暂行军事安全的行政协定》,韩国得以从撤退的美军手中接收价值6600万美元的50000人次步枪和弹药,2000门火箭炮,4000台车辆、轻炮、迫击炮和70万发炮弹,[3] 以及能维持6万5千多名军队、5千名警察和4千名海洋警卫队的军事援助。[4] 1953年之后,韩国军队虽然规模有所增加[5],但总体水平仍很落后。1953年美韩同盟正式建立以后,美国加大了对韩国的军事援助力度。依据《共同谅解备忘录》,美国仅在1955财年就向韩国军队提供了4.2亿美元的军事援助和2.8亿美元的经济援助,同时规定美还应向韩提供79艘军舰和100架喷气式战斗机。[6] 到60年代初,韩国国防预算的96%依靠美国援助。[7] 可见,在美韩同盟建立之后,韩国军备建设处于完全依赖美国援助的状态,而且主要是无偿军事援助。

在韩国安全防御方面,美韩同盟建立之后,在韩军尚不具备独立战斗能力的情况下,驻韩美军完全负担起了韩国的安全保卫任务。"1950年到1960年驻韩美军不仅是宣示确认韩美两国同盟关系的一种存在,而且是起到韩国防御核心作用的主力战斗部队。1958年美国甚至还在驻韩美

---

[1] 李景洙,"박정희·노무현 정부의'自主國防'政策 比較研究",박사학위논문,성균관대학교,2007,p. 34;김재엽,"한국의 자주국방 정책에 관한 연구 – 박정희 행정부와 노무현 행정부의 사례 비교 –",석사학위논문,연세대학교,2004,p. 15.

[2] 한국 외교통상부,『한국외교 60년:1948 – 2008』,pp. 385 – 386.

[3] 李景洙,"박정희·노무현 정부의'自主國防'政策 比較研究",pp. 33 – 34.

[4] 한국 외무부,『한국 외교 20년』,pp. 292 – 293.

[5] 到1953年,韩国的兵力从原有的10万人左右增加到接近60万。

[6] Office of the Historian in the United States Department of State, *Foreign Relations of the United States (FRUS), 1952 – 1954, Korea, Volume XV, Part 2*, p. 1877;한국 외교통상부,『한국외교 60년:1948 – 2008』,pp. 385 – 386.

[7] 沈定昌:《韩国外交与美国》,第56页。

军部署了战术核武器来保障韩国的安全。"①

由上可见,在李承晚政府时期,出于对美国的安全信赖和对外部威胁的确认,韩国政府在美韩同盟框架下加深了对美国的政治依赖和军事依赖。诚如韩国学者所说,"20世纪50年代,美国是韩国的军事保护者,经济援助者,甚至是政治领导者"。②

二 案例2:军事自主与政治依赖盟国

朴正熙政府时期(1968年2月—1979年10月),韩国采取了军事自主、政治依赖美国的安全政策(A_3)。在朴正熙长达17年的总统任期内,美韩同盟下的韩国安全政策发生过重大转变。以1968年为节点,前半期朴正熙继续执行李承晚政府时期全面依赖美国的安全政策,在军事和政治上均与美国保持一致,最典型的体现就是1961年主动提出向越南派兵,1965年派出战斗部队,支援在越南作战的美军。后半期则以培育国防产业和增强战斗力为核心积极追求军事自主,表现出强烈的自主国防意志。这一时期也被认为是韩国历史上第一次追求自主国防的时期。不过,这种自主性的追求主要集中于提升军力,对美国在政治上的依赖并没有太大的变化。之所以会出现上述变化,核心原因就是在外部安全威胁持续可信的情况下,1968年之后,盟国美国的战略信誉下降。

美国的战略信誉。朴正熙于1961年通过"5.16"军事政变上台,在随后发表的六项"革命承诺"中明确表示要"巩固与以美国为首的自由友邦之间的联系"③,表明了对美安全保障的信赖和对李承晚政府安全政策的继承。这一政策一直持续到60年代末。以1968年为转折点,美韩以及美国和其他国家之间相继发生的事件逐渐改变了朴正熙政府对美国安全承诺可靠性的认知,由此开启自主国防的步伐。

1968年1月21日和1月23日先后发生了青瓦台袭击未遂事件和美

---

① 김재엽, "한국의 자주국방 정책에 관한 연구 – 박정희 행정부와 노무현 행정부의 사례 비교 – ", p. 16.

② 정일준, "미국의 대한정책 변화와 한국 발전국가의 형성, 1953 – 1968", 박사학위논문, 서울대학교, 2000, p. 9.

③ "동요하지 말고 생업에 힘쓰라", 『경향신문』, 1961년 5월 16일자.

国普韦布洛号情报船被截获事件。针对这两起事件，美国政府做出了截然不同的反应。朴正熙政府将1·21事件定性为相当于"战争"的重大挑衅，准备进行军事报复，希望得到美国的帮助，但遭到美国明确拒绝。① 而针对2天后发生的普韦布洛号的绑架事件，美国却立即派遣企业号航空母舰等美国第七海军战团到半岛附近海域，进行武力警告。② 美国在这两个事件上的不同态度令朴正熙政府深感失望，使其开始怀疑美国对韩安全承诺的可靠性，同时也使朴正熙政府意识到自主国防的重要性。1968年2月7日，在庆全线开通仪式上，朴正熙首次表达"自主国防"的意愿。

紧接着，随着1969年美国政府改变对亚洲盟友的政策，朴正熙政府对美安全承诺的怀疑上升为被美国抛弃的不安全感。1969年7月25日，尼克松在关岛提出"新亚洲政策"，核心内容是"美国仍将发挥重要作用，并恪守业已承担的条约义务。但除非受到核大国的威胁，美将鼓励其亚洲盟友自己承担国内安全和军事防务的责任，而美则避免卷入越南式的战争"。③ 尼克松主义很快在韩国付诸实施。1970年7月，美国国务卿罗杰斯在越南参战国外长会议上向韩国外长崔圭夏通报"将从韩国撤走一个师规模的2万名驻韩美军兵力"。④ 朴正熙政府尽管竭力反对，称这是对《韩美相互防卫条约》的违反，⑤ 但在美国的坚持下，撤军仍按计划进行。1971年3月，与第2步兵师共同组成驻韩美军两大轴心的美国

---

① 参见 U. S. House of Representatives, "Investigation of Korean-American Relations: Report of the Subcommittee on International Organization of the Committee on International Relations", October 31, 1978, p. 55.

② 参见 Chuck Downs, Over the Line: North Korea's Negotiating Strategy, Washington D. C.: American Enterprise Institute Press, 1999, pp. 122 – 141; U. S. House of Representatives, "Investigation of Korean-American Relations: Report of the Subcommittee on International Organization of the Committee on International Relations", pp. 56 – 57.

③ Richard M. Nixon, Public Papers of the Presidents of the United States: Richard Nixon, 1969, Michigan: University of Michigan Library, 2005, pp. 901 – 909, https: //quod. lib. umich. edu/p/ppotpus/4731731. 1969. 001? view = toc.

④ 문창극, 『한미 갈등의 해부』, 서울: 나남출판, 1994, p. 123.

⑤ Kyung-suk Park, "ROK-US Relations in the 1980s", Korea and World Affairs, Vol. 5, No. 1, 1981, pp. 7 – 8.

陆军第7步兵师离开韩国,驻韩美军总兵力减少到4.3万多人。尼克松的撤军决定直接促使朴正熙政府决定将"自主国防"意志转化为具体的自主国防政策,最集中的体现就是决定秘密开发为美国所禁止的战略核武器,以应对"美国不提供任何支持的最坏的情况"。①

尼克松政府在调整与亚洲盟友关系的同时,奉行与苏缓和(detente)、与中国关系正常化的政策。再加上美越签署《巴黎协定》,美国放弃南越西贡政权,更增添了韩国被美国抛弃的担忧。在这一背景下,朴正熙政府将1972年定为"总力安保年",②决定集中全国力量增强军队自主战斗力。

卡特政府上台后,朴正熙对美国信任程度继续降低。卡特在成为民主党总统候选人之前就公开表示,美国应该从韩国撤走美国地面部队和美国空军所有部队。③ 1977年1月卡特就任总统,3月9日宣布撤走全部驻韩美军地面部队。5月5日,美方公布驻韩美军撤军方案。④ 5月26日,美国总统特使哈比卜(Philip Habib)访问韩国,正式通报以美国地面部队完全撤离为内容的撤军计划。这给朴正熙带来了巨大的危机感,他强烈表示应在增强韩国防卫力量后,再行撤走驻韩美军。⑤ 最终卡特的撤军计划因美国议会、军队及情报当局的反对和韩国政府的外交努力于1979年7月被迫中断。⑥ 但朴正熙政府对被美抛弃的极度担忧促使其加紧推进军事自主。朴正熙在1977年3月29日举行的陆军士官学校毕业典礼上表示:"驻韩美军地面部队撤离问题并不是昨天或今天才提出来的。从60年代末开始我们就已经预见到这一点,并不断进行了应对。因此,其间大力推进了国军现代化五年计划、培养国防产业、增强国军战斗力等

---

① 김재엽, "한국의 자주국방 정책에 관한 연구 - 박정희 행정부와 노무현 행정부의 사례 비교 - ", p. 30.
② "총력안보의 개념",『경향신문』, 1972년 2월 19일자.
③ Claud A. Buss, *The United States and the Republic of Korea: Background for Policy*, Stanford: Hoover International Press, 1982, p. 148.
④ 이상철,『안보와 자주성의 딜레마』, 서울:연경문화사, 2004, pp. 242 – 243.
⑤ 한국 국방부,『한미연합사 창설에 따른 법적지위 및 작전통제권 행사범위』, 서울:동양문화인쇄주식회사, 1978, pp. 58 – 59.
⑥ 在卡特实施的撤军计划中,最终实际只在1978年11月撤走了3400名地面部队。

计划，为完善自主国防态势呕心沥血。"①

从1968年发生的青瓦台袭击事件和普韦布洛号绑架事件，到尼克松时期的驻韩美军撤退、越南战败，再到卡特政府时期宣称全面撤军，这一系列事件不断降低朴正熙政府对美国安全承诺的期待，迫使其不得不改变过去全面依赖美国的军事安全政策。

韩国的安全政策选择。美国战略信誉的下降直接迫使朴正熙政府加快发展军事自主能力。1968年2月7日，朴正熙就在庆尚南道举行的庆全线开通仪式上表明了"自主国防"的意愿："如果发生战争，美国或联合国军会拿起武器防御敌人。虽然我们不知道如果发生战争会不会那样，但我们切实感到，如果没有首先依靠自己力量来防御的决心的话，就不能拥有这样的国防"。②进入70年代以后，随着美国撤军进程的迫近，朴正熙政府将自主国防意志上升为具体的自主国防政策。1971年2月，驻韩美军第七步兵师撤军前夕，朴正熙再次强调自主国防的必要性："一个自助、自立、自卫精神薄弱的民族，总是要遭受别人的侵略，无法摆脱灾难"。③

朴正熙政府军事自主政策主要体现在三个方面：一是培育防卫产业。1970年4月朴正熙政府发表《最大限度地利用民需产业培育防卫产业构想》，同年8月成立负责防卫产业开发的研究机构国防科学研究所，并计划到1980年底实现除战斗机和高度电子武器以外的所有武器国产化和量产，④其中首要目标是实现步枪、机关枪、榴弹发射器、手榴弹、迫击炮、反步兵地雷、反坦克地雷这些作为个人武器的基本军用装备的国产化，用以武装1968年新创设的拥有250万兵力的乡土预备军，加强后备战斗力。⑤国防科学研究所采用拆解和模仿美制武器的"逆向设计"方

---

① 심세현, "한국의 자주국방담론과 국방정책: 박정희, 노태우, 노무현 정부의 비교연구", p. 122.
② 한국 국방부, 『자주국방태세의 확립: 박정희 대통령각하의 유시를 중심으로』, 서울: 해한공론사, 1968, pp. 19 – 27.
③ 한국 외무부, 『한국외교 30년』, 서울: 외교부, 1979, p. 124.
④ 김정렴, 『아 박정희: 김정렴 정치회고록』, 서울: 중앙 M&B, 1997, p. 105.
⑤ 오원철, "무기의 증언", 『월간조선』 제6호, 1994, p. 458.

法，从 1971 年 11 月 17 日至 1972 年 6 月，先后开展三次"闪电事业"，使韩国快速迈入基本兵器国产化时代。① 到 1980 年底，国防科学研究所总计完成 155 种装备的开发。②

二是增强军队战斗力。为弥补美军撤出后军力的不足，朴正熙政府于 1974 年开始全面推进旨在增强韩国军队自主战斗力的"栗谷事业"。与"闪电事业"武装预备队不同，"栗谷事业"重在强化正规军的战斗力，"最大限度延长目前休战状态，优先发展防御战斗力，逐步形成自主威慑战斗力"。③ 为此朴正熙政府还于 1975 年新设防卫税，到 1980 年底共计征收 2.6334 万亿韩元（约合 51.48 亿美元），全部用于栗谷事业。④

根据韩国国防部的数据，第一次"栗谷事业"期间（1974—1981），韩国陆军部队结构从战斗师、预备师发展为常备师、动员师、乡土师，主要装备有 M16 步枪、M60 机关枪、M48A3/A5 改造型坦克、105/155 旧式大炮改进型等，陆军航空战斗力也有大幅增强。海军增加韩国型驱逐舰、警备舰、各种大中小型导弹、高速艇（PGM、PKM、PK）等的数量，装备对潜巡逻机、对潜直升机以及各种对潜监视装备，海上运输能力、扫海能力也有所提高。此外，还增建了海军师和旅，以防御西海五岛及首都圈西部轴线和在非常时期的多方面登陆作战。空军方面主要致力于提高对空中攻击的击退能力和防空能力，实现新型飞机主力化，配备"激光"制导导弹、CBU 炸弹、Maverick 弹、Sidewinder 和空对空导弹、Chaff 弹、防空系统自动化等高技术武装体系及装备。⑤ 韩军战斗力在这一阶段得到有效提升。⑥

---

① 한국 국방과학연구소, 『국방과학연구소약사, 제1권』, 대전: 국방과학연구소, 1989, pp. 90 - 92.
② 심세현, " 한국의 자주국방담론과 국방정책: 박정희, 노태우, 노무현 정부의 비교연구", p. 155.
③ 한국 국방부, 『 율곡사업의 어제와 오늘 그리고 내일 』, 서울: 군인공제회, 1994, pp. 34 - 37.
④ 오원철, "율곡사업 출발, 박정희·김일성 오기싸움", 『신동아』 제429 호, 1995, pp. 468 - 493.
⑤ 한국 국방부, 『율곡사업의 어제와 오늘 그리고 내일』, pp. 34 - 37.
⑥ 参见 김재엽, " 한국의 자주국방 정책에 관한 연구 - 박정희 행정부와 노무현 행정부의 사례 비교 - ", p. 29.

三是尝试发展战略核力量。1971年6月,朴正熙政府制定《原子能开发15年计划》,开始关注核武器开发。1972年开始引进核能相关的韩国海外研究员。① 从1973年开始,为获得重水处理技术以及重水反应堆和"使用后核燃料"再处理设施,韩国分别向比利时、加拿大和法国提出合作要求。遭到美国强烈反对后,1976年韩国被迫取消与法国已经签署的引进再处理设施的合约和正在与加拿大就购买研究用核反应堆的谈判。尽管如此,朴正熙政府并未完全放弃核开发计划,而是在和平利用核能的掩护下继续秘密进行核武研发。②

此外,1971年12月,朴正熙首次表达发展弹道导弹的意愿。③ 1972年5月组建以国防科学研究所为中心的研发团队,1973年1月制定"航空工业培育计划"。1974年5月,朴正熙批准《导弹开发相关基本方针》,正式推进韩国型导弹开发计划。随后韩国从美国道格拉斯公司、法国SNPE公司和美国洛克希德公司获得导弹制造技术、推进剂制造技术和固体燃料推进剂生产装备。1978年9月26日,韩国型地对地导弹(白熊)在忠清南道瑞山郡安兴试验场发射成功,韩国成为世界上第七个导弹开发国家。④

另一方面,由于外部安全威胁的持续和升级,朴正熙政府在政治上依然奉行对美依赖政策,具体表现就是在创设韩美联合司令部后,依然将作战指挥权交在美军手中。为解决美军撤离期间内韩美军队的联合作战和韩国防卫问题,⑤ 1977年7月韩美两国政府决定设立韩美联合司令

---

① 오동룡,"박정희의 원자폭탄 개발 비밀 계획서 **原文** 발굴",『월간조선』제281호,2003, pp. 190 – 199.

② 例如,将"核燃料再处理"更名为"核燃料国产化";放弃引进整套的后处理设施,改为拆引进铀浓缩和转换设施、核燃料加工设施、照射后试验设施、放射性废弃物处理设施等后处理核心设施。此外,1976年5月开工的庆尚北道月城核电站并不隶属于韩国电力公司,而是隶属于国防科学研究所下属的原子能中心。参见 이정훈,"좌절된 핵 개발국의 꿈",『시사저널』, 1996년 8월 29일자.

③ 김정렴,『아, 박정희: 김정렴 정치회고록』, p. 297.

④ 한국 국방부,『조국의 현실과 전망: 자주국방의 분수령에서』, 서울: 고려서적, 1978, p. 147.

⑤ 1975年,第三十届联大通过了解散联合国军司令部的决议。

部。1978年11月17日，韩美联合司令部正式成立。① 形式上看，韩美联合司令部改变了过去韩国单方面根据美国指令行动的作战体系，变成了韩国有权参与作战计划制定和执行的韩美联合作战体系，② 但从内容上看，韩美联合司令部与联合国军司令部相比并没有实质性变化。根据规定，韩国军队的作战指挥权从联合国军司令移交到韩美联合军司令手中，韩美联合军司令通过陆海空军司令员对战斗部队实行战时作战指挥。选任的驻韩美军将领兼任韩美联合军司令、联合国军司令及驻韩美军司令。③ 由此，虽然韩美联合司令部取代了联合国军司令部承担韩国的防卫任务，但作战指挥权仍继续保留在美军手中。可见，朴正熙政府沿袭了李承晚政府在政治上依赖美国的安全政策。

朴正熙政府之所以推进建设韩美联合司令部，目的显然不是从美军手中获得更多的自主权，而是在面临联合国军司令部被解散、驻韩美军拟大规模撤离的情况下，强化与美军的军事联系，"最小化被美国'抛弃'的可能性"。④ 这也就能解释朴正熙政府为何如此愿意将作战指挥权继续保留在由美国人出任的韩美联合司令手中。除此之外，建立联合体制还有拖延美国撤军的用意。在朴正熙看来，"美国之所以能很容易地从越南撤军是因为美国和越南维持了分离的指挥体制"，因此他明确指示，"为使驻韩美军难以撤离，提议组成联合指挥体制"。⑤《韩美联合司令部创建后业务及指挥关系》第237号令明确规定，"当驻韩美军的兵力水平

---

① 한국 국방부 군사편찬연구소,『한미 군사 관계사: 1871 ~ 2002』, 서울: 군사편찬연구소, 2002, pp. 598 – 599.

② 在联合国军司令部时期，对韩国军队和驻韩美军的作战指挥体系是美国总统—美国参谋长联席会议主席—美太平洋司令官—联合国军司令官—韩国军队。韩美联合司令部创立以后，指挥系统由韩美两国的国家统帅与军事指挥机构—两国联合参谋议长组成的军事委员会—韩美联合司令官组成。这里，军事委员会仅是向韩美联合司令部下达战略性的命令和提供作战指针，最重要的作战指挥环节由韩美联合司令官实施。参见한국 국방부,『주한 미 자상군 철수정책과 대한 군사정책 전망』, 서울: 동양문화인쇄주식회사, 1979, p. 191；沈定昌:《韩国外交与美国》，第52页。

③ 沈定昌:《韩国外交与美国》，第53页。

④ 심세현, "한국의 자주국방담론과 국방정책: 박정희, 노태우, 노무현 정부의 비교연구", p. 164.

⑤ 辛泰福, "自主国防의 方向에 관한 研究: 韩·美 同盟을 中心으로", 硕士学位论文, 韩南大学校, 2004, p. 32.

发生相当大变化或任务发生变动时,需要双方协商进行",① 以此防止和牵制美国单方面撤军。

总的来说,由于对美国安全信赖的降低,朴正熙政府在后半期转变了之前全面依赖美国的安全政策,转而采取政治上依赖美国但军事上寻求自主的做法。正如韩国学者指出的,朴正熙政府是"出于对周边环境和安全的不安感,从确保生存的角度"推进自主国防。② "比起无形因素(军事主权),它更注重加强有形因素(军事战斗力)"。③

三 案例3:政治自主与军事依赖盟国

与朴正熙政府正好相反,卢泰愚政府时期(1988年2月—1993年2月)韩国采取了军事上依赖美国、政治上寻求自主的安全政策(A_2)。之所以如此,是因为这一时期在外部安全威胁置信性下降的同时美国对韩国的战略信誉上升。受此影响,卢泰愚政府推进了"韩国国防韩国化"的自主国防政策,从美军手中收回具有政治自主象征意义的"平时作战指挥权",并实施为应对指挥权收回后的独立作战问题而开展的以改编军队结构为主要内容的"8·18计划"。

美国的战略信誉。卢泰愚上台后,在发表的首部《国防白皮书》中就表达了对美国军事安全保障的信赖,称韩国追求的自主国防"不是自力国防,而是根据自主国防的意志,继续维持与同盟国的联合防卫态势,独立承担国防费用,在可能的范围内开发武器体系实现韩国化"。④ 卢泰愚在1989年3月陆军士官学校的毕业典礼上再次表示,"给予我国国家安全30多年坚强保障的韩美安保合作体制和驻韩美军是维护我们稳定和繁荣的防波堤。两国间的安保合作体制和驻韩美军在今后很长一段时间里

---

① 김용구,『한·미 군사 지휘관계의 어제와 오늘:작전통제권 변천과정을 중심으로』,서울:합참 전략기획본부,1993,p. 32.

② 박성우,"한국정부의 자주국방 정책이 한미동맹 결속도에 미친 영향 분석 - 박정희·노무현정부를 중심으로 -",석사학위논문,연세대학교,2007,p. 49.

③ 김재엽,"한국의 자주국방 정책에 관한 연구 - 박정희 행정부와 노무현 행정부의 사례 비교 -",p. 38.

④ 한국 국방부,『국방백서 1988』,서울:국방부,1988,p. 20.

都应该维持当前的水平"。① 这些都体现出卢泰愚政府对美国安全保障的信任。

卢泰愚政府对美国的安全信任也没有因随后的美国撤军计划而改变。1989年7月美国参议院通过《纳恩—华纳修正案》(Nunn-Warner Amendment)。其主要内容是敦促增加韩国的防卫负担，重新评估驻韩美军战斗力，就分阶段裁减驻韩美军与韩进行协商。② 1990年4月，美国国防部向国会提交了名为"面向21世纪的亚太地区战略框架"报告，即首份"东亚战略构想"，提出要将美军的作用从主导者（leading）变成支援者（supporting）。按照这一构想，美国将在十年内分三阶段裁减驻韩美军。③ 根据第一阶段计划，到1992年年底，驻韩美军共撤走6987人。对于美国的撤军计划，卢泰愚表示理解，认为"考虑到美国方面的情况，在不妨碍战斗力的范围内减少行政支援兵力是不可避免的。韩美两国一致认为，不可能出现减弱战争遏制力或给韩美联合防卫力带来变化的驻韩美军缩减的情况"。④ 可见，韩国政府并没有将此次撤军视为美国违反了安全承诺，并没有因此影响韩国对美国的战略信赖。

美国布什政府此次调整驻韩美军的定位和撤军数量与尼克松政府时期有很大的不同。尼克松时期的撤军决定是在韩国兵力水平低下而美国又推行对苏缓和政策的大背景下做出的。对朴正熙政府而言，当时美国的撤军举动很难不被视为是一种对韩国的"抛弃"。而此次布什政府的政策调整则是在充分考虑到韩国不断增长的国力的情况下做出的。美国的

---

① 심세현, "한국의 자주국방담론과 국방정책: 박정희, 노태우, 노무현 정부의 비교 연구", p. 217.

② 한국 국방부 군사편찬연구소, 『한미동맹 60 년사』, 서울: 국방부, 2013, pp. 186 – 187.

③ 三阶段的撤军计划是：第一阶段从1990年开始，一至三年内撤走空军2000人和地面部队5000人，总计7000人；第二阶段是三至五年内重新评估第一阶段撤退后的韩国面临的外部威胁情况，设定裁军目标，重新部署美军第二步兵师；第三阶段是五至十年内，如果之前阶段成功推进，且韩国军队已能主导防御，将只留下以遏制为目的的小规模兵力，并讨论韩美联合司令部的解散问题。参见 U. S. Department of Defense, *A Strategic Framework for the Asia Pacific Rim: Looking Toward the 21st Century*, Washington D. C.: U. S. Government Publishing Office, 1990.

④ 심세현, "한국의 자주국방담론과 국방정책: 박정희, 노태우, 노무현 정부의 비교 연구", p. 228.

"东亚战略构想"报告中明确表明,"第一阶段裁减7千名兵力是因为韩国军队防卫能力的持续提高"。第二阶段的裁军计划并没有规定具体的裁军数量,只是表示,在第一阶段结束时,将对韩国军队的防卫产业、武器改良产业和韩国军队的能力等进行评估后再决定。换言之,第二阶段如果韩国面临的安全威胁水平发生变化,美国将重新调整驻韩美军的撤退计划。后续的进程也印证了这一点。随着韩国周边安全局势的紧张,1992年5月布什政府发表第二份"东亚战略构想",终止了从1993年开始实施的第二阶段驻韩美军撤退计划。①

美国的这些政策和做法有效缓解了韩国的不安,在很大程度上避免了韩国的被抛弃感。因此此次美国撤军并没有影响美国在韩国的战略信誉,韩国政府依然选择在军事上依赖美国。

韩国的安全政策选择。受美国高战略信誉影响,卢泰愚政府在军事能力方面完全依赖美国。卢泰愚上台之前,韩国的国防费用规模保持在国民生产总值的5.5%左右。在卢泰愚就任总统两年后的1989年,该数字首次减少到4%左右,卢泰愚总统任期最后一年的1992年,国防费用规模仅为国民生产总值的3.72%。② 由于美国提出增加韩国对驻韩美军防卫费用分担额度的要求,以及其他运营费用的增加,所以在全体国防费用中实际用于战斗力增强计划的费用比重进一步减少。根据韩国国防部的统计,战斗力增强计划(即"栗谷计划")的实际投资额呈现大幅减少。从1987年到1992年,6年间韩国政府共计投资13.7872万亿韩元,到1992年年底时,韩国的军事力量只比1986提高了10%。③ 针对美军地面部队的部分撤军,为确保战时支援体系,1991年11月韩国还同美国签订了《战时支援协定》。

另一方面,受同时期来自北方的安全威胁置信性下降的影响,卢泰愚政府开始全力推进以收回作战指挥权为主要目标的自主国防政策。卢

---

① U. S. Department of Defense, *A Strategic Framework for the Asia Pacific Rim*: *Report to Congress 1992*, Washington D. C. : U. S. Government Publishing Office, 1992.

② 한국 공보처, 『제6 공화국 실록: 노태우 대통령 정부 5 년』, 서울: 공보처, 1992, p. 295.

③ 한국 국방부, 『율곡사업의 어제와 오늘 그리고 내일』, pp. 41 – 45.

泰愚认为，"作为主权国家，韩国未能独自拥有指挥权是非常丢脸的事情"，① "韩国军队在不是战时的平时也受到外国军队指挥官的指挥，这是与韩国的自尊和国家主权直接相关的问题"。② 不仅如此，韩国国内社会也逐渐认识到，战时作战指挥权问题可能会引发"作为独立国家的自主性乃至国家主权的问题"。③

在1991年的第23次韩美安全协商会议（Security Consultative Meeting，SCM）和第13次韩美军事委员会会议（Military Committee Meeting，MCM）上，韩美两国就平时作战指挥权于1993年至1995年期间移交给韩方达成协议。在1992年10月7日举行的第14次MCM上，韩国联合参谋本部议长李弼燮和美国参谋长联席会议主席鲍威尔正式达成协议，平时作战指挥权将"在1994年12月31日之前移交给韩国军队"。④ 1994年12月，平时作战指挥权正式移交给韩国联合参谋本部。韩国收回了战争正式爆发前与部队运营相关的权限，包括平时的警戒任务、巡逻活动、部队移动、军事应对态势强化等，还可以计划和主导与韩国军队有关的军事力量建设、军事交流、训练等活动。⑤ 韩国在时隔44年之后重新获得军队在平时的指挥权，标志着韩国在政治自主方面迈出了重要一步。

不仅如此，韩国还在与美国的磋商中获得了军队主要将领的任命权等权限。1991年3月5日，联合国军"军事停战委员会"代表一职移交给韩国军方将领，韩国军队还接管了曾经由美军第二步兵师担负的板门店区域内非武装地带乙区的警戒任务。另外，原本由韩美联合司令部司令兼任的地面军司令改由韩国军队将领担任，韩美联合海军司令部（平时）司令和韩美联合空军司令部（平时）司令也分别改由韩国军队将领担任。

与收回平时作战指挥权同时段进行的是卢泰愚政府对军队结构的改革，旨在适应未来指挥权收回后的独立作战问题。卢泰愚认为，"现代战

---

① 조갑제, 『노태우 육성 회고록』, 서울: 조갑제 닷컴, 2007, p. 336.
② 노태우, 『노태우 회고록 (하권)』, 서울: 조선 뉴스프레스, 2011, pp. 400 – 401.
③ 한국 공보처, 『제6공화국 실록: 노태우 대통령 정부 5년』, p. 615.
④ 한국 국방부 군사편찬연구소, 『한미 군사 관계사: 1871 ~ 2002』, p. 636.
⑤ 한국 국방부 군사편찬연구소, 『한미동맹 60년사』, p. 277.

争的特点不是陆、海、空分别战斗,而是紧密合作,展开联合作战",而现有韩国军队结构和指挥体系分散,"联合参谋本部议长仅起到辅助国防部长军令权的作用"。① 为此,卢泰愚政府积极推进以改编韩国军队结构为核心的8·18计划。

该计划的主要内容是,将调整韩美联合指挥体系与收回平时作战指挥权问题联系起来,对韩国军队指挥结构进行改革,使韩国军队具备长期的独立作战能力。1990年7月韩国国会通过《国防组织法修正案》,10月改组联合参谋本部,韩国军队结构转变为控制型联合参谋议长制,由国防部长统辖军政权和军令权,联合参谋本部议长行使军令权,各军参谋总长行使军政权。由此,联合参谋本部议长获得了陆军3个军司令部和海空军作战司令部等10个独立作战部队以及情报司令部等3个直辖联合部队的作战、指挥和监督权。② 这是韩国军队建军42年后,首次对军队结构和指挥体制进行调整。改编后的韩国军队,强化了联合作战能力。随着1994年收回平时作战指挥权,联合参谋本部议长获得了平时对韩国军队作战活动相关的责任和权限。③

值得注意的是,卢泰愚政府将作战指挥权划分成了"平时作战指挥权"和"战时作战指挥权",从一开始就只推进收回平时作战指挥权,战时作战指挥权仍掌握在兼任韩美联合军司令的驻韩美军司令手中。卢泰愚对仅收回平时作战指挥权而不收回战时作战指挥权的考量,进一步突显了外部安全威胁可信度对韩国谋求政治自主程度的影响。正是因为当时仍存在一定程度的潜在的外部安全威胁,因此韩国政府并未寻求完全的政治自主。

卢泰愚政府这种有保留的政治自主政策也体现在收回的平时作战指挥权的权限上。韩国并没有收回所有的与平时作战相关的权限,而是将与遏制战争、防御和遵守《停战协定》相关的权限继续委任给联合军司令。这些"联合权限委任事项(Combined Delegated Authority,CODA)"

---

① 조갑제,『노태우 육성 회고록』,pp. 333 – 336.
② 한국 국방군사연구소,『건국50년사』,서울:서울인쇄공업협동조합,1998,p. 374.
③ 한국 국방부,『국방백서1994 – 1995』,서울:국방부,1995,p. 113.

包括了制定并发展战时联合作战计划、韩美联合军事演习的准备及执行、向韩美联合军提供早期警报的联合军事情报的管理，以及危机管理与维持停战协定四项内容。此外还规定，当戒备状态到达三级时（defcon 3），由联合军司令行使战时作战指挥权。①

总的来说，卢泰愚政府时期，由于美国战略信誉高，因此采取了军事依赖美国的政策，又由于外部安全威胁的可信度下降，因此采取了政治上追求自主的做法。虽然韩国没有收回与平时相关的所有作战指挥权限，但这已经是自李承晚政府以来韩国在政治自主问题上迈出的最大步伐。正如韩国学者所说，"尽管韩国并没有因收回平时作战指挥权而发生与过去相比太大的变化，但作为收回战时作战指挥权的中间阶段，其意义重大"，② 不仅"韩国军队在防御上的主导地位更加突出"，③ 更重要的是提高了作为主权国家的"韩国的威信和国民的自尊心"。④

四 案例4：军事自主与政治自主

在所研究的四个案例中，卢武铉政府时期（2003年2月—2008年2月）韩国的安全政策最为激进，在其执政期间，卢武铉采取了"合作性自主国防"政策，在维持美韩同盟的框架下，同时寻求军事自主和政治自主（A_1）。⑤ 这一时期，在外部安全威胁的置信性下降的同时，由于驻韩美军数量、基地和作用的重新调整，美国的战略信誉也同期下降，韩国因而积极追求提升自我战斗力的军事自主，并积极收回被视为自主国防核心的战时作战指挥权，谋求政治自主。

美国的战略信誉。受"9·11事件"影响，美国小布什政府调整了克

---

① 한국 국방부 군사편찬연구소，『한미동맹 60 년사』，p. 277.
② 허남성，"평시작전통제권 환수경과와 향후의 대책"，『외교』제33호，1995，pp. 88 – 89.
③ 한국 국방부군사편찬연구소，『한미동맹 60 년사』，서울：국방부 군사편찬연구소，2013，pp. 275 – 276.
④ 김훈，"한미 동맹군사구조와 전시작전통제권 전환 정책연구"，박사학위논문，경기대학교，2017，p. 35.
⑤ 2004 年 3 月，卢武铉政府发表《和平繁荣与国家安全》的安全政策构想，正式提出"合作性自主国防"的概念。

林顿政府以来的国家安全战略,通过《四年防务评估报告》《核态势评估报告》《美国国家安全战略报告》等文件确立了单边主义的外交政策和基于"能力"的防卫模式。2003年11月美国政府公布"驻海外美军重新部署计划",要求重新部署海外驻军,提高部队机动性和灵活性。作为美国海外驻军的重要一支,驻韩美军的调整也是最早推进。从2003年4月开始,韩美双方先后举行12次未来美韩同盟政策构想会（Future of the Alliance Policy Initiative, FOTA）,随后在2005年FOTA扩大为每两个月定期举行的韩美安保政策构想会议（Security Policy Initiative, SPI）,双方继续就美韩同盟的调整进行协商,协商内容主要涉及三个方面。

一是削减驻韩美军人数。2004年6月,美国向韩国正式通报在2005年底裁减驻韩美军1.25万人的方案。10月,美韩双方就驻韩美军削减问题正式达成协议,将裁减美军1.25万人的期限由原定的2005年底推迟到2008年底。撤军分三个阶段进行:第一阶段是2004年之前撤走5000人,第二阶段是在2005年和2006年撤走5000人,第三阶段在2007年和2008年撤走2500人。这样,2009年以后驻韩美军兵力将从3.75万人减少至2.5万人,削减约三分之一。[1] 这也是1991年之后驻韩美军削减规模最大的一次。

二是重新部署驻韩美军基地。2003年6月,美韩双方在第二次FOTA上就驻韩美军的重新部署问题达成一致,将把位于非军事地区的美军基地重新调整到平泽—乌山和大邱—釜山地区。具体分两个阶段进行:第一阶段整合分散在汉江以北的驻韩美军基地,将其转移到东豆川和议政府一带;第二阶段将汉江以北的驻韩美军部队转移到汉江以南地区,部署在乌山、平泽基地,其中,驻扎在"三八线非军事区"的美军第二步兵师将在五年内撤离。重新部署后,驻韩美军撤至第二线阵地,形成"两大中心和三大基地"格局。[2] 此举的最大影响是将结束驻韩美军长期以来所扮演的"绊网"作用。由于之前陆军大部都集中部署在停战线附

---

[1] 한국 국방부군사편찬연구소,『한미동맹60년사』, pp. 315–316.
[2] 两大中心为"平泽—乌山"中心和"大邱—釜山"中心。三大基地是龙山基地（联合国军司令部、韩美联合司令部等指挥机关）、汉江以北的联合训练中心（美军循环训练场所）和群山美军基地。

近，因此一旦此处的美军受到他方攻击，美国就可以此为由大规模地军事介入。驻韩美军基地南撤，显著降低了发生战争时美国自动介入的可能性，意味着美国战时介入半岛事务的意愿在减弱，这对美国的战略信誉无疑会产生消极影响。

三是转变驻韩美军功能。2003年11月举行的第35次SCM上，美方首次提出驻韩美军的"战略灵活性"问题。所谓战略灵活性，就是指要改变驻韩美军专守半岛的功能，将其转变为可以投放到半岛以外的快速机动部队。因担心韩国军队会由此卷入到未来不必要的战争中，韩国政府对此坚决反对。2005年3月，卢武铉在空军士官学校毕业典礼上明确表示，"可以肯定的是，不会发生不顾我们意志的、我国国民卷入东北亚纷争的事情，这是在任何情况下都不能让步的坚定原则"。但在美国的压力下，韩国最终还是在驻韩美军灵活性问题上做出了让步。2006年1月，双方就驻韩美军战略灵活性达成协议，韩国将根据美国的全球军事战略变化，"尊重"驻韩美军的战略灵活性，美国则在调动驻韩美军投入到国际冲突的过程中保证"不会使韩国政府违背国民的意愿，介入到东北亚地区的纠纷当中"。①

驻韩美军数量的大幅减少，第二步兵师绊网作用的消失，以及驻韩美军功能发生变化，这些都不能不使得卢武铉政府对美国安全保障承诺的可靠性产生怀疑。在2003年8月的光复节讲话中，卢武铉表示"想要一直依靠驻韩美军保障安全的想法是不对的。自主独立的国家应该依靠自己的国防力量来保卫国家"。② 2004年11月，卢武铉总统下达战略指针，要求"发展作为安保基轴的美韩同盟的同时，提前扩充自主遏制能力，通过国防改革推动实现军队精锐化和提升军队作战效能，为合作性自主国防奠定基础"。③

韩国的安全政策选择。这一时期外部安全威胁置信性低和美国的低

---

① 《韩国和美国就驻韩美军战略灵活性达成协议》，人民网，2006年1月20日，http://military.people.com.cn/GB/1077/52987/4047898.html。
② 한국 국방부，『2004 국방백서』，서울：국방부，2005，pp.80-81.
③ 한국 국정홍보처，『참여정부 국정운영백서 5. 통일·외교·안보』，서울：국정홍보처，2008，p.185.

战略信誉使得卢武铉政府在不对称同盟的框架下同时积极追求军事自主和政治自主。卢武铉认为，"从美国收回战时作战指挥权，同时构建韩国军队可以单独作战的自主防卫力量，才算是完成自主国防"。①

军事自主方面，受驻韩美军撤军影响，卢武铉政府自主国防政策最先表现为增强军事能力。在2003年8月的光复节讲话中，卢武铉表示要在任期内为未来十年的自主国防力量打下基础，重点是提高情报能力和作战能力。② 2005年9月13日，卢武铉政府正式公布了长期国防改革方案《国防改革2020》，该方案作为卢武铉政府时期的安全政策指针，其中一项重要内容就是增强军队战斗力。

根据《国防改革2020》，增强军队战斗力计划的重点是增加部署尖端武器以弥补军队结构改革所造成的兵力不足，具体做法主要集中在两个方面：一是提高各军种的精密打击能力。其中，陆军方面，增加K2坦克、大口径多管火箭炮、多功能直升机、各种新型战斗机，可负责比现在大两到三倍的作战区域。海军方面，增加KDX-Ⅱ型驱逐舰和新型护卫舰，实现打击能力提升1.8倍。空军方面，通过引进F-15K战斗机，实现战斗力提升1.7倍。③ 二是提高情报搜集能力。当时韩国99%的信号情报和98%的影像情报都依赖于美国。④ 这意味着在没有美国侦察机和人造卫星的情况下，韩国将会毫无防备地暴露在其他国家的突袭之下，因此计划增加采购早期预警机、无人飞机和侦察卫星等，提高早期预警能力。

除此之外，卢武铉政府还大力推进自主军事技术开发。根据2004年6月发布的《国防研究开发政策书》，韩国将从2006年到2020年这15年

---

① 김종대，『노무현 시대의 문턱을 넘다: 한미동맹과 전시작전권에서 남북정상회담에 이르기까지』，서울: 나무와 숲，2010，pp. 46-47.

② 한국 국방부，『2004 국방백서』，pp. 80-81.

③ 参见김정익，"국방개혁의 추진에 따른 지상전력 발전과제와 방향"，『국방정책연구』제72호，2006，pp. 37-66; 허성필，"국방개혁의 추진에 따른 해상전력 발전과제와 방향"，『국방정책연구』제72호，2006，pp. 67-107; 김상범，"국방개혁의 추진에 따른 공중전력 발전과제와 방향"，『국방정책연구』제72호，2006，pp. 109-144.

④ 김당，"정보 자주화 없는 자주국방은 공염불"，『시사저널』제364호，1996，pp. 26-27.

间，在6大重点领域，自主研发271项核心技术，重点开发情报、监视、精密诱导等尖端武器体系所必需的核心技术。① 通过持续推进的战斗力增强和防卫产业升级计划，韩国的军事战斗力有了很大提升。②

政治自主方面，韩国政府积极寻求同盟内的政治自主，其中最核心的工作就是收回战时作战指挥权。卢武铉多次强调，作战指挥权是自主国防的核心，是国家主权完整的象征。在2005年10月1日的"国军日"讲话中，卢武铉表示，"参与政府③比历届政府都积极考虑收回战时作战指挥权问题，正在进行实质性的准备"。④ 值得注意的是，与此前各届政府不同，卢武铉谈及移交战时指挥权问题时一直使用的是"收回"一词，表明其对作战指挥权原属韩国主权范畴内的权限的强烈认知。

2005年9月，韩国在第四次SPI上正式向美方提出协商移交战时作战指挥权问题。对此美国表示原则上同意。2005年10月，在第37次韩美SCM上，韩美两国国防部长决定"适当加速"收回战时作战指挥权的协商。在2006年9月韩美首脑会谈上，卢武铉和小布什就收回作战权的基本原则达成共识。在同年10月举行的第38次SCM上，两国国防部长宣布"在2009年10月15日之后，但不晚于2012年3月15日的时间里将战时作战指挥权移交给韩国军队，并解散韩美联合军司令部"。2007年2月，韩美国防部长商定于"2012年4月17日移交战时作战指挥权"。⑤ 至此，在卢武铉任期内，战时作战指挥权问题有了确定的收回日期，这也标志着韩美军事同盟结构将从"美韩联合防卫体制"转变为以韩军为主导、美军为支援的"共同防卫体制"。

为确保收回指挥权后韩国军队能够独立行使指挥权，卢武铉政府同卢泰愚政府一样，也同步在国内推进军队结构改革。根据《国防改革2020》，军队结构改革的目标是推动三军的均衡发展，提高军种间的协同性，实现从现有的"兵力密集型结构"向"尖端技术密集型的战斗力结

---

① 공만식，"첨단무기체계 독자 개발"，『국방일보』，2004년 6월 23일자.
② 서재정，『한미동맹은 영구화하는가？』，파주：한울，2009，pp. 60 – 63.
③ 卢武铉总统将其政府称为"参与政府"。
④ 국방개혁위원회，『국방개혁 2020 – 50 문 50 답』，서울：국방부，2005，p. 36.
⑤ 한국 국방부，『국방백서2010』，서울：국방부，2010，pp. 68 – 70.

构"转变。① 具体包括两方面内容②：一是兵力方面，到 2020 年为止将现有的以地面部队及兵力为中心的部队缩减为 50 万人，减少 18 万人。二是指挥结构方面，在各军建立司令部，强化以联合参谋本部为中心的作战体系，并加强陆海空三军的协同性。其中，陆军方面，第 1 军和第 3 军司令部合并为"地面作战司令部"，第 2 军司令部改为"后方作战司令部"，原隶属第 2 军司令部的第 9、11 军团被解散。陆军 47 个师团解散 23 个。海军方面，改编扩充潜艇战团和航空战团，创建潜艇司令部和航空司令部，并成立可以进行远洋作战的机动战团。空军方面，在作战司令部下创设北部司令部，和南部司令部一起形成两个战斗司令部。

可见，在外部安全威胁置信性下降的情况下，美国战略信誉降低使得卢武铉政府积极同时寻求同盟内的军事自主和政治自主。为保证国防改革持续进行下去，卢武铉政府还首次推动国防政策法制化。2006 年 12 月 1 日，韩国国会通过《国防改革法》③，将国防改革方案上升为国家法律，这充分表明了卢武铉政府推进自主国防的强烈意愿。在卢武铉政府的努力下，美韩同盟逐渐从垂直型同盟关系向更加平等的方向发展。

小 结

不对称同盟中的小国通常需要出让"自主"以换取"安全"，④ 小国因此存在以更少的"自主"换取更多的"安全"的动机，这种动机构成了不对称同盟下小国寻求自主政策的内生动力，但这种动力并不总是外化为小国的安全政策。为此，本章对小国的这种"自主权衡"行为进行了研究，具体来说就是在不对称同盟存在的前提下，小国在什么条件下

---

① 한국 국방부,『국방개혁 기본계획 06 - 20』, 서울: 국방부, 2006, pp. 17 - 36.
② 参见 김정익, "국방개혁의 추진에 따른 지상전력 발전과제와 방향", pp. 37 - 66; 허성필, "국방개혁의 추진에 따른 해상전력 발전과제와 방향", pp. 37 - 66; 김상범, "국방개혁의 추진에 따른 공중전력 발전과제와 방향", pp. 109 - 144.
③ 한국 국정홍보처,『참여정부 국정운영백서 5. 통일·외교·안보』, p. 187.
④ James D. Morrow, "Alliances and Asymmetry: An Alternative to the Capability Aggregation Model of Alliances", p. 918.

会选择追求自主，在什么条件下会强化对盟国的依赖。研究发现，小国的行为与其盟国大国和威胁来源国的战略信誉均有关，两者都会影响小国对自主的追求，但影响的维度不同。盟国安全保障的战略信誉越低，小国越倾向于追求军事自主；威胁来源国的战略信誉越低，小国越倾向于追求政治自主。

未来可从以下几个角度拓展有关小国"自主权衡"行为的研究。一是对战略信誉的程度做更为精确的划分。本章对战略信誉的划分还仅是一种"高"和"低"的两分法。如果能以某种适当的标准对战略信誉进行更为精确的量化，有助于深化我们对战略信誉作用的理解。二是发展更具一般性的不对称同盟下的盟国行为理论，将不对称同盟中的小国和大国行为纳入一个统一的解释框架。既然不对称同盟中大国的战略信誉会影响到小国的行为，那么对于大国而言，如何提高战略信誉，维持小国对自身的高安全信赖，以保持自身对小国的领导力，无疑是值得进一步研究的问题。三是研究小国自主性政策成功的条件。本章研究的是在什么情况下小国会追求自主，但没有研究在什么条件下小国追求自主的政策会成功，因为同盟条件下小国的自主性追求无疑会或多或少地受到来自大国盟国的阻力。如果只是有追求自主的举动但最终不能成功，这样的举动对不对称同盟本身以及外部世界的影响仍然是有限的。而要研究自主追求成功的条件，需要首先适当地界定政策成功与否的判断标准和时间范围，这些都涉及政策效果的评价问题，有待更多翔实的数据和严谨的实证研究。

第 六 章

不对称同盟下小国的"两面下注"行为

国际关系的一个基本常识是，大国权力竞争会深刻影响小国的战略选择。但长期以来，学界关注更多的是由大国实力对比定义的国际格局对小国行为的影响，认为单极格局下小国的占优策略是追随超级大国；两极格局下小国的战略选择空间更大，既可以选择随时变换同盟阵营，也可以选择中立；多极格局下小国享有最大的选择自由。但对国际格局形成过程（即，权力转移过程）中大国战略竞争对小国行为影响的研究相对不足。对小国而言，权力转移结果的极大不确定性增加了行为选择的难度与风险，哪种战略能最大化国家利益是小国颇为关心而很难做出准确判断的问题。相比之下，已与大国结盟的小国还面临在同盟内大国与同盟外大国之间做出外交选择的问题。这就涉及一个重要的理论概念"两面下注"（亦即"对冲"，hedging）。本章将集中研究权力转移过程中不对称同盟下小国的第四种行为——"两面下注"的规律，同时探究决定小国与两个大国相对关系变化的影响因素，以丰富大国权力竞争对小国行为影响的现有理论认识。

第一节 小国行为选择的困境：选边还是对冲？

对小国而言，大国权力竞争的过程和结果将直接影响它们的外部战略环境和行为选择。而随着大国竞争的日趋激烈，小国将日益被一个棘手的问题所困扰：自己该如何在大国之间做出战略和外交选择？

根据现有理论，小国的支持和追随是大国国际地位和影响力的主要来源。大国竞争的一个重要维度是该国能否比其他大国在更多的问题上影响更多国家的行为。① 大国影响他国行为在很大程度上依赖于自身的权威（authority），而获取权威的关键取决于大国能否让小国自愿向其让渡部分主权，并承认大国对小国享有等级性的领导地位。② 如果将大国与小国的关系类比为市场中企业和消费者的关系，那么大国与企业的目标函数都是通过为消费者（小国）提供服务（安全保障）以赢得更大的"市场份额"，只不过国际政治领域所谓的"市场份额"指的是接受一个大国领导的中小国家的相对数量。③ 总之，现有国际关系理论的一个基本共识是，小国的外交取向对大国的权力和领导地位有着近乎决定性的影响。

从古至今，争取小国支持始终是大国战略竞争的核心内容，它在很大程度上左右着大国战略竞争的过程和结果。前445年，雅典和斯巴达签署《三十年和约》，明确承认了雅典和斯巴达海陆分治希腊世界的政治格局。④ 雅典作为崛起国，之所以能够获得与斯巴达平起平坐的权力地位，一个根本原因就是它有效领导甚至控制了提洛同盟中的其他盟邦。宋辽对峙被认为是两极竞争的另一个代表性案例。⑤ 而如本书第二章所涉及的，自960年北宋建立一直到1125年契丹亡国，宋辽竞争的一项重要内容就是争夺周边小国特别是高丽的政治臣服。⑥ 正是由于小国的行为选择对于大国竞争的重要意义，处于权力转移进程中的大国也极为关注并期待能够通过各种途径影响小国做出有利于自身的选择。

鉴于小国在大国权力转移过程中的重要意义，本章的研究问题就是，在大国权力转移的过程中，什么因素会影响小国在大国之间的选择？同

---

① Samuel P. Huntington, "Why International Primacy Matters", *International Security*, Vol. 17, No. 4, 1993, p. 68.

② David A. Lake, *Hierarchy in International Relations*.

③ 杨原：《大国无战争时代的大国权力竞争：行为原理与互动机制》，第3章；Tongfi Kim, *The Supply Side of Security: A Market Theory of Military Alliances*。

④ Donald Kagan, *The Peloponnesian War*, New York: Viking Penguin, 2003, pp. 18–19.

⑤ 曾瑞龙：《经略幽燕——宋辽战争军事灾难的战略分析》，北京大学出版社2013年版，第26页。

⑥ 杨原：《崛起国如何与霸权国争夺小国？——基于古代东亚历史的案例研究》，《世界经济与政治》2012年第12期；曹玮、杨原：《盟国的敌人还是盟国？——古代朝鲜半岛国家"两面结盟"之谜》，《当代亚太》2015年第5期。

时关注不对称同盟下的小国与其他小国间的选择是否会有明显差异？

一 小国行为选择的战略维度与外交维度

小国在两个发生权力转移关系的大国之间的行为选择涉及战略和外交两个维度：在战略维度上，我们关心的是小国究竟是选择与两个大国保持等距离关系还是倒向其中某个大国；在外交维度上，我们追问的是小国会选择相对改善与哪一个大国的关系。战略维度反映的是小国的对冲倾向：当小国与两个大国的关系距离越接近时，小国越倾向于选择对冲战略。[①] 外交维度衡量的是小国的外交侧重：当小国与一个大国关系改善幅度大于与另一大国关系改善的幅度时，意味着小国选择相对改善与前者的关系，即外交侧重于前者。

需要说明的是，上述两个维度并不相互包含或者相互交叉。换言之，某个时期小国在战略维度的对冲倾向有多强烈，与它在外交维度究竟侧重于相对改善与哪个大国的关系之间没有必然联系。不妨设 t_0 年某小国 S 与实力呈上升趋势的大国 R 的关系分值为 a_0，与主导国 H 的关系分值为 b_0，t 年 S 与 R 的关系分值为 a，与 H 的关系分值为 b。根据上述对"对冲倾向"和"外交侧重"的界定，当 $|b_0 - a_0| > |b - a|$ 时，S 在 t_0 至 t 期

[①] 尽管学界对"对冲战略"的定义尚未完全达成共识，但多数研究都认为对冲战略是一种保持与不同大国等距离关系的战略。参见 Evelyn Goh, *Meeting the China Challenge: The U. S. in Southeast Asian Regional Security Strategies*, Washington D. C.: East-West Center, 2005; Cheng-Chwee Kuik, "The Essence of Hedging: Malaysia and Singapore's Response to a Rising China", *Contemporary Southeast Asia*, Vol. 30, No. 2, 2008, pp. 159 – 185; John D Ciorciari, *The Limits of Alignment: Southeast Asia and the Great Powers Since 1975*, Washington D. C.: Georgetown University Press, 2010; Van Jackson, "Power, Trust, and Network Complexity: Three Logics of Hedging in Asian Security", *International Relations of the Asia-Pacific*, Vol. 14, No. 3, 2014, pp. 331 – 356; Darren J. Lim and Zack Cooper, "Reassessing Hedging: The Logic of Alignment in East Asia", *Security Studies*, Vol. 24, No. 4, 2015, pp. 696 – 727; Cheng-Chwee Kuik, "Malaysia Between the United States and China: What Do Weaker States Hedge Against?" *Asian Politics & Policy*, Vol. 8, No. 1, 2016, pp. 155 – 177; Alexander Korolev, "Shrinking Room for Hedging: System-Unit Dynamics and Behavior of Smaller Powers", *International Relations of the Asia-Pacific*, Vol. 19, No. 3, 2019, pp. 419 – 452。

间转向在 R 与 H 之间两面下注;① 当 $a - a_0 > b - b_0$（即 $b_0 - a_0 > b - a$）时，S 在同一时期选择相对改善与 R 的关系。由这两个形式化定义可知，"对冲倾向"和"外交侧重"是两个彼此独立的概念：小国选择对冲的过程既可以是相对改善与 R 关系的过程（比如 $a_0 = 3$，$b_0 = 5$，$a = 5$，$b = 5$），又可以是相对改善与 H 关系的过程（比如 $a_0 = 3$，$b_0 = 1$，$a = 3$，$b = 3$）；反过来，小国相对改善与 R 国关系的过程同样既可能是选择对冲的过程（比如 $a_0 = 3$，$b_0 = 5$，$a = 5$，$b = 5$），也可能是选择一边倒的过程（比如 $a_0 = 3$，$b_0 = 4$，$a = 5$，$b = 3$）。总之，"对冲倾向"和"外交侧重"互不包含、互不决定。这意味着要想知道小国在战略和外交层面都在如何做出选择，需要分头进行经验研究。

基于此，本章将以小国的对冲倾向和外交侧重为因变量，采用面板数据方法，建立关于亚太地区 22 个国家 1991—2018 年两个时段共四个动态面板系统 GMM 回归模型。模型结果挑战和印证了学界对小国选择的许多重要论断，其中最主要的发现包括三点：首先，小国对大国间军事和经济依赖的程度差异乃至小国在贸易、投资、军事等领域的总体对外依存程度均与小国的行为选择无关。这提示小国是否为某大国的军事盟友不影响其自身的选择，不对称同盟下小国的行为选择与其他小国的行为选择无差异。其次，在大国相对实力稳定接近的阶段，大国关系本身会对小国的行为选择产生显著影响。大国关系越紧张，小国越倾向于在大国之间搞两面下注；再次，大国关系越紧张，小国越倾向于相对改善与实力呈上升趋势的大国的关系。最后，小国的国内合法性对小国的对冲倾向始终存在显著影响，这从一个很重要的角度突显了加强对小国内政研究的意义。

二 既有关于小国行为选择影响因素的文献梳理

为统计建模尽可能完整地考虑各种可能的影响因素，本部分将对相

---

① "两面下注"和"对冲"的英文表述都是 hedging，在本章中将不加区地混用。当然，有学者认为这两个术语的含义存在微妙的差异，参见周方银《中国崛起、东亚格局变迁与东亚秩序的发展方向》，《当代亚太》2012 年第 5 期。

关文献做出简要梳理，并在归纳现有观点之后，对现有研究的不足做出总体性评价。

（一）单元层次因素

1. 小国的实力

均势理论认为，制衡是实力较弱的一方对较强一方的最优策略。[①] 持相反观点的学者认为，当国家间实力差距过于悬殊时，较弱一方将会选择追随而不是制衡较强一方，[②] 或者在不同强国之间灵活接触、两面下注。[③] 例如斯蒂芬·沃尔特认为，一般而言，国家越弱，越有可能追随而不是制衡强者。[④] 具体到亚太国家，郭清水（Cheng-Chwee Kuik）发现，像马来西亚这样的小国，受自身实力的约束，即使采取对冲战略，也只能采取淡化实力呈上升趋势的大国的威胁、同时与主导国保持一定军事距离的弱对冲战略（light-hedging）。[⑤] 吴翠玲（Evelyn Goh）的研究发现，与缅甸、老挝、柬埔寨相比，具有次区域支配历史的实力更强的国家如越南和泰国在对冲时有相对更大的回旋余地和更多的政策选项。[⑥] 陈小鼎等认为，周边国家的制衡能力和制衡意愿决定了它们应对实力呈上升趋势大国的战略选择。[⑦]

2. 与大国的经济联系

兰德尔·施韦勒（Randall L. Schweller）认为，小国追随大国的主要原因是为了获得经济利益，例如二战后许多第三世界国家之所以选择追

[①] Susan B. Martin, "From Balance of Power to Balance Behavior: The Long and Winding Road", pp. 61-74.

[②] Eric J. Labs, "Do Weak States Bandwagon?" p. 385; William C. Wohlforth, "The Stability in a Unipolar World", pp. 5-41; Davide Fiammenghi, "The Security Curve and the Structure of International Politics: A Neorealist Synthesis", pp. 136-143; Giorgi Gvalia, et al., "Thinking Outside the Bloc: Explaining the Foreign Policies of Small States", pp. 102-104.

[③] Hanna Samir Kassab, *Weak States in International Relations Theory*.

[④] Stephen M. Walt, *The Origins of Alliance*, p. 29.

[⑤] Cheng-Chwee Kuik, "Malaysia Between the United States and China: What Do Weaker States Hedge Against?" pp. 158, 169.

[⑥] Evelyn Goh, *Meeting the China Challenge: The U.S. in Southeast Asian Regional Security Strategies*, p. 6.

[⑦] 陈小鼎、王翠梅：《周边国家应对中国崛起的战略选择：一种基于制衡能力和制衡意愿的解释》，《当代亚太》2019年第1期。

随苏联，主要是因为可以从苏联那里获得更多的经济收益。①保罗·帕帕友努（Paul A. Papayoanou）则指出，当维持现状的国家之间存在广泛的经济联系，而与存在威胁的大国之间缺乏这种联系时，现状国家之间更可能联合起来制衡有威胁的大国；而如果现状国家之间经济上的相互依赖程度不高，或者与威胁来源大国之间存在密切的经济联系时，现状国家更有可能弱化制衡或者采取调和性政策（conciliatory policies）。②布洛克·特斯曼认为，在一个集中的多极体系（concentrating multipolar systems）中，与一个实力正在上升的体系领导者的经济相互依赖可能会导致小国倾向于追随而非制衡。③

就亚太国家而言，陈宗岩（Ian Tsung-Yen Chen）等发现，在高威胁认知情况下，对实力呈上升趋势的大国有积极经济预期的东盟国家会对其采取对冲战略，而有消极经济预期的东盟国家则会采取制衡战略。在低威胁认知情况下，积极的经济预期会促使东盟国家对实力呈上升趋势的大国采取追随战略，而消极的经济预期则会使其采取对冲战略。④达伦·利姆（Darren J. Lim）等学者也指出，对冲的实质是国家对物质利益与自主成本两者的权衡，当收益和成本都很高时，小国会选择对冲。⑤当然也有学者持相反观点，郑在浩（Jae Ho Chung Chung）的统计研究显示，小国对外部大国的经济依赖对前者的行为选择没有显著影响。⑥

---

① Randall L. Schweller, "Bandwagoning for Profit: Bringing the Revisionist State Back In", pp. 88–92.

② Paul A. Papayoanou, "Economic Interdependence and Balance of Power", *International Studies Quarterly*, Vol. 41, No. 1, 1997, pp. 113–140.

③ Brock F. Tessman, "System Structure and State Strategy: Adding Hedging to the Menu".

④ Ian Tsung-Yen Chen and Alan Hao Yang, "A Harmonized Southeast Asia? Explanatory Typologies of ASEAN Countries'Strategies to the Rise of China", *The Pacific Review*, Vol. 26, No. 3, 2013, pp. 265–288.

⑤ Darren J. Lim and Rohan Mukherjee, "Hedging in South Asia: Balancing Economic and Security Interests amid Sino-Indian Competition", *International Relations of the Asia-Pacific*, Vol. 19, No 3, 2019, pp. 493–522.

⑥ Jae Ho Chung, "East Asia Responds to the Rise of China: Patterns and Variations", *Pacific Affairs*, Vol. 82, No. 4, 2009/2010, pp. 657–675.

3. 与大国的军事关系

詹姆斯·莫罗认为，不对称军事同盟的实质是小国通过牺牲自主权来换得大国的军事安全保障。① 这意味着与大国的不对称军事关系很可能约束小国的对外行为。就亚太国家而言，郑在浩的研究显示，东亚国家与美国的军事关系会影响前者的行为选择，与美国军事关系越紧密，越可能制衡实力呈上升趋势的国家。② 利姆等也指出，与美国存在同盟关系的亚太国家更可能采取制衡而非对冲实力呈上升趋势的大国的战略。联盟国家尽管也能通过发出与联盟关系不一致的信号来做出对冲举动，但这样做的成本相对高于非联盟国家。③ 也有学者持不同看法。范·杰克逊（Van Jackson）认为，与他国军事关系的高度敏感性会鼓励对冲，以避免完全的相互依赖，从而减轻可能构成的脆弱性。例如，作为美国的两个长期盟友，韩国和日本也同时在整个亚洲寻求安全合作，以突破单纯的与美国的双边联盟结构。④

4. 小国的威胁感知

主流观点认为，威胁水平的高低影响小国的行为选择。帕特里夏·韦茨曼指出，当一国对另一国的威胁水平较低时，后者会采取对冲战略；随着威胁水平的升高，后者会依次采取捆绑（tethering）、制衡和追随战略。⑤ 王栋也认为，不同于制衡和追随，国家实施对冲战略时通常对目标国的威胁认知要更低。⑥ 陈宗岩等认为，在积极经济预期情况下，如果实力呈上升趋势的大国被视为高威胁，小国则会采取对冲战略，若视为低

---

① James D. Morrow, "Alliances and Asymmetry: An Alternative to the Capability Aggregation Model of Alliances", pp. 904 – 933.

② Jae Ho Chung, "East Asia Responds to the Rise of China: Patterns and Variations", pp. 657 – 675.

③ Darren J. Lim and Zack Cooper, "Reassessing Hedging: The Logic of Alignment in East Asia", pp. 696 – 727.

④ Van Jackson, "Power, Trust, and Network Complexity: Three Logics of Hedging in Asian Security", pp. 336, 344.

⑤ Patricia A. Weitsman, "Alliance Cohesion and Coalition Warfare: The Central Powers and Triple Entente", pp. 82 – 83.

⑥ 王栋：《国际关系中的对冲行为研究——以亚太国家为例》，《世界经济与政治》2018 年第 10 期。

威胁则采取追随战略；在消极经济预期情况下，如果实力呈上升趋势的大国被视为高威胁，则小国会采取制衡战略，若视为低威胁则采取对冲战略。①

另外一些学者认为，威胁的不确定性影响小国的行为选择。尤尔根·哈克（Jürgen Haacke）指出，对冲与制衡和追随的决策逻辑存在根本不同。制衡和追随战略应对的是确定的威胁，对冲战略应对的是安全风险，而安全风险是一种盖然性的未来威胁。② 丹尼·罗伊（Denny Roy）同样认为，制衡需要有明确的威胁认知，而对冲是为了应对未来可能出现的威胁。③ 约翰·乔西亚利（John D. Ciorciari）认为，对冲战略的核心是制定措施以减少或弱化潜在威胁变成真实危险时的损害。④

5. 小国国内政治

郭清水认为，小国的行为选择会受到国内政权合法性的影响，其对外政策往往服务于巩固统治精英在国内治理的权威。在大国权力转移结果不确定的情况下，小国倾向于根据国内政治合法性的主要来源制定相应的对外战略。"如果精英群体的合法性更多地来源于经济繁荣而不是国家安全，那么它很可能会强调从实力呈上升趋势的大国那里获得的经济与政治收益，淡化该国的安全威胁。"⑤ 此外，也有学者注意到意识形态对小国行为的影响。特斯曼指出，小国与实力呈上升趋势的大国之间的意识形态联系可能会促使前者选择追随而不是制衡后者。⑥

---

① Ian Tsung-Yen Chen and Alan Hao Yang, "A Harmonized Southeast Asia? Explanatory Typologies of ASEAN Countries'Strategies to the Rise of China", pp. 265 – 288.

② Jürgen Haacke, "The Concept of Hedging and Its Application to Southeast Asia: A Critique and a Proposal for a Modified Conceptual and Methodological Framework", International Relations of the Asia-Pacific, Vol. 19, No. 3, 2019, pp. 377, 392 – 394.

③ Denny Roy, "Southeast Asia and China: Balancing or Bandwagoning?" Contemporary Southeast Asia, Vol. 27, No. 2, 2005, p. 311.

④ John D. Ciorciari, "The Variable Effectiveness of Hedging Strategies", International Relations of the Asia-Pacific, Vol. 19, No. 3, 2019, p. 525.

⑤ Cheng-Chwee Kuik, "The Essence of Hedging: Malaysia and Singapore's Response to a Rising China", p. 162.

⑥ Brock F. Tessman, "System Structure and State Strategy: Adding Hedging to the Menu", pp. 195 – 196.

(二) 体系层次因素

1. 大国实力对比

特斯曼认为，体系结构是影响国家行为的最主要因素。他从大国间实力分布及权力集中趋势两个维度将国际体系分为集中多极、分散多极（deconcentrating multipolar）、集中单极（concentrating unipolar）和分散单极（deconcentrating unipolar）四类。在集中和分散多极体系下，制衡和推卸（buckpassing）战略分别是小国的核心战略，而追随和对冲则分别是集中单极和分散单极体系下小国的核心战略。[①] 就亚太国家而言，现有研究认为，在很多情况下这些国家不确定未来谁将成为亚太地区的主导力量，也不确定大国的意图，[②] 体系层面的这种持续不确定性迫使亚太国家采取同时追求"收益最大化"和"风险应急"的对冲战略。[③] 而只要大国间相对实力变化的未来轨迹变得清晰，亚太国家就会知道它们应该保持制衡还是追随。[④] 一旦它们确信在可预见的未来谁将成为地区霸主，它们就会停止对冲转向追随公认的地区霸主。[⑤]

2. 大国战略关系

亚历山大·科罗列夫（Alexander Korolev）指出，体系层次的大国竞争会限制小国的行动空间。当大国彼此激烈对抗时，小国保持对冲更加困难，它们将被迫更明确地表明自己的立场。[⑥] 郭清水则认为，只要大国间竞争还没有上升为全面冲突，马来西亚将不会选择制衡或追随，而会

[①] Brock F. Tessman, "System Structure and State Strategy: Adding Hedging to the Menu", p. 194.

[②] Vibhanshu Shekhar, "ASEAN's Response to the Rise of China: Deploying a Hedging Strategy", *China Report*, Vol. 48, No. 3, 2012, pp. 253–268.

[③] Cheng-Chwee Kuik, "How Do Weaker States Hedge? Unpacking ASEAN States' Alignment Behavior towards China", *Journal of Contemporary China*, Vol. 25, No. 100, 2016, pp. 500–514.

[④] Van Jackson, "Power, Trust, and Network Complexity: Three Logics of Hedging in Asian Security", p. 338.

[⑤] Van Jackson, "Power, Trust, and Network Complexity: Three Logics of Hedging in Asian Security", p. 348.

[⑥] Alexander Korolev, "Shrinking Room for Hedging: System-Unit Dynamics and Behavior of Smaller Powers", pp. 419–452.

继续采取对冲。①

(三) 现有研究的不足

上述研究从不同角度拓展了我们对小国行为选择的理解,但存在三方面不足:首先,对一些重要变量的认识,不同学者的观点存在明显抵牾。小国与主导国的军事关系是影响小国行为的一个重要变量,然而,小国与主导国军事关系的加强究竟会使小国更倾向于制衡实力呈上升趋势的大国还是更倾向于在两大国之间两面下注,不同学者的观点大相径庭。② 小国与主导国的经济关系是影响小国行为的另一个重要变量。然而迄今学界对于这一变量与小国行为选择之间的关系依然莫衷一是。一些学者认为小国对实力呈上升趋势的大国的经济依赖会促使小国采取对冲,另一些学者则认为实力呈上升趋势的大国的经济影响力与小国的选择没有必然关系。③ 如此重要和突出的变量在现有研究中尚且存在认识上的分歧,对于其他相对间接的因素来说,现有观点的可靠性就更加值得怀疑。

其次,研究方法与研究对象不匹配。现有研究文献绝大多数都采用定性研究方法。④ 定性方法的优势在于发现和验证已知规律背后的因果机制,而识别一般性规律本身并非定性方法之所长。如上所述,目前对于几个最直观的自变量与小国行为选择这一因变量之间的作用关系,学者的观点都存在分歧,说明学界对大国权力转移背景下小国行为选择的规律本身

---

① Cheng-Chwee Kuik, "Malaysia between the United States and China: What Do Weaker States Hedge Against?" p. 170.

② 两种观点分别参见 James D. Morrow, "Alliances and Asymmetry: An Alternative to the Capability Aggregation Model of Alliances", pp. 904 – 933; Jae Ho Chung, "East Asia Responds to the Rise of China: Patterns and Variations", pp. 657 – 675; Darren J. Lim and Zack Cooper, "Reassessing Hedging: The Logic of Alignment in East Asia", pp. 696 – 727; Van Jackson, "Power, Trust, and Network Complexity: Three Logics of Hedging in Asian Security", pp. 331 – 356。

③ 两种观点分别参见 Paul A. Papayoanou, "Economic Interdependence and Balance of Power", pp. 113 – 140; Brock F. Tessman, "System Structure and State Strategy: Adding Hedging to the Menu", pp. 192 – 231; Ian Tsung-Yen Chen and Alan Hao Yang, "A Harmonized Southeast Asia? Explanatory Typologies of ASEAN Countries'Strategies to the Rise of China", pp. 265 – 288; Evelyn Goh, Meeting the China Challenge: The U. S. in Southeast Asian Regional Security Strategies; Jae Ho Chung, "East Asia Responds to the Rise of China: Patterns and Variations", pp. 657 – 675。

④ 为数不多的定量研究文献参见 Jae Ho Chung, "East Asia Responds to the Rise of China: Patterns and Variations", pp. 657 – 675。

尚缺乏明确和充分的认识，在这种情况下试图以定性方法为主开展相关议题研究只会事倍功半。定性方法的短板恰是定量方法的长处。通过构建大样本统计模型，能够相对准确地识别各种潜在因素与小国行为之间的一般性规律，而只有在准确把握规律的前提下，继之以定性方法，才更有可能对规律背后的机制和规律以外的特例做出高质量的个案研究。

最后，未能清晰区分小国在战略层面的对冲倾向和外交层面在两个大国之间的取舍侧重倾向。当已知某种因素促使小国选择对冲战略时，我们只知道此时该小国没有选择制衡/追随战略。[①] 这并不意味着小国在外交层面就不会有所侧重地相对改善与某个大国的关系。小国在选择对冲战略的过程中，既有可能相对改善与实力呈上升趋势的大国的关系，也有可能相对改善与主导国的关系。反过来，小国在外交层面选择相对改善与实力呈上升趋势的大国的关系，也并不意味着它在战略层面就一定选择了追随该大国、制衡主导国，而是同样也有可能选择了在两个大国之间两面下注。现有研究大都只是笼统地研究了哪些因素会影响小国的对冲倾向，而相对忽视了什么因素会影响（同一时期）小国的外交侧重这个同样重要但完全独立的问题。

鉴于现有研究所存在的上述不足，我们应当重视定量方法，对影响小国对冲倾向和外交侧重的因素分别进行实证研究，对目前存在分歧和争论的观点做出澄清。

第二节　小国行为选择的动态面板模型

一　模型设定与变量选取

本章以1991—2018年亚太地区的22个国家为研究对象。[②] 1991年之

[①] 当与对冲战略做区分时，制衡和追随这两种战略可划归为同一个范畴，因为小国在两个存在竞争关系的大国之间做选择时，对其中一个大国的追随就是对另一个大国的制衡；反过来，对一个大国的制衡势必需要追随另一大国。参见Jürgen Haacke, "The Concept of Hedging and Its Application to Southeast Asia: A Critique and a Proposal for a Modified Conceptual and Methodological Framework", pp. 375-417。

[②] 这22个国家是日本、韩国、朝鲜、蒙古国、菲律宾、柬埔寨、老挝、马来西亚、缅甸、泰国、文莱、新加坡、印度尼西亚、越南、东帝汶、澳大利亚、新西兰、印度、巴基斯坦、孟加拉国、尼泊尔和不丹国。其中，东帝汶是2002年5月建国，其分析时间段为2003—2018年。

第六章　不对称同盟下小国的"两面下注"行为　/　163

后的国际政治走向和亚太地区的权力动态出现了高度的不确定性,[①] 亚太国家的行为选择也更趋多元化,[②] 因此本章选择以 1991 年作为时间起点。由于数据是多样本、多因素、跨时间段的面板数据,本章选用动态面板模型的系统 GMM 方法来构建模型。与静态面板模型相比,动态面板模型不仅动态地反映各因素对行为的影响,而且能够把被解释变量的滞后值纳入解释变量,有助于考察政策惯性对后续行为的影响。

所选取的被解释变量是亚太国家的行为选择。如前所述,小国的行为选择由战略和外交两个维度定义,这两个维度分别衡量小国的对冲倾向和外交侧重。外交侧重体现的是小国在一定时期内相对改善与哪一个大国的关系,而对冲倾向不关心小国具体倾向哪一个大国,只体现小国是保持与两个大国的等距离关系还是非等距离关系。因此,对冲倾向反映的是"无向"的距离关系,外交侧重反映的是小国"有向"的外交选择。

解释变量包括体系和单元层次总计 13 个变量以及被解释变量的滞后值。体系层次变量包括大国间经济实力对比、大国间军事实力对比和大国战略关系。单元层面变量包括小国的经济实力、小国的军事实力、小国与大国的经济关系、小国与大国的军事关系、小国的贸易依存度、小国的投资依存度、小国的军事依存度、小国对大国的威胁感知、小国国内合法性以及小国与大国的政体相似程度。

二　数据来源与指标设计

(一) 数据来源

上述变量所需数据主要取自 GDELT 数据库、[③] 斯德哥尔摩国际和平

[①] Alexander Korolev, "Shrinking Room for Hedging: System-Unit Dynamics and Behavior of Smaller Powers", p. 430.
[②] 例如,有学者认为,不同于 50 年代到 80 年代明确的追随或制衡,亚太国家最早在 20 世纪 90 年代初就开始采取对冲战略来处理与大国间的关系。参见 Cheng-Chwee Kuik, "The Essence of Hedging: Malaysia and Singapore's Response to a Rising China", pp. 159 – 185。
[③] GDELT 数据库网址：http://www.gdeltproject.org/。

研究所数据库、① 国际货币基金组织数据库、② 世界银行数据库③和体系和平中心数据库。④ 下文将分别使用这些数据库中的数据来衡量相关国家的军事实力、经济实力、经贸关系、军事关系以及对外依存度等。

GDELT（Global Database of Events, Language and Tone）是目前全球最具代表性的社会科学大数据数据库。GDELT 的事件数据来源于实时更新的全球新闻报道，因此可能会有人质疑不同媒体对事件的选择和报道倾向存在差异，但现有的大样本数据研究和个案研究都显示，不同国家报道的国际新闻在事件的合作/冲突性质的判断和报道的语气上趋于一致，⑤ 而且数据具有有效性，对国家行为和国家间关系的量化结果与定性判断相吻合。⑥ 在 GDELT 数据库中，Goldstein 分值用于判断某一事件合作或冲突的程度，⑦ AvgTone 值是指提及某一事件的语气，用来衡量对事件的感知。⑧ 鉴于数据库的有效性，目前政治学乃至计算科学都广泛使用这两个分值测量国家间关系和公众情感感知。例如，帕斯卡尔·阿布（Pascal Abb）和乔治·施特吕弗（Georg Strüver）使用东盟国家与中国相关事件的 Goldstein 的年度均值来衡量东盟各国与中国的双边关系；⑨ 克里斯蒂娜·戴维斯（Christina L. Davis）和索菲·穆尼尔（Sophie Meunier）

---

① 斯德哥尔摩国际和平研究所数据库网址：https://sipri.org/databases/milex。
② 国际货币基金组织数据库网址：http://data.imf.org/? sk = 9D6028D4-F14A-464C-A2F2-59B2CD424B85。
③ 世界银行数据库网址：https://data.worldbank.org.cn/indicator/NY.GDP.MKTP.CD? view = chart。
④ 体系和平中心数据库网址：http://www.systemicpeace.org/inscrdata.html。
⑤ Menglan Ma, et al., "Does Ideology Affect the Tone of International News Coverage?" Conference Paper, International Conference on Behavioral, Economic, Socio-Cultural Computing, 2017.
⑥ Pascal Abb and Georg Strüver, "Regional Linkages and Global Policy Alignment: The Case of China-Southeast Asia Relations", *Issues & Studies*, Vol. 51, No. 4, 2015, pp. 56-57.
⑦ Joshua S. Goldstein, "A Conflict-Cooperation Scale for WEIS Events Data", *Journal of Conflict Resolution*, Vol. 36, No. 2, 1992, pp. 369-385. Goldstein 的值在 -10 到 10 之间，负值为冲突，正值为合作，值越大合作程度越高。
⑧ AvgTone 的数值在 -100 到 100 之间。-100 表示极为消极，100 表示极为积极，0 表示中立。
⑨ Pascal Abb and Georg Strüver, "Regional Linkages and Global Policy Alignment: The Case of China-Southeast Asia Relations", pp. 33-83.

使用 Goldstein 的季度均值衡量美法和中日两组双边关系；① 戴维斯在另一篇文章中使用 Goldstein 的年度均值测量中印两国分别与主要国家间的政治关系。② 迭戈·萨希（Diego J. Bodas-Sagi）则使用 AvgTone 值来测定西班牙民众的情绪变化，考察民众情感感知对西班牙政府能源政策的影响。③ 此外，还有学者综合使用 Goldstiein 和 AvgTone 两个分值，建立基于隐马尔可夫模型的预测模型来识别社会动荡事件，④ 或是构建回归模型预测国内政治危机。⑤ 近年来，中国学者也开始使用 GDELT 数据库进行大国关系和大国影响力的研究。⑥ 下文将使用 Goldstein 和 AvgTone 分值来衡量国家间关系和小国的威胁感知。

体系和平中心数据库提供的政体得分数据将用于衡量国家间的政体相似度，政体的取值范围为（-10，10），-10 代表民主程度最低，10 代表民主程度最高。⑦ 该数据库的"合法性"分值将用于测量小国国内的

---

① Christina L. Davis and Sophie Meunier, "Business as Usual? Economic Responses to Political Tensions", *American Journal of Political Science*, Vol. 55, No. 3, 2011, pp. 628 – 646.

② Christina L. Davis, Andreas Fuchs and Kristina Johnson, "State Control and the Effects of Foreign Relations on Bilateral Trade", *Journal of Conflict Resolution*, Vol. 63, No. 2, 2019, pp. 405 – 438.

③ Diego J. Bodas-Sagi and José M. Labeaga, "Using GDELT Data to Evaluate the Confidence on the Spanish Government Energy Policy", *International Journal of Interactive Multimedia and Artificial Intelligence*, Vol. 3, No. 6, 2016, pp. 38 – 43.

④ Fengcai Qiao, et al., "Predicting Social Unrest Events with Hidden Markov Models Using GDELT", *Discrete Dynamics in Nature and Society*, 2017, pp. 1 – 13, https://www.hindawi.com/journals/ddns/2017/8180272/。

⑤ Yaser Keneshloo, et al., "Detecting and Forecasting Domestic Political Crises: A Graph-Based Approach", Conference Paper, Proceedings of the 2014 ACM Conference on Web Science, 2014, http://people.cs.vt.edu/~naren/papers/websci-gdelt-2014.pdf。

⑥ 庞珣、刘子夜：《基于海量事件数据的中美关系分析》，《世界经济与政治》2019 年第 5 期；池志培、侯娜：《大数据与双边关系的量化研究：以 GDELT 与中美关系为例》，《国际政治科学》2019 年第 2 期；Sheng Bi, et al., "A Contrast of the Degree of Activity Among the Three Major Powers, USA, China, and Russia: Insights from Media Reports", Conference Paper, International Conference on Behavioral, Economic and Socio-Cultural Computing, 2015.

⑦ 使用该数据库中的政体得分来衡量一国的政治体制是近年来国际关系研究的常用方法，例如，漆海霞、周建仁：《军售与美国亚太地区战略布局》，《中国社会科学》2015 年第 5 期；Pascal Abb and Georg Strüver, "Regional Linkages and Global Policy Alignment: The Case of China-Southeast Asia Relations", pp. 33 – 83。

合法性，该指标共包含4个二级指标，分别是"安全合法性""政治合法性""经济合法性"和"社会合法性"，每个指标分值均在0至3分之间，合法性总体得分区间为（0，12），数值越大，合法性越低。①

（二）指标设计

对冲倾向和外交侧重两个因变量的分值通过GDELT数据库中的Goldstein值进行计算。分别计算小国对主导国及小国对实力呈上升趋势大国的事件的年度Goldstein均值，②前者减后者的差值即为外交侧重的变量值，用Dip_n表示。该差值取平方③得到距离值，该值即为对冲倾向的变量值，用$Hedging_n$表示。

如前所述，解释变量包括单元和体系两个层次。其中，单元层次变量既涉及仅与小国自身相关的因素，也包括小国与大国关系类的因素。为了更准确地估计关系类因素对"无向"的对冲倾向和"有向"的外交侧重的影响，我们采用与因变量相同的量化思路，对关系类自变量分别进行"无向"和"有向"的测量，④用"无向"值对对冲倾向建模，用"有向"值对外交侧重建模。类似地，体系层次的大国实力对比也分别计算大国实力的"距离差"和"真实差"，分别用于对对冲倾向和外交侧重的建模。

体系层次变量中，大国经济实力对比用两国的国内生产总值（GDP）

---

① 近年来，越来越多的学者开始关注并使用该数据，参见 Bruce Gilley, "State Legitimacy: An Updated Dataset for 52 Countries", *European Journal of Political Research*, Vol. 51, No. 5, 2012, pp. 693 – 699; Susan E. Rice and Stewart Patrick, *Index of State Weakness in the Developing World*, Washington D. C. : Brookings Institution, 2008; 于施洋、杨道玲、王璟璇：《基于大数据的"一带一路"国际合作风险评估与应对》，社会科学文献出版社2019年版；张春：《中国外交风险预警模型的建构》，《国际展望》2017年第3期；闫健：《失效国家研究引论》，《经济社会体制比较》2014年第3期。

② 这里特别需要指出的是，本章研究的是小国的行为选择，所以因变量的值是小国对大国的事件分值，而不是小国与大国的双边事件的关系分值。后者受到小国和大国两方面主客观因素的影响，而前者能够相对准确地衡量小国单方面的决策意愿。有学者注意到了这个问题，参见 John D. Ciorciari, "The Variable Effectiveness of Hedging Strategies", pp. 523 – 555. 本章对因变量的上述测量方法相对妥善地解决了这个问题。

③ 虽然相减之后取绝对值也可以得到距离关系，但在计量统计模型中，使用平方表示距离更为常见。比如，普通最小二乘法（OLS）中就是采取平方的方式。

④ 各自变量中凡涉及表示两者之间关系的距离的变量皆采用取平方的方式进行测量。

来计算。① 经济实力的"距离差"E_{ab}的计算方法是$(\ln E_a - \ln E_b)^2$，经济实力的"真实差"E'_{ab}的计算方法是$\ln E_a - \ln E_b$。② 大国军事实力对比用两国的军费开支来计算。③ 军事实力的"距离差"M_{ab}和"真实差"M'_{ab}的计算方法同经济实力一样。大国战略关系用两国关系的年度Goldstein均值来衡量，标记为R_{ab}。

单元层次变量中，小国与大国关系类的变量共有4个，其中小国与大国的经济关系用小国与大国对外贸易额来计算。④ 经济关系的"距离差"T_{nac}和"真实差"T'_{nac}的计算方法分别为$[\ln(T_{na}+1) - \ln(T_{nb}+1)]^2$和$\ln(T_{na}+1) - \ln(T_{nb}+1)$。⑤ 小国对大国的威胁感知用GDELT数据库中的AvgTone数据来计算。威胁感知的"距离差"Avg_{nab}和"真实差"Avg'_{nab}的计算方法分别为$(Avg_{nab} - Avg'_{nab})^2$和$Avg_{nab} - Avg'_{nab}$。小国与大

---

① 数据来源为世界银行数据库。
② 对GDP的值取对数以消除异方差的影响。以下同。
③ 数据来源为斯德哥尔摩国际和平研究所数据库。军费开支的规模被普遍认为是衡量一国军事能力最有效的单一指标，它代表着"政府向军队所能提供的资源"。参见Ashley J. Tellis, et al., *Measuring National Power in the Postindustrial Age*, Santa Monica: RAND Corporation, 2000, p. 136。斯德哥尔摩和平研究所同样认为军费开支是衡量一国投入军事的经济资源的主要指标，参见 https://www.sipri.org/commentary/topical-backgrounder/2017/monitoring-military-expenditure。当然除了军费开支以外，衡量一国军事实力的指标还可以包括军队规模、军事设施以及国防研发等。但考虑到这些指标要么在短期内变化不大，可以视作常量，要么数据可获得性较差，因此本章仍采用通行做法，用军费开支这个单一指标来衡量一国的军事实力。
④ 数据来源为国际货币基金组织数据库。贸易额是衡量国家间经济关系的代表性指标。使用该指标衡量国家间经济关系的实证研究，参见Simbarashe Mhaka and Leward Jeke, "An Evaluation of the Trade Relationships between South Africa and China: An Empirical Review 1995 – 2014", *South African Journal of Economic and Management*, Vol. 21, No. 1, 2018, pp. 1 – 15; Badar Alam Iqba, "Indo-Canadian Economic Relations: Are They Really Improving?" *Transnational Corporations Review*, Vol. 5, No. 3, 2013, pp. 86 – 93; 雷兴长、李洋洋：《21世纪中国与东北亚地区地缘政治经济关系研究》，《东北亚经济研究》2020年第2期。其他一些指标，如美元作为全球主导货币的作用、美国在先进技术上的领先地位等，可能确实会影响到美国与亚太国家的经济关系，但这些因素的作用相对间接，可以视为美国拥有国际经济影响力的重要自变量，而贸易额的多少在很大程度上是多种因素共同作用的结果。
⑤ 这里之所以设定为$\ln(T_{na}+1) - \ln(T_{nb}+1)$而不是$\ln T_{na} - \ln T_{nb}$，是因为考虑到当小国与美国或与中国贸易额为0时，$\ln T_{na}$和$\ln T_{nb}$没有意义，而$\ln(T_{na}+1)$和$\ln(T_{nb}+1)$的值仍为0，与事实相符。以下小国与大国的军事关系也是如此。

国的政体相似度使用政体数据库中的政体分值来计算。[①] 政体的"距离差"P_{nab}和"真实差"P'_{nab}的计算公式分别为$(|P_a - P_n| - |P_b - P_n|)^2$和$|P_a - P_n| - |P_b - P_n|$。

本章重点要考察的小国与大国的军事关系用大国与小国的军售额来计算。[②] 结盟和军售是衡量国家间军事合作关系的两个最核心指标。由于一方面在所研究的时间段内,亚太小国与大国结盟的情况是常量,另一方面更重要的是,与结盟是与否的定性判断相比,军售额能够从军事关系的连续光谱中更为精准地衡量小国与大国的军事紧密程度。因此这里将以军售额作为指标衡量小国与大国的军事关系。如果在军售额的维度上,模型都显示与小国的两面下注行为无关,则表明是否为不对称同盟下的小国并不会影响在大国权力转移过程中自身的行为选择。军事关系的"距离差"ME_{nab}和"真实差"ME'_{nab}的计算方法同经济关系一样。

这里之所以计算小国与大国经济、军事、政治关系的差值,即小国在这些维度上与两个大国关系的相对值,而不单独考虑小国与各大国关系的绝对量,是因为本章研究的问题是小国如何在大国之间进行选择,涉及小国与大国关系的比较,因此单纯看小国与其中某个大国某一领域关系的强弱这个"绝对量"是没有意义的。比如,小国与A大国的贸易依存度很高,两国关系可能因此会比较紧密,但如果同一时期该小国与B大国的贸易依存度更高,那么小国有可能更倾向于加强与B大国的关系。

仅与小国自身相关的变量共有6个,其中,小国的经济实力E_n和军事实力M_n分别用小国的GDP和军费开支占全世界GDP和军事开支的比重来衡量。[③] 小国的贸易依存度DT_n、投资依存度DI_n和军事依存度DM_n分别用小国对外贸易总额占本国GDP的比重、外国直接投资净流入占小国

[①] 数据来源为体系和平中心数据库。

[②] 参见 Keren Yarhi-Milo, Alexander Lanoszka and Zack Cooper, "To Arm or to Ally? The Patron's Dilemma and the Strategic Logic of Arms Transfers and Alliances", pp. 90 – 139; James D. Morrow, "Arms Versus Allies: Trade-Offs in the Search for Security", *International Organization*, Vol. 47, No. 2, 1993, pp. 207 – 233。

[③] 数据来源分别为世界银行数据库和斯德哥尔摩国际和平研究所数据库。

GDP 的比重以及小国武器进口额占小国军费开支的比重来计算。① 小国的国内合法性 LE_n 用合法性指数来衡量。②

根据上述指标，亚太国家行为选择的动态面板模型的表达式如下：

模型 1（对冲倾向模型）：

$$Hedging_{n_{it}} = \alpha + \rho_1 Hedging_{n_{i,t-1}} + \rho_2 Hedging_{n_{i,t-2}} + \beta_1 Avg_{nab_{it}} + \beta_2 DT_{n_{it}}$$
$$+ \beta_3 DI_{n_{it}} + \beta_4 DM_{n_{it}} + \beta_5 E_{n_{it}} + \beta_6 M_{n_{it}} + \beta_7 LE_{n_{it}} + \beta_8 P_{nab_{it}}$$
$$+ \beta_9 E_{ab_{it}} + \beta_{10} E_{ab_{i,t-1}} + \beta_{11} E_{ab_{i,t-2}} + \beta_{12} M_{ab_{it}} + \beta_{13} M_{ab_{i,t-1}}$$
$$+ \beta_{14} M_{ab_{i,t-2}} + \beta_{15} R_{ab_{it}} + \beta_{16} R_{ab_{i,t-1}} + \beta_{17} R_{ab_{i,t-2}} + \beta_{18} T_{nab_{it}}$$
$$+ \beta_{19} ME_{nab_{it}} + u_i + \varepsilon_{it}$$

模型 2（外交侧重模型）：

$$Dip_{n_{it}} = \alpha + \rho_1 Dip_{n_{i,t-1}} + \rho_2 Dip_{n_{i,t-2}} + \beta_1 Avg'_{nab_{it}} + \beta_2 DT_{n_{it}} + \beta_3 DI_{n_{it}}$$
$$+ \beta_4 DM_{n_{it}} + \beta_5 E_{n_{it}} + \beta_6 M_{n_{it}} + \beta_7 LE_{n_{it}} + \beta_8 P'_{nab_{it}} + \beta_9 E'_{ac_{it}}$$
$$+ \beta_{10} E'_{ab_{i,t-1}} + \beta_{11} E'_{ab_{i,t-2}} + \beta_{12} M'_{ab_{it}} + \beta_{13} M'_{ab_{i,t-1}} + \beta_{14} M'_{ab_{i,t-2}}$$
$$+ \beta_{15} R_{ab_{it}} + \beta_{16} R_{ab_{i,t-1}} + \beta_{17} R_{ab_{i,t-2}} + \beta_{18} T'_{nab_{it}} + \beta_{19} ME'_{nab_{it}}$$
$$+ u_i + \varepsilon_{it}$$

模型 1 和模型 2 的解释变量都包括被解释变量的一阶与二阶滞后。小国的威胁感知、小国的贸易依存度、小国的投资依存度、小国的军事依存度、小国的经济与军事实力、小国的国内合法性及小国与大国的政体相似度视为外生解释变量；大国的经济与军事实力对比和战略关系及它们的一阶与二阶滞后视为前定解释变量；③ 小国与大国的经济关系、小国与大国的军事关系视为内生解释变量。④

三 建模结果

以 2003 年为界，本章将全部研究时段划分为两个阶段。一方面可以

---

① 数据来源分别为世界银行数据库和斯德哥尔摩国际和平研究所数据库。
② 数据来源为体系和平中心数据库。
③ 将体系层面的三个变量视为前定解释变量，是因为体系层面的因素较难受到单元层次的影响。
④ 将小国与大国的经济、军事关系视为内生解释变量，是因为小国的对冲倾向与外交侧重同时会影响与大国的经济和军事关系。

满足拟构建模型对数据量的基本要求，另一方面在于学界一般认为在 2003 年之前，东亚地区尚未出现稳定的大国权力转移态势。我们将 1991—2003 年这段时期称为"大国相对实力初步接近阶段"，将 2004—2018 年这段时期称为"大国相对实力稳定接近阶段"。以下使用 stata15.0 软件对参数进行估计，分别对两个阶段建立动态面板模型。表 6—1 给出了 1991—2003 年动态面板系统 GMM 回归结果。其中，模型 1 的被解释变量为对冲倾向，模型 2 的被解释变量为外交侧重。根据检验结果 p - AR（1）和 p - AR（2）的值可知，模型 1 和模型 2 的扰动项均不存在一阶和二阶自相关，通过自相关检验，证明模型有效。Sargan 的 p 值为 1.000，表明接受工具变量不存在过度识别的原假设，选取的工具变量有效。模型 1 的回归结果显示，小国对大国的威胁感知和小国的国内合法性两个变量对小国对冲倾向存在显著影响。小国对大国威胁感知的差距越大以及小国的国内合法性越低，小国越不倾向选择对冲。模型 2 的结果显示，小国对大国的威胁感知这一个变量对小国的外交侧重有显著影响。当小国感知到的来自主导国的安全威胁越大时，越可能相对改善与实力呈上升趋势的大国的关系。

表 6—1　　　　　　1991—2003 年动态面板系统 GMM 回归结果

	对冲倾向	外交侧重
	模型 1（1991—2003）	模型 2（1991—2003）
L1. 行为选择		
L2. 行为选择		
大国经济实力对比		
L1. 大国经济实力对比		
L2. 大国经济实力对比		
大国军事实力对比		
L1. 大国军事实力对比		
L2. 大国军事实力对比		
大国战略关系		
L1. 大国战略关系		
L2. 大国战略关系		

续表

	对冲倾向	外交侧重
	模型1（1991—2003）	模型2（1991—2003）
小国与大国的经济关系		
小国与大国的军事关系		
小国对大国的威胁感知	.476053 ***	-.8583024 *
	(.169154)	(.5057367)
小国贸易依存度		
小国投资依存度		
小国军事依存度		
小国经济实力		
小国军事实力		
小国国内合法性	23.18314 **	
	(10.47696)	
小国与大国的政体相似度		
Cons		
p-AR（1）	0.3337	0.3850
p-AR（2）	0.5489	0.7784
p-Sargan	1.000	1.000
N	274	274

资料来源：笔者自制。

注：*、** 和 *** 分别表示10%、5%和1%的显著性水平；括号内的数值为回归结果的标准差。

表6—2给出了2004—2018年动态面板系统GMM回归结果。其中，模型3的被解释变量为对冲倾向，模型4的被解释变量为外交侧重。根据AR（1）、AR（2）和Sargan的p值检验结果可知，模型3和模型4均通过自相关检验，工具变量不存在过度识别问题，回归结果可靠有效。模型3显示，对冲倾向的滞后二期对对冲倾向的当期影响显著，在前两期对冲倾向的影响下，小国会在当期微调行为，避免前两期的选择走向极端。此外，滞后二期的大国战略关系会正向影响小国当期的战略选择，大国间关系越好，小国越不会选择对冲。小国的经济实力、军事实力、

合法性和政体也会影响小国的对冲倾向。当小国的经济实力越强，军事实力越弱，国内合法性越低，与某一大国的政体相似度越高时，小国越不会选择对冲。模型 4 显示，小国的外交侧重受到滞后二期的大国军事实力对比和滞后一期的大国战略关系的显著影响。当大国军事实力差距越小，大国间关系越好时，小国越会相对改善与主导国的关系。

表6—2　　2004—2018 年动态面板系统 GMM 回归结果

	对冲倾向	外交侧重
	模型 3（2004—2018）	模型 4（2004—2018）
L1. 行为选择		
L2. 行为选择	-1.043345** (.4786844)	
大国经济实力对比		
L1. 大国经济实力对比		
L2. 大国经济实力对比		
大国军事实力对比		
L1. 大国军事实力对比		
L2. 大国军事实力对比		-60.22319* (35.41645)
大国战略关系		
L1. 大国战略关系		16.45324* (8.527954)
L2. 大国战略关系	24.17909* (14.2004)	
小国与大国的经济关系		
小国与大国的军事关系		
小国对大国的威胁感知		
小国贸易依存度		
小国投资依存度		
小国军事依存度		
小国经济实力	31.3774* (18.20778)	
小国军事实力	-24.59428* (12.6296)	

续表

	对冲倾向	外交侧重
	模型3（2004—2018）	模型4（2004—2018）
小国国内合法性	16.99829* (9.326251)	
小国与大国的政体相似度	.0338061** (.0163113)	
Cons	279.7213* (144.9082)	
p-AR（1）	0.0167	0.0108
p-AR（2）	0.5901	0.5266
p-Sargan	1.000	1.000
N	330	330

注：*、**和***分别表示10%、5%和1%的显著性水平；括号内的数值为回归结果的标准差。

第三节 小国行为选择的影响因素分析

一 大国相对实力初步接近阶段

在本阶段，对小国对冲倾向有显著影响的因素共有两个，分别是小国对大国的威胁感知和小国国内合法性。对小国外交侧重有显著性影响的因素有一个，即小国对大国的威胁感知。

首先，小国对大国的威胁感知会同时影响小国的对冲倾向和外交侧重：小国对大国安全威胁的感知差距越大，小国越不会选择对冲战略；大国中谁对小国造成的安全威胁更大，小国就越倾向于相对改善与另一国的关系。后一个发现与常识相吻合，而前一个发现则提示，威胁的不确定性而不是威胁本身影响着小国的对冲倾向。现有几乎所有有关对冲的研究都强调从威胁的角度去理解对冲，但对于究竟是威胁本身还是威胁的不确定性驱使小国采取对冲战略仍存在很大分歧。本章的研究发现表明，大国相对实力初步接近的阶段，后一种观点更符合事实。当大国对小国造成的威胁感知越趋近,小国越难以判断哪国威胁更大时,其越倾向于采取对冲战略;而当能够明确哪国对自己的威胁更大时,小国则会倾向于放弃对冲,同时侧重改善与威胁更小的大国的关系。

其次,小国与大国的经济关系、与大国的军事关系、小国的贸易依存度、小国的投资依存度和小国的军事依存度这五个与小国外部收益相关的指标在两个模型中均不显著,这提示在大国相对实力初步接近的阶段,小国的行为选择与小国的外部收益预期无关。现有的相当一部分研究将经济预期和军事收益与对冲结合在一起,尤其认为军事同盟关系会显著影响小国两面下注的行为,"与美国存在同盟关系的国家由于对冲的军事成本过高,更可能采取制衡实力呈上升趋势的大国的做法"。[1] 模型显示,在大国相对实力初步接近的阶段,这两类指标均不显著,获取和维持经济与军事收益不是小国进行对冲的主要动机。同时,这个发现也提示,与上述第一点发现所指出的在这个阶段安全威胁的不确定性会正向影响小国对冲选择不同,本阶段小国收益的不确定性对其并无显著影响,说明并非所有的不确定性都与对冲相关。

再次,大国经济实力对比、大国军事实力对比和大国间关系这三个与大国战略竞争相关的因素在两个模型中均不显著,意味着在大国相对实力初步接近的阶段,体系层次因素暂不会影响小国的对冲倾向和外交侧重。而现有的国际关系理论认为,随着两个大国权力竞争日趋激烈,中小国家的选择空间将越来越小。[2] 但这里的结果提示,在实力呈上升趋势的大国其增长势头和战略还不完全明朗时,小国的行为选择与大国的权力竞争本身关系不显著。

最后,小国国内合法性影响小国的对冲倾向:小国政府的合法性越高,小国越可能选择对冲。这是本阶段唯一影响小国对冲倾向的国内层次指标。同时,在本阶段影响小国对冲倾向的两个显著指标中,小国国内合法性的回归系数(23.2)远大于小国威胁感知的回归系数(0.5),

---

[1] Darren J. Lim and Zack Cooper, "Reassessing Hedging: The Logic of Alignment in East Asia", pp. 696, 709.

[2] Alexander Korolev, "Shrinking Room for Hedging: System-Unit Dynamics and Behavior of Smaller Powers", pp. 419–452.

这意味着在大国相对实力初步接近的阶段，小国政府的合法性水平是决定小国对冲倾向的最主要因素。在本阶段，在小国对两个大国威胁感知不变甚至有小幅变化的情况下，如果小国发生社会动荡，政府合法性水平下降，则该国可能会更明显地追随某个大国。小国国内合法性与对冲倾向之间的作用关系尚待进一步研究，一个可能的解释是，小国政府的合法性越高，政府的政权稳定性就越不需要依赖外部大国，小国在国际社会的行为自主性因而也就越高。

概括而言，在大国相对实力初步接近的阶段，体系层次因素、与小国收益相关的因素以及绝大多数与小国自身相关的因素都不影响小国的行为选择。但是大国对小国的安全威胁以及由此造成的不确定性会分别影响小国的外交侧重和对冲倾向。此外，小国国内合法性的变化会在很大程度上决定本阶段小国的对冲选择。

二 大国相对实力稳定接近阶段

在本阶段，对小国对冲倾向有显著影响的因素共有 6 个，分别是大国战略关系、小国经济实力、小国军事实力、小国国内合法性、小国与大国的政体相似度以及前两期的小国对冲倾向本身。对小国外交侧重有显著性影响的因素有两个，分别是大国军事实力对比和大国战略关系。

首先，大国战略关系会同时影响小国的对冲倾向与外交侧重：大国间关系越差，小国越倾向于选择对冲战略，同时会相对改善与实力呈上升趋势的大国的关系。在本阶段，大国间关系本身在很大程度上反映了两大国间的战略竞争程度。有学者认为，大国战略竞争会限制小国的行动空间，当大国竞争加剧时，小国将被迫在大国之间选边而不是在两个大国间两面下注。[①] 模型 3 对这一观点提出了质疑，在本阶段，大国战略竞争越激烈，小国可能反而会越普遍和频繁地两面下注。不过，根据模型 4 的结果，小国大举对冲对实力呈上升趋势的大国来说并不是一件坏事，因为导致它们对冲倾向增强的原因——大国间关系恶化——同时也

[①] Cheng-Chwee Kuik, "Malaysia Between the United States and China: What Do Weaker States Hedge Against?" p. 170.

会促使它们相对改善与实力呈上升趋势的大国的关系。

　　需要指出的是,小国选择在大国之间两面下注与选择相对改善与实力呈上升趋势的大国的关系两者并不矛盾。本章第一节已经指出,小国战略层面究竟是选择对冲还是选择制衡/追随以及选择对冲的程度,与外交层面究竟是选择相对改善与实力呈上升趋势的大国的关系还是相对改善与主导国的关系,是相互独立、互不包含、互不决定的两个经验性问题。模型3和模型4的工作就是对这两个经验性问题分别做出实证回答。

　　此外,"大国间关系越紧张,小国越有可能相对改善与实力呈上升趋势的大国的关系"这个统计发现有可能与人们的主观感受不完全吻合。人们可能会指出,在某个大国间关系恶化时期,某个或某几个小国反而改善了与主导国的关系,或者在某个大国间关系改善时期,某些小国与实力呈上升趋势的大国的关系也在改善。这里应当注意的是,上述发现是综合所有22个亚太国家15年的数据,并与其他多个变量同时纳入统计模型而得到的一种概率性的统计学结论。能够证否一个统计学结论的只能是统计方法和统计模型本身,而不是具体的"反例"。还应注意的是,这里所说的"改善与实力呈上升趋势的大国的关系"是一种相对改善。即使某个大国关系恶化时期小国与实力呈上升趋势的大国的关系真的也在恶化,但只要这一时期小国与主导国的关系恶化幅度更大,那么小国仍然是"相对改善"了与实力呈上升趋势的大国的关系。在没有定量计算和比较的情况下,仅凭经验感知很难准确判断这种"相对"变化。

　　此外,模型显示,大国战略关系对小国对冲倾向与外交侧重的影响存在不同的滞后期。当期大国战略关系的变化会影响到下一期小国的外交侧重,影响到下两期的对冲倾向,说明小国在战略层面的选择会更加慎重。

　　其次,单元层次的很多因素开始对对冲倾向产生影响。其中,小国的经济实力、反映小国不安全感的军事实力(军费开支)以及小国的政体因素等这些在前一阶段不显著的指标开始显著影响小国的对冲选择。而国内政治合法性继续发挥影响,且与上一阶段的影响方向相同。具体来说,小国的经济实力越弱,越可能选择对冲。一个可能的逻辑是在经济实力相对较弱的情况下,只有保持与大国间的等距离关系,才可能同时享受大国们的经济红利,进而巩固国内的执政基础。有观点指出,"如果精英群体的合法性更多地来源于经济繁荣而不是国家安全,那么它很可能会强调从实力呈上升趋势的大国那里获得的经济与政治收益,淡化崛起国的安全威胁"。①

小国的军事实力越强,越可能选择对冲战略。小国的军事实力是用其军费开支水平进行衡量的。现有的一些研究提出,可将军费开支作为判断小国对冲与否的指标。② 本章的实证研究在一定程度上支持了这种观点,小国军费开支与小国对冲倾向之间的确存在正向关系。小国的军费开支水平在一定程度上反映了小国的不安全感。军费开支越高,表明小国的不安全感越强。这种不安全感驱使小国选择对冲。这与前一阶段小国威胁感知的不确定性越高、小国越可能选择对冲存在一定的内在一致性,只不过在大国相对实力稳定接近的后一阶段,小国更多地将这种不确定的威胁感知转化为增加自己军费开支的实际行动。

小国与大国的政体相似度在本阶段也开始影响小国的对冲倾向。与其中某一大国的政体越相似,小国越不会选择对冲。这说明在大国实力趋近的背景下,意识形态因素对小国战略选择的影响开始变得不容忽视。不过,由于政体相似度的回归系数相对很小(0.03),所以影响力小于其他因素。此外,本阶段小国对冲倾向本身也开始对后两期的对冲倾向产生负向影响,在一定程度上避免先前的战略选择趋向极端。

再次,大国军事实力对比显著影响小国的外交侧重:当实力呈上升趋势的大国的军事实力越接近主导国时,小国越会相对改善与主导国的关系。而大国间经济实力对比则无此影响。这表明,在大国相对实力稳定接近的阶段,真正影响小国外交选择的是大国权力构成要素中的军事力量而非经济力量。军事力量日趋接近,小国会选择相对改善与现存主导国的关系,这无疑给实力呈上升趋势的大国带来了更大的战略压力。

---

① Cheng-Chwee Kuik, "The Essence of Hedging: Malaysia and Singapore's Response to a Rising China", pp. 162 – 163.

② Van Jackson, "Power, Trust, and Network Complexity: Three Logics of Hedging in Asian Security", p. 336; Jürgen Haacke, "The Concept of Hedging and Its Application to Southeast Asia: A Critique and a Proposal for a Modified Conceptual and Methodological Framework", p. 395.

如前所述，大国军事实力对比和大国间关系是这一阶段仅有的两个能够显著影响小国外交侧重的因素。在大国权力转移进程不发生方向性变化的前提下，大国间军事实力差距会不断缩小，这意味着，对实力呈上升趋势的大国来说，唯一能够主观操纵减缓其与小国关系恶化趋势的因素就是大国间关系。当大国间关系恶化时，小国将相对改善与实力呈上升趋势的大国的关系，从而在一定程度上缓解该大国因军事实力上升而带来的与周边国家关系相对疏远的战略压力。由于大国军事实力对比的回归系数（-60.2）大于大国间关系的回归系数（16.5），因此在大国间关系变化幅度不太大的情况下，与小国的总体关系将不断走低。

最后，大国经济实力对比、小国与大国的经济和军事关系、小国的贸易依存度、小国的投资依存度、小国的军事依存度以及小国的威胁感知在两个模型中均不显著。其中，大国经济实力对比对小国的对冲选择和外交侧重均无影响这一发现在一定程度上挑战了学界对经济发展对地区政治影响的一般印象。目前学界的主流观点认为，随着大国经济的快速发展，小国会更加倾向于在主导国与实力呈上升趋势的大国间寻求对冲。然而本章的实证研究并不支持这一论断，反而提示大国经济快速发展对小国行为选择的影响可能被高估。

与前一阶段一样，小国与大国的经济关系、小国与大国的军事关系、小国的外贸依存度、小国的投资依存度和小国的军事依存度这五个与小国外部收益相关的指标在本阶段的两个模型中依然不显著，这表明即便在大国相对实力稳定接近的情况下，小国的行为选择依然不受小国外部经济和军事收益预期的影响。这再一次表明，小国是否与大国结盟并不影响其对冲倾向和外交侧重。至于威胁感知，虽然在这一阶段不起作用，但如前所述，在日益明朗的大国权力竞争态势下，小国对大国威胁的感知已经在一定程度上转化为具体的增加本国军费的行动，由此间接影响小国的对冲倾向。

概括而言，与大国相对实力初步接近的阶段相比，在稳定接近阶段，体系因素开始影响小国的行为选择。其中，大国战略关系的恶化会增加小国的对冲倾向，同时促使其相对改善与实力呈上升趋势的大国的关系；大国军事实力差距的缩小会促使小国相对改善与主导国的关系。大国战略关系和大国军事实力对比都存在影响的滞后期，表明体系层次因素不会立即影响小国的行为选择，而是有一个传导过程，小国会相对谨慎地对体系层次的变化做出反应。此外，在相对实力稳定接近阶段，有更多的单元层次因素对小国行为选择产生影响。其中，小国的经济实力、军事实力和国内合法性是影响小国对冲倾向的三个最主要因素。

三　主要发现

综合两个阶段四个模型的结果，我们可以总结得出三个比较重要的实证发现。

第一，小国对大国及国际社会的经济和军事依赖不影响小国的行为选择。首先，无论大国间经济实力差距缩小到何种程度，都与小国是否相对改善与实力呈上升趋势的大国的关系以及改善的程度无关。其次，不管小国与实力呈上升趋势的大国间的经济关系相对于它们与主导国的经济关系来说有多紧密，也不管小国与主导国的军事关系相对于它们与实力呈上升趋势的大国间的军事关系来说有多密切，都不影响这些国家是否在大国之间两面下注。最后，无论小国对国际社会的总体贸易依存程度、投资依存程度和军事依存程度有多高，都不影响小国的对冲倾向和外交侧重。

第二，大国经济实力和军事实力对比变化均不影响小国的对冲倾向，但大国军事实力差距缩小会促使小国相对改善与主导国的关系。无论大国的经济和军事实力对比如何变化，都与小国是否选择在大国间两面下注以及两面下注的程度无关。这一点同样可能出乎专业人士的意料。学界通常认为，大国相对实力变化会显著影响甚至决定小国的对冲倾向。[1]

---

[1] Thomas J. Christensen, "Fostering Stability or Creating a Monster? The Rise of China and U. S. Policy toward East Asia", *International Security*, Vol. 31, No. 1, 2006, pp. 81 – 126; Hiro Katsumata, David Martin Jones and Michael L. R. Smith, "ASEAN, Regional Integration, and State Sovereignty", *International Security*, Vol. 33, No. 2, 2008, pp. 182 – 188; Kei Koga, "The Concept of 'Hedging' Revisited: The Case of Japan's Foreign Policy Strategy in East Asia's Power Shift", *International Studies Review*, Vol. 20, No. 4, 2018, pp. 633 – 660; David Shambaugh, "U. S. – China Rivalry in Southeast Asia: Power Shift or Competitive Coexistence?" *International Security*, Vol. 42, No. 4, 2018, pp. 85 – 127; Darren J. Lim and Rohan Mukherjee, "Hedging in South Asia: Balancing Economic and Security Interests amid Sino-Indian Competition", pp. 493 – 522.

本章的模型结果挑战了这个常识性观点。

同时，在大国相对实力稳定接近的阶段，大国军事实力对比对小国外交侧重存在显著影响。实力呈上升趋势的大国其军事实力越接近主导国，小国越倾向于相对改善与主导国的关系。国际关系学界有所谓"崛起困境"的概念，强调随着崛起国相对实力的迅速增长，其所面临的外部压力会随之上升。本章的发现印证了这个概念并提供了相对实力增长和压力增加之间的一个具体作用机制。

第三，大国战略关系、小国不安全感以及小国国内合法性从不同角度显著影响小国行为选择。在大国相对实力稳定接近的阶段，大国战略关系对小国在战略和外交维度的行为选择都有显著影响，大国间关系越紧张，小国就越倾向于在大国之间两面下注；同时，大国间关系越紧张，小国就越倾向于相对改善与实力呈上升趋势的大国的关系。相反，如果大国间关系改善，小国在战略层面更倾向于"一边倒"，在外交层面会更注重改善与主导国的关系。

小国的不安全感会以不同形式影响小国的行为选择。在大国相对实力初步接近的阶段，小国对大国安全威胁的感知差距越大，越不会选择对冲战略；大国中谁对小国造成的安全威胁感知相对更大，小国就越倾向于相对改善与另一国的关系。在大国相对实力稳定接近的阶段，小国对大国的威胁感知这个变量不再显著，但是另一个因素小国的军费开支开始显著影响小国的对冲倾向，小国军费开支越高，越倾向于对冲。小国军费开支的多少反映了小国的不安全感，所以这也在一定程度上说明，在大国相对实力稳定接近的阶段，小国的不安全感仍然以一种具体的形式推动小国的对冲选择。

小国的国内合法性是现有研究相对忽视的一个因素，但本章的实证研究显示，它是全部13个解释变量中唯一在前后两个阶段均对小国对冲倾向有显著影响的因素，且影响方向保持一致，体现出这个因素与小国对冲倾向之间稳定的作用关系。当前学界普遍呼吁加强区域国别问题研究，打通比较政治和国际关系的隔膜。① 这项实证研究找到了一个可能的契合点：小国的行为选择对大国外交乃至整个国际格局有着重要影响，而小国国内合法性又显著影响小国的对冲行为，这就为区域国别研究提供了一个重要的研究路径，即密切跟踪相关国家的合法性变化趋势，以此分析和预测该国在大国之间的两面下注倾向。

小　结

权力、地位、荣誉这些大国战略竞争的核心对象都是典型的关系型概念或者主体间概念。假如世界上只有一个国家，那么就无所谓权力、地位和荣誉。从这个意义上讲，小国对大国的态度及其行为选择对身处战略竞争中的大国的重要性再怎么强调都不为过。我们更想清楚地知道，在大国权力转移的过程中，这些小国在战略层面究竟更倾向于追随某个特定大国还是更倾向于在大国之间两面下注，它们在外交层面究竟是更注重加强与主导国的关系还是更注重加强与实力呈上升趋势的大国的关系，又究竟是哪些因素在左右着它们的行为选择；作为不对称同盟下的小国，其选择是否会与其他非结盟的小国有选择上的不同。本章尝试以全样本大规模统计方法对上述重要战略问题做出实证研究。

本章研究的重要启示是：其一，对于实力呈上升趋势的大国而言，既不要盲目相信本国经济增长对周边国家的吸引力，也不必无谓担心经济强大对周边国家造成的压力，但要注意尽可能降低自己对小国造成的军事威胁感知；其二，对于主导国而言，在大国权力转移过程中，如果与实力呈上升趋势的大国间的关系保持良好，小国将在战略层面更倾向于"一边倒"，在外交层面更注重改善与主导国的关系；其三，对小国而言，不管其身处主导国还是实力呈上升趋势的大国的同盟阵营中，影响

---

① 郭树勇：《加强区域国别研究》，《人民日报》，2016 年 2 月 15 日；徐四季：《从古代东方学到现代区域研究——从学科史角度探究当前区域（国别）研究的定位问题》，《区域与全球发展》2018 年第 3 期；任晓：《再论区域国别研究》，《世界经济与政治》2019 年第 1 期；Huiyun Feng and Kai He, "The Study of Chinese Scholars in Foreign Policy Analysis: An Emerging Research Program", *The Pacific Review*, Vol. 33, No. 3/4, 2020, pp. 362 - 385。

其两面下注的因素与其他小国并没有明显差异，表明对大国的军事依赖不足以对抗体系层面的权力转移进程。

本章的实证结果也提出了一些理论上值得进一步探究的问题。例如，本章的模型显示，无论权力转移进行到哪个阶段，大国的实力对比本身都不影响小国的对冲倾向，这暴露出我们对大国权力转移本身对小国行为的内在影响机制尚缺乏深刻的认识。又如，无论是从直觉上还是从基本的国际关系理论分析上，小国对大国的军事和经济依赖都应当影响小国的行为选择，但本章的模型结果不支持这一点，反倒是此前被多数学者所忽视的小国国内合法性这一因素始终稳定地影响着小国的对冲倾向。对这些反常识关系的进一步研究，有助于加深我们对大国权力转移背景下小国行为规律的理解，并帮助大国更准确地制定对外方略。

第七章

结　　论

本书以不对称同盟下的小国行为为主要研究对象，探讨了现有不对称同盟理论尚未给予充分关注的小国的几类行为：两面结盟、自我孤立、自主权衡和两面下注。作为一部以国际关系理论创新为导向的研究专著，本书的研究在宏观层面确证了国际政治和国家行为的多样性，微观层面提出并检验了一些具体的创新性理论观点。

宏观层面的主要理论发现是国际政治和国家行为的多样性。现有主流国际政治学理论研究追求解释的简约性，追求用尽可能少的变量解释尽可能广泛的国际关系现象。这种理论构建路径所遵循的基本假定是社会现象具有规律性，认为表面上复杂多变的国家行为具有超越时空的内在相似性甚至是一致性。但本书对不对称同盟下小国行为的研究提示，国际政治系统事实上和其他所有人类社会系统一样，本身是复杂的、多样的，甚至是在不断演变的。在不同的外部环境下，国家行为和国际政治结果往往会表现出明显的差异性和复杂性。因此，国际关系理论研究除了要解释国家行为的一般性之外，还有一项同样重要的任务就是去发现和解释一般性理论所忽视或者不能解释的国家行为的特殊性，通过对国家行为差异性的深入研究，丰富完善现有的国际关系理论体系。本书所展示的"两面结盟""自我孤立"等不对称同盟下小国的行为，就是这种国家间互动多样性的体现。本书的研究经验提示，从特殊性和多样性角度研究国家行为，可能是未来国际关系理论创新的重要增长点。

微观层面，本书提出并检验了以下一些具体的创新性理论观点。一是不对称同盟下的小国同时与两个敌对的大国建立针对彼此的同盟是可能的。现有的同盟形成理论无论是从"制衡"的视角还是从"追随"的视角,抑或是从"政体和意识形态"的视角都无法完满地解释这种"两面结盟"现象。本书从需求和供给的角度给出了"两面结盟"行为背后的理论机制:当小国至少有两种必不可缺且仅靠自身无法满足的需求,而两个大国分别只能满足其中的一种,同时两个大国处于互有顾忌、彼此均无必胜对方把握的僵持状态时,就可能出现"两面结盟"。对于不对称同盟下小国"两面结盟"行为的研究,不仅能够推动同盟形成理论的创新,有助于加深我们对当代大国与小国互动关系的理解,还为探究大国权力竞争更多可能的模式提供了有益的启发。

二是两极体系下两个超级大国除存在因争夺势力范围而走向彼此对立和相互对抗的"大国分治"模式外,还存在相对更为温和的互动模式"大国共治"。现有大国权力竞争的理论普遍将两极与对抗绑定起来,认为大国对小国的争夺具有排他性,两极状态下出现两个对立的联盟阵营是一种自然甚至必然的现象。但本书的研究发现,两个超级大国共同领导同一批中小国家的"大国共治"不仅在历史上出现过,而且理论上也是成立的。实现"大国共治"的条件与"两面结盟"的条件类似。当"小国普遍有不止一种重要需求"和"两大国均只能满足小国某一种需求"这两个条件满足时,会首先引发两个大国对外功能的分异。这既为小国同时服从于两个大国的领导提供了行为动机,同时又使得两个大国获取权力的工具得以"差异化"。此时大国间如果不再能够发生直接的战争,都无法通过暴力强制方式让对方退出对小国的争夺,那么由大国功能分异而导致的差异化竞争态势就会得到保持,从而使大国共治状态得以生成并持续。"大国共治"下,由于两个大国的势力范围不再按照地理空间划分,而是按照议题领域划分,因而能在很大程度上弱化大国间地缘政治对抗的程度和战略竞争的零和性。对"大国共治"的研究有助于从理论层面完善对大国互动模式的一般性理解。

三是不对称同盟下的小国在面临外部安全威胁时,并不总是会采取积极制衡和正面威慑策略(比如加强与自身盟友的关系),有时反而会做出与之恰恰相反的举动:故意疏远与自己盟国的关系。本书将这种行为称为小国的"自我孤立"。"自我孤立"行为再次体现了国家行为的多样性。现有的权力理论、不对称相互依赖理论均不能解释这种危险且反常的举动。本书从博弈论的视角,揭示了这种行为背后的信号博弈原理:通过故意疏远与其盟国的关系这种高成本策略,拥有核威慑能力的小国可以可信地展示与敌国对抗的决心,从而提升迫使敌国退让的概率,慑止对方的军事入侵。不对称同盟下小国的"自我孤立"行为揭示了一种在不对称冲突中弱势方得以占据战略优势的途径,突显了防核扩散对大国在权力维度的重要意义,更重要的是它揭示了联盟的一个此前从未被意识到的功能——负面威慑功能。深入研究小国的"自我孤立"行为,有助于从一个全新的角度推动联盟理论、威慑理论等国际安全理论的创新。

四是不对称同盟下小国的安全自主政策受大国盟国和外部威胁来源国战略信誉的双重影响。在不对称同盟下,小国有时会表现得积极谋求自主,有时却又会主动加深对大国的安全依赖,本书将小国的这种行为称为"自主权衡"行为。现有的国家实力理论、大国权力竞争理论对这种行为的变化均难以做出充分解释。本书从战略信誉的角度揭示了不对称同盟下小国安全自主政策的变化规律。研究发现,盟国的战略信誉和威胁来源国的战略信誉两者共同影响小国对自主的追求,但影响的维度不同。前者影响的是小国对军事自主的追求程度,盟国战略信誉越低,小国越倾向于追求军事自主;后者影响的是小国对政治自主的追求程度,威胁来源国战略信誉越低,小国越倾向于追求政治自主。对不对称同盟下小国"自主权衡"行为的研究,不仅在理论层面拓展了原有议题中仅仅囿于不对称同盟存续时间和同盟性质的研究范畴,还有助于在准确把握不对称同盟下小国行为规律的基础上科学预测小国的政策走向。

五是不对称同盟下的小国在发生权力转移关系的两个大国之间的战略和外交选择不受对大国军事依赖的约束,而是会在同盟内大国与同盟外大国之间灵活地"两面下注"。大国权力竞争的加剧会迫使小国在大国之间做出战略和外交选择。战略选择就是要在大国间选择"一边倒"还是"两面下注"。现有国际关系理论虽对此已有不少的研究,但不同学者的观点之间存在明显抵牾。本书通过构建大样本统计模型,借助动态面板的系统 GMM 方法,实证检验了左右小国行为选择的多种因素。研究有两点重要发现：一是小国的选择不会受到外部军事依赖的影响；二是在大国权力竞争的不同阶段，小国的国内合法性都持续地对小国"两面下注"行为产生影响：小国国内合法性越高，越可能选择两面下注。这提示目前学界对大国权力转移对小国行为的内在影响机制的认识可能尚不够充分。对小国"两面下注"行为的实证研究有助于深化我们对大国权力转移背景下小国行为规律的理解以及军事安全领域中小国对大国不对称相互依赖的认识。

作为一部以理论创新为导向的研究专著，本书在研究过程中主要有以下两点心得：

一是东亚国际关系史是一块尚待发掘而又极具潜力的资料宝库。本书对不对称同盟下小国行为的创新性研究几乎全部源于对古代和现当代东亚小国行为的观察："两面结盟"是古代东亚朝贡体系下周边小国与中原王朝、游牧民族政权三方互动的一种尚未得到以近现代西方历史为主要经验来源的主流国际关系理论所关注和重视的行为；"大国共治"是早在春秋时期就已出现的一种不同于现有国际关系理论所界定的以"对抗"为特征的、相对更为温和的大国权力互动模式；"自我孤立"是拥有核威慑能力的亚太小国表现出来的、用以应对外部安全压力的一种现有主流理论和国际关系一般常识无法解释的"反常"策略，等等。这些都提示我们应该加大对非西方国际关系史的研究力度，在更广阔的历史时空中构建起能够充分反映与解释包括东亚国际关系在内的更多国际关系现实的理论体系。

当然，对非西方国际关系史的重视，并不意味着颠覆现有国际关系理论，彻底另起炉灶，而是兼收并蓄，在对东西方国际关系实践和理论进行充分比较和整合的基础上，走一条东西融合、为我所用的学术创新之路。尽管东西方国际关系的历史进程存在诸多差异，但是两者同样有可能在某些特定时间和空间出现相似的外部约束条件，从而催生出相似的国家行为。比如不对称同盟下小国的"自主权衡"行为就不止发生在亚太小国与其盟国之间，在其他地区的不对称同盟中也普遍存在着自主与安全交换的现象。正如习近平总书记在哲学社会科学工作座谈会上所指出的，"对人类创造的有益的理论观点和学术成果，我们应该吸收借鉴，但不能把一种理论观点和学术成果当成'唯一准则',不能企图用一种模式来改造整个世界","强调民族性并不是要排斥其他国家的学术研究成果,而是要在比较、对照、批判、吸收、升华的基础上,使民族性更加符合当代中国和当今世界的发展要求"。①

二是现有国际关系理论仍有不少的研究"空白"有待学者去进一步挖掘和探索。自 1919 年算起,国际关系学科已有百年的发展历史,已形成包括现实主义、自由主义、建构主义等在内的多个范式理论,并在不同的议题领域都有颇为丰硕的研究成果。乍看过去,似乎国际关系理论的发展已经相当完善,但正如本书所展示的,不仅主流的国际关系理论因为主要以西方近现代史作为经验依据而使得理论的普适性和适用性不足,而且国际关系发展本身也给已有的国际关系理论提出了许多新的研究议题,许多新近出现的国际政治现象和国家行为超越了现有国际关系理论解释的范畴。例如,本书所研究的拥有核威慑能力的小国"自我孤立"行为就难以用传统的同盟理论加以解释,而大国权力转移过程中小国的"两面下注"行为更是最近十余年才开始为学界所普遍关注。

我们可以继续以本书的研究结果为基础,发掘其中遗留和尚未解决的问题,并以此为切入点继续推动国际关系理论的创新。例如,在不对称同盟中小国"自主权衡"行为这一议题上,可以拓展研究小国自主性政策成功的条件、不对称同盟中大国与小国围绕自主问题的博弈规律等问题,从而发展更具一般性的不对称同盟下的盟国行为理论;在"大国共治"议题上,可以进一步探讨崛起国如何在某个功能领域打造和发挥自己的比较优势,能够既有效地提升自身的国际影响力,同时又避免过度刺激霸权国从而减轻来自霸权国的战略压力;在"自我孤立"议题上,可以深入研究联盟负面威慑功能生效的各种可能性条件组合,等等。

限于学识和能力,本书在很多方面可能存在许多缺陷和不足。希望

---

① 《习近平:在哲学社会科学工作座谈会上的讲话》,新华社,2016 年 5 月 18 日,http://www.xinhuanet.com//politics/2016－05/18/c_1118891128_2.htm。

本书的相关研究和探索,能够对不对称同盟下小国行为问题的研究向纵深化方向发展起到帮助作用,同时启发学术同行开辟出更多的理论创新增长点。

参考文献

英文文献

1. 著作

Andrew Kydd, *Trust and Mistrust in International Relations*, Princeton: Princeton University Press, 2005.

Anne E. Sartori, *Deterrence by Diplomacy*, Princeton: Princeton University Press, 2005.

Arthur A. Stein, *Why Nations Cooperate*, Ithaca: Cornell University Press, 1990.

Ashley J. Tellis, et al., *Measuring National Power in the Postindustrial Age*, Santa Monica: RAND Corporation, 2000.

Avery Goldstein, *Deterrence and Security in the 21st Century: China, Britain, France, and the Enduring Legacy of the Nuclear Revolution*, Stanford: Stanford University Press, 2000.

Barry Buzan, Charles Jones and Richard Little, *The logic of Anarchy*, New York: Columbia University Press, 1993.

Bernard Brodie, *Strategy in the Missile Age*, Princeton: Princeton University Press, 1959.

Branislav L. Slantchev, *Military Threats: The Costs of Coercion and the Price of Peace*, Cambridge: Cambridge University Press, 2011.

Brantly Womack, *China and Vietnam: The Politics of Asymmetry*, Cambridge: Cambridge University Press, 2006.

Brett V. Benson, *Constructing International Security: Alliances, Deterrence, and Moral Hazard*, Cambridge: Cambridge University Press, 2012.

Christopher J. Fettweis, *Dangerous Times? The International Politics of Great Power Peace*, Washington D. C. : Georgetown University Press, 2010.

Chuck Downs, *Over the Line: North Korea's Negotiating Strategy* (Washington D. C. : American Enterprise Institute Press, 1999.

Claud A. Buss, *The United States and the Republic of Korea: Background for Policy*, Stanford: Hoover International Press, 1982.

Dan Reiter, *Crucible of Beliefs: Learning, Alliances, and World Wars*, Ithaca and London: Cornell University Press, 1996.

David A. Lake, *Entangling Relations: American Foreign Policy in Its Century*, (Princeton: Princeton University Press, 1999.

David A. Lake, *Hierarchy in International Relations*, Ithaca and London: Cornell University Press, 2009.

David Hundt, *Korea's Developmental Alliance: State, Capital and the Politics of Rapid Development*, London: Routledge, 2008.

David P. Calleo, *Follies of Power: America's Unipolar Fantasy*, Cambridge: Cambridge University Press, 2009.

Donald Kagan, *The Peloponnesian War*, New York: Viking Penguin, 2003.

Erich Reiter and Heinz Gartner, eds. , *Small States and Alliances*, New York: Physica-Verlag, 2001.

Evelyn Goh, *Meeting the China Challenge: The U. S. in Southeast Asian Regional Security Strategies*, Washington D. C. : East-West Center, 2005.

Fritz Heider, *The Psychology of Interpersonal Relations*, New York: John Wiley & Sons, Inc. , 1958.

George Liska, *Nations in Alliance: The Limits of Interdependence*, Baltimore: The Johns Hopkins Press, 1968.

Glenn H. Snyder, *Alliance Politics*, Ithaca and London: Cornell University Press, 1997.

Glenn H. Snyder and Paul Diesing, *Conflict among Nations*, Princeton: Princeton University Press, 1977.

Gregory D. Miller, *The Shadow of the Past: Reputation and Military Alliances before the First World War*, Ithaca: Cornell University Press, 2012.

Hanna Samir Kassab, *Weak States in International Relations Theory*, New York: Palgrave Macmillan, 2015.

Hans. J. Morgenthau, *Politics among Nations: The Struggle for Power and Peace*, 7th Edition, Beijing: Peking University Press, 2005.

Ivan Arreguín-Toft, *How the Weak Win Wars: A Theory of Asymmetric Conflict*, New York: Cambridge University Press, 2005.

Jacques E. C. Hymans, *Achieving Nuclear Ambitions: Scientists, Politicians, and Proliferation*, Cambridge: Cambridge University Press, 2012.

James W. Davis, Jr. , *Threats and Promises: The Pursuit of International Influence*, Baltimore: The Johns Hopkins University Press, 2000.

Jeremy Pressman, *Warring Friends: Alliance Restraint in International Politics*, Ithaca: Cornell University Press, 2008.

Jing-shen Tao, *Two Sons of Heaven: Studies in Sung-Liao Relations*, Tucson: University of Arizona Press, 1988.

John D Ciorciari, *The Limits of Alignment: Southeast Asia and the Great Powers Since 1975*, Washington D. C. : Georgetown University Press, 2010.

John J. Mearsheimer, *The Tragedy of Great Power Politics*, New York: W. W. Norton & Company, 2001.

Jonathan Bendor, *Bounded Rationality and Politics*, Berkeley and Los Angeles: University of California Press, 2010.

Jonathan D. Pollack, *No Exit: North Korea, Nuclear Weapons, and International Security*, London: IISS, 2011.

Jonathan Haslam, *No Virtue like Necessity: Realist Thought in International Relations Since Machiavelli*, New Haven and London: Yale University Press, 2002.

Joseph S. Nye, Jr. , *Understanding International Conflicts: An Introduction to Theory and History*, New York: Longman, 1997.

Joshua Baron, *Great Power Peace and American Primacy: The Origins and Future of a New International Order*, New York: Palgrave Macmillan, 2014.

Kenneth E. Boulding, *Conflict and Defense: A General Theory*, New York: Harper and Brothers, 1962.

Kenneth N. Waltz, *Theory of International Politics*, Reading: Addison-Wesley Publishing Company, 1979.

Kenneth N. Waltz and Scott D. Sagan, *The Spread of Nuclear Weapons: A Debate*, New York: W. W. Norton, 1995.

Lawrence Freedman, *The Evolution of Nuclear Strategy*, New York: Palgrave Macmillan, 2003.

Lyle J. Goldstein, *Preventive Attack and Weapons of Mass Destruction: A Comparative Historical Analysis*, Stanford: Stanford University Press, 2006.

Michael Mandelbaum, *The Nuclear Revolution: International Politics Before and After Hiroshima*, New York: Cambridge University Press, 1981.

Patricia A. Weitsman, *Dangerous Alliances: Proponents of Peace, Weapons of War*, Stanford: Stanford University Press, 2004.

Patrick M. Morgan, *Deterrence Now*, Cambridge: Cambridge University Press, 2003.

Paul Gordon Lauren ed., *Diplomacy: New Approaches in History, Theory and Policy*, New York: The Free Press, 1979.

Peter J. Fliess, *Thucydides and the Politics of Bipolarity*, Baton Rouge: Louisiana State University Press, 1966.

Raimo Vayrynen, ed., *The Waning of Major War*, London and New York: Routledge, 2006.

Raymond Aron, *Peace and War: A Theory of International Relations*, New York: Doubleday, 1966.

Reza Salehnejad, *Rationality, Bounded Rationality and Microfoundations: Foundations of Theoretical Economics*, New York: Palgrave Macmillan, 2007.

Richard K. Betts, *Nuclear Blackmail and Nuclear Balance*, Washington D. C.:

The Brookings Institution, 1987.

Richard M. Nixon, *Public Papers of the Presidents of the United States: Richard Nixon*, 1969, Michigan: University of Michigan Library, 2005.

Richard Ned Lebow, *A Culture Theory of International Relations*, Cambridge: Cambridge University Press, 2008.

Richard Ned Lebow, *Between Peace and War: The Nature of International Crisis*, Baltimore: Johns Hopkins University Press, 1981.

Richard Ned Lebow, *Why Nations Fight: Past and Future Motives for War*, New York: Cambridge University Press, 2010.

Robert Gilpin, *The Political Economy of International Relations*, Princeton: Princeton University Press, 1987.

Robert Gilpin, *War and Change in International Politics*, Cambridge: Cambridge University Press, 1981.

Robert J. Art and Kenneth N. Waltz, eds., *The Use of Force, Second Edition*, Lanham: University Press of America, 1983.

Robert Jervis, *The Illogic of American Nuclear Strategy*, Ithaca: Cornell University Press, 1984.

Robert Jervis, *The Meaning of the Nuclear Revolution: Statecraft and the Prospect of Armageddon*, Ithaca: Cornell University Press, 1989.

Robert L. Rothstein, *Alliances and Small Powers*, New York: Columbia University Press, 1968.

Robert O. Keohane and Joseph S. Nye, *Power and Interdependence, Fourth Edition*, Boston: Pearson, 2012.

Robert Powell, *Nuclear Deterrence Theory: The Search for Credibility*, Cambridge: Cambridge University Press, 1990.

S. Paul Kapur, *Dangerous Deterrent: Nuclear Weapons Proliferation and Conflict in South Asia*, Stanford: Stanford University Press, 2007.

Sharon Korman, *The Right of Conquest: The Acquisition of Territory by Force in International Law and Practice*, Oxford: Clarendon Press, 1996.

Stephen M. Walt, *The Origins of Alliance*, Ithaca and London: Cornell University Press, 1987.

Steven Pinker, *The Better Angels of Our Nature: Why Violence Has Declined*, New York: Viking, 2011.

Susan E. Rice and Stewart Patrick, *Index of State Weakness in the Developing World*, Washington D. C.: Brookings Institution, 2008.

Tanisha M. Fazal, *State Death: The Politics and Geography of Conquest, Occupation, and Annexation*, Princeton: Princeton University Press, 2007.

Thazha Varkey Paul, *Asymmetric Conflicts: War Initiation by Weaker Powers*, New York: Cambridge University Press, 1994.

Thomas C. Schelling, *Arms and Influence*, New Haven: Yale University Press, 1966.

Thomas C. Schelling, *The Strategy of Conflict*, Cambridge: Harvard University Press, 1960.

Thucydides, *The War of the Peloponnesians and the Athenians*, ed. and trans. Jeremy Mynott, Cambridge: Cambridge University Press, 2013.

Tongfi Kim, *The Supply Side of Security: A Market Theory of Military Alliances*, Stanford: Stanford University Press, 2016.

U. S. Department of Defense, *A Strategic Framework for the Asia Pacific Rim: Looking Toward the 21st Century*, Washington D. C.: U. S. Government Publishing Office, 1990.

U. S. Department of Defense, *A Strategic Framework for the Asia Pacific Rim: Report to Congress 1992*, Washington D. C.: U. S. Government Publishing Office, 1992.

Uri Resnick, *Dynamics of Asymmetric Territorial Conflict: The Evolution of Patience*, New York: Palgrave Macmillan, 2013.

Victor Cha, *Powerplay: The Origins of the American Alliance System in Asia*, Princeton: Princeton University Press, 2016.

Vipin Narang, *Nuclear Strategy in the Modern Era: Regional Powers and International Conflict*, Princeton: Princeton University Press, 2014.

Walter Carlsnaes, Thomas Risse and Beth A. Simmons, eds., *Handbook of*

International Relations, London: Sage Publications, 2002.

William C. Wohlforth, *The Elusive Balance: Power and Perceptions during the Cold War*, Ithaca: Cornell University Press, 1993.

Yan Xuetong, *Leadership and the Rise of Great Powers*, Princeton: Princeton University Press, 2019.

2. 学术论文

Ahsan I. Butt, "Anarchy and Hierarchy in International Relations: Examining South America's War-Prone Decade, 1932 – 41", *International Organization*, Vol. 67, No. 3, 2013, pp. 575 – 607.

Alan N. Sabrosky, "Interstate Alliances: Their Reliability and the Expansion of War", in J. David. Singer, ed., *The Correlates of War II: Testing Social Realpolitik Models*, New York: Free Press, 1980, pp. 161 – 198.

Alastair Smith, "Alliance Formation and War", *International Studies Quarterly*, Vol. 39, No. 4, 1995, pp. 405 – 425.

Alastair Smith, "Extended Deterrence and Alliance Formation", *International Interactions*, Vol. 24, No. 4, 1998, pp. 315 – 343.

Alexander Korolev, "Shrinking Room for Hedging: System-Unit Dynamics and Behavior of Smaller Powers", *International Relations of the Asia-Pacific*, Vol. 19, No. 3, 2019, pp. 419 – 452.

Alvin M. Saperstein, "The 'Long Peace': Result of a Bipolar Competitive World?" *The Journal of Conflict Resolution*, Vol. 35, No. 1, 1991, pp. 68 – 79.

Andrew Kydd, "The Art of Shaker Modeling: Game Theory and Security Studies", in Detlef F. Sprinz and Yael Wolinsky-Nahmias, eds., *Models, Numbers, and Cases: Methods for Studying International Relations*, Ann Arbor: University of Michigan Press, 2004, pp. 344 – 366.

Badar Alam Iqba, "Indo-Canadian Economic Relations: Are They Really Improving?" *Transnational Corporations Review*, Vol. 5, No. 3, 2013, pp. 86 – 93.

Barry Buzan and Mathias Albert, "Differentiation: A Sociological Approach to International Relations Theory", *European Journal of International Rela-*

tions, Vol. 16, No. 3, 2010, pp. 315 – 337.

Barry Nalebuff, "Rational Deterrence in an Imperfect World", *World Politics*, Vol. 43, No. 3, 1991, pp. 313 – 335.

Benjamin A. Most and Harvey Starr, "International Relations Theory, Foreign Policy Substitutability, and 'Nice' Laws", *World Politics*, Vol. 36, No. 3, 1984, pp. 383 – 406.

Brantly Womack, "Asymmetry and Systemic Misperception: China, Vietnam and Cambodia during the 1970s", *The Journal of Strategic Studies*, Vol. 26, No. 2, 2003, pp. 92 – 119.

Brett Ashely Leeds, "Alliance Reliability in Times of War: Explaining State Decisions to Violate Treaties", *International Organization*, Vol. 57, No. 4, 2003, pp. 801 – 827.

Brett Ashley Leeds, "Domestic Political Institutions, Credible Commitments, and International Cooperation", *American Journal of Political Science*, Vol. 43, No. 4, 1999, pp. 979 – 1002.

Brett Ashley Leeds, Andrew G. Long and Sara McLaughlin Mitchell, "Reevaluating Alliance Reliability: Specific Threats, Specific Promises", *Journal of Conflict Resolution*, Vol. 44, No. 5, 2000, pp. 686 – 699.

Brett Ashley Leeds, et al., "Alliance Treaty Obligations and Provisions: 1815 – 1944", *International Interactions*, Vol. 68, No. 3, 2002, pp. 237 – 260.

Brett Ashley Leeds and Burcu Savun, "Terminating Alliances: Why Do States Abrogate Agreements?" *The Journal of Politics*, Vol. 69, No. 4, 2007, pp. 1118 – 1132.

Brett V. Benson and Quan Wen, "A Bargaining Model of Nuclear Weapons: Development and Disarmament", in Robert Rauchhaus, Matthew Kroenig and Erik Gartzke eds., *Causes and Consequences of Nuclear Proliferation* (New York: Routledge, 2011), pp. 111 – 137.

Brian Lai and Dan Reiter, "Democracy, Political Similarity, and International Alliances, 1816 – 1992", *Journal of Conflict Resolution*, Vol. 44, No. 2, 2000, pp. 205 – 224.

Brock F. Tessman, "System Structure and State Strategy: Adding Hedging to the Menu", *Security Studies*, Vol. 21, No. 2, 2012, pp. 192 – 231.

Bruce Bueno de Mesquita, "Accomplishments and Limitations of a Game-Theoretic Approach to International Relations", in Frank P. Harvey and Michael Brecher eds., *Evaluating Methodology in International Studies*, Ann Arbor: The University of Michigan Press, 2002, pp. 59 – 80.

Bruce Bueno de Mesquita, "Measuring Systemic Polarity", *The Journal of Conflict Resolution*, Vol. 19, No. 2, 1975, pp. 187 – 216.

Bruce Gilley, "State Legitimacy: An Updated Dataset for 52 Countries", *European Journal of Political Research*, Vol. 51, No. 5, 2012, pp. 693 – 699.

C. S. Eliot Kang, "Restructuring the US-South Korea Alliance to Deal with the Second Korean Nuclear Crisis", *Australian Journal of International Affairs*, Vol. 57, No. 2, 2003, pp. 309 – 324.

Charles P. Kindleberger, "Dominance and Leadership in the International Economy: Exploitation, Public Goods, and Free Rides", *International Studies Quarterly*, Vol. 25, No. 2, 1981, pp. 242 – 254.

Charles W. Ostrom, Jr. and John H. Aldrich, "The Relationship Between Size and Stability in the Major Power International System", *American Journal of Political Science*, Vol. 22, No. 4, 1978, pp. 743 – 771.

Cheng-Chwee Kuik, "How Do Weaker States Hedge? Unpacking ASEAN States' Alignment Behavior towards China", *Journal of Contemporary China*, Vol. 25, No. 100, 2016, pp. 500 – 514.

Cheng-Chwee Kuik, "Malaysia Between the United States and China: What Do Weaker States Hedge Against?" *Asian Politics & Policy*, Vol. 8, No. 1, 2016, pp. 155 – 177.

Cheng-Chwee Kuik, "The Essence of Hedging: Malaysia and Singapore's Response to a Rising China", *Contemporary Southeast Asia*, Vol. 30, No. 2, 2008, pp. 159 – 185.

Choi Kang, "Retrospect and Prospect of the ROK-US Alliance at 60 and Beyond", in Gilbert Rozman, ed., *Asia's Alliance Triangle: US-Japan-South*

Korea Relations at a Tumultuous Time, New York: Palgrave Macmillan, 2015, pp. 29 – 41.

Christina L. Davis, Andreas Fuchs and Kristina Johnson, "State Control and the Effects of Foreign Relations on Bilateral Trade", *Journal of Conflict Resolution*, Vol. 63, No. 2, 2019, pp. 405 – 438.

Christina L. Davis and Sophie Meunier, "Business as Usual? Economic Responses to Political Tensions", *American Journal of Political Science*, Vol. 55, No. 3, 2011, pp. 628 – 646.

Christophe Jaffrelot, "Ceasefire Violations in Kashmir: A War by Other Means?" Carnegie Endowment for International Peace, October 24, 2018, https://carnegieendowment.org/2018/10/24/ceasefire-violations-in-kashmir-war-by-other-means-pub-77573.

Christopher Gelpi, "Alliances as Instruments of Intra-Allied Control", in Helga Haftendorn, Robert O. Keohane, and Celeste A. Wallander, eds., *Imperfect Unions: Security Institutions over Time and Space*, Oxford: Oxford University Press, 1999, pp. 107 – 139

Christopher Layne, "This Time It's Real: The End of Unipolarity and the Pax Americana", *International Studies Quarterly*, Vol. 56, No. 1, 2012, pp. 203 – 213.

Colin Elman, Miriam Fendius Elman and Paul Schroeder, "Correspondence: History vs. Neo-realism: A Second Look", *International Security*, Vol. 20, No. 1, 1995, pp. 182 – 195.

Colin H. Kahl, "Constructing a Separate Peace: Constructivism, Collective Liberal Identity, and Democratic Peace", *Security Studies*, Vol. 8, No. 2/3, 1998, pp. 94 – 144.

Daehee Bak, "Alliance Proximity and Effectiveness of Extended Deterrence", *International Interactions*, Vol. 44, No. 1, 2018, pp. 107 – 131.

Daina Chiba, Jesse C Johnson, and Brett Ashley Leeds, "Careful Commitments: Democratic States and Alliance Design", *The Journal of Politics*, Vol. 77, No. 4, 2015, pp. 968 – 982.

Daisaku Sakaguchi, "Distance and Military Operations: Theoretical Background toward Strengthening the Defense of Offshore Islands", *NIDS Journal of Defense and Security*, No. 12, 2011, pp. 83 – 105.

Dan Altman, "Advancing without Attacking: The Strategic Game around the Use of Force", *Security Studies*, Vol. 27, No. 1, 2018, pp. 58 – 88.

Darren J. Lim and Rohan Mukherjee, "Hedging in South Asia: Balancing Economic and Security Interests amid Sino-Indian Competition", *International Relations of the Asia-Pacific*, Vol. 19, No 3, 2019, pp. 493 – 522.

Darren J. Lim and Zack Cooper, "Reassessing Hedging: The Logic of Alignment in East Asia", *Security Studies*, Vol. 24, No. 4, 2015, pp. 696 – 727.

David A. Lake, "Anarchy, Hierarchy, and the Variety of International Relations", *International Organization*, Vol. 50, No. 1, 1996, pp. 1 – 33.

David A. Lake, "Escape from the State of Nature Authority and Hierarchy in World Politics", *International Security*, Vol. 32, No. 1, 2007, pp. 47 – 79.

David C. Kang, "Stability and Hierarchy in East Asia International Relations, 1300 – 1900 CE", in Stuart J. Kaufman, Richard Little, and William C. Wohlforth, eds., *The Balance of Power in World History*, New York: Palgrave Macmillan, 2007, pp. 199 – 227.

David P. Rapkin, William R. Thompson and Jon A. Christopherson, "Bipolarity and Bipolarization in the Cold War Era: Conceptualization, Measurement, and Validation", *The Journal of Conflict Resolution*, Vol. 23, No. 2, 1979, pp. 261 – 295.

David R. Mares, "Middle Powers under Regional Hegemony: To Challenge or Acquiesce in Hegemonic Enforcement", *International Studies Quarterly*, Vol. 32, No. 4, 1988, pp. 453 – 471.

David Shambaugh, "U. S. – China Rivalry in Southeast Asia: Power Shift or Competitive Coexistence?" *International Security*, Vol. 42, No. 4, 2018, pp. 85 – 127.

David Sobek, Dennis M. Foster and Samuel B. Robison, "Conventional Wisdom? The Effect of Nuclear Proliferation on Armed Conflict, 1945 – 2001",

International Studies Quarterly, Vol. 56, No. 1, 2012, pp. 149 – 162.

Davide Fiammenghi, "The Security Curve and the Structure of International Politics: A Neorealist Synthesis", *International Security*, Vol. 35, No. 4, 2011, pp. 126 – 154.

Deborah Welch Larson, "Exchange and Reciprocity in International Negotiations", *International Negotiation*, Vol. 3, No. 2, 1998, pp. 121 – 138.

Deborah Welch Larson, "Trust and Missed Opportunities in International Relations", *Political Psychology*, Vol. 18, No. 3, 1997, pp. 701 – 734.

Denny Roy, "Southeast Asia and China: Balancing or Bandwagoning?" *Contemporary Southeast Asia*, Vol. 27, No. 2, 2005, pp. 305 – 322.

Diego J. Bodas-Sagi and José M. Labeaga, "Using GDELT Data to Evaluate the Confidence on the Spanish Government Energy Policy", *International Journal of Interactive Multimedia and Artificial Intelligence*, Vol. 3, No. 6, 2016, pp. 38 – 43.

Dominic D. P. Johnson and Monica Duffy Toft, "Grounds for War: The Evolution of Territorial Conflict", *International Security*, Vol. 38, No. 3, 2013/2014, pp. 7 – 38.

Douglas M. Gibler, "The Costs of Reneging: Reputation and Alliance Formation", *Journal of Conflict Resolution*, Vol. 52, No. 3, 2008, pp. 426 – 454.

Edward D. Mansfield, "Concentration, Polarity, and the Distribution of Power", *International Studies Quarterly*, Vol. 37, No. 1, 1993, pp. 105 – 128.

Eric J. Labs, "Do Weak States Bandwagon?" *Security Studies*, Vol. 1, No. 3, 1992, pp. 383 – 416.

Evelyn Goh, "Great Powers and Hierarchical Order in Southeast Asia Analyzing Regional Security Strategies", *International Security*, Vol. 32, No. 3, 2007/2008, pp. 113 – 157.

Evelyn Goh, "Hierarchy and the Role of the United States in the East Asian Security Order", *International Relations of the Asia Pacific*, Vol. 8, No. 3, 2008, pp. 353 – 377.

Fengcai Qiao, et al., "Predicting Social Unrest Events with Hidden Markov

Models Using GDELT", *Discrete Dynamics in Nature and Society*, 2017, pp. 1 – 13, https://www.hindawi.com/journals/ddns/2017/8180272/.

Frank Whelon Wayman, "Bipolarity and War: The Role of Capability Concentration and Alliance Patterns among Major Powers, 1816 – 1965", *Journal of Peace Research*, Vol. 21, No. 1, 1984, pp. 61 – 78.

Fritz Heider, "Attitudes and Cognitive Organization", *The Journal of Psychology*, Vol. 21, No. 1, 1946, pp. 107 – 112.

Gene Gerzhoy, "Alliance Coercion and Nuclear Restraint: How the United States Thwarted West Germany's Nuclear Ambitions", *International Security*, Vol. 39, No. 4, 2015, pp. 91 – 129.

George Sørensen, "States Are Not 'Like Units': Types of State and Forms of Anarchy in the Present International System", *Journal of Political Philosophy*, Vol. 6, No. 1, 1998, pp. 79 – 98.

Giorgi Gvalia, et al., "Thinking Outside the Bloc: Explaining the Foreign Policies of Small States", *Security Studies*, Vol. 22, No. 1, 2013, pp. 98 – 131.

Glenn H. Snyder, "Alliance Theory: A Neorealist First Cut", *Journal of International Affairs*, Vol. 44, No. 1, 1990, pp. 103 – 123.

Glenn H. Snyder, "The Security Dilemma in Alliance Politics", *World Politics*, Vol. 36, No. 4, 1984, pp. 461 – 495.

Gregory D. Miller, "Hypotheses on Reputation: Alliance Choices and the Shadow of the Past", *Security Studies*, Vol. 12, No. 3, 2003, pp. 40 – 78.

Herbert A. Simon, "Bounded Rationality and Organizational Learning", *Organization Science*, Vol. 2, No. 1, 1991, pp. 125 – 134.

Hiro Katsumata, David Martin Jones and Michael L. R. Smith, "ASEAN, Regional Integration, and State Sovereignty", *International Security*, Vol. 33, No. 2, 2008, pp. 182 – 188.

Huiyun Feng and Kai He, "The Study of Chinese Scholars in Foreign Policy Analysis: An Emerging Research Program", *The Pacific Review*, Vol. 33, No. 3/4, 2020, pp. 362 – 385.

Hyon Joo Yoo, "The Korea-US Alliance as a Source of Creeping Tension: A Korean Perspective", *Asian Perspective*, Vol. 36, No. 2, 2012, pp. 331 – 351.

Hyun-Wook Kim, "Domestic Events, Ideological Changes and the Post-cold War US-South Korea Alliance", *Australian Journal of International Affairs*, Vol. 63, No. 4, 2009, pp. 482 – 504.

Ian Tsung-Yen Chen and Alan Hao Yang, "A Harmonized Southeast Asia? Explanatory Typologies of ASEAN Countries'Strategies to the Rise of China", *The Pacific Review*, Vol. 26, No. 3, 2013, pp. 265 – 288.

Ivan Arreguín-Toft, "Unconventional Deterrence: How the Weak Deter the Strong", in T. V. Paul, Patrick M. Morgan and James J. Wirtz, eds., *Complex Deterrence: Strategy in the Global Age*, Chicago: University of Chicago Press, 2009, pp. 204 – 221.

J. David Singer and Melvin Small, "Formal Alliance, 1815 – 1939: A Quantitative Description", *Journal of Peace Research*, Vol. 3, No. 1, 1996, pp. 1 – 31.

Jae Ho Chung, "East Asia Responds to the Rise of China: Patterns and Variations", *Pacific Affairs*, Vol. 82, No. 4, 2009/2010, pp. 657 – 675.

Jae Jeok Park, "The US-led Alliances in the Asia-Pacific: Hedge against Potential Threats or an Undesirable Multilateral Security Order?" *The Pacific Review*, Vol. 24, No. 2, 2011, pp. 137 – 158.

James D. Fearon, "Signaling Foreign Policy Interests: Tying Hands versus Sinking Costs", *Journal of Conflict Resolution*, Vol. 41, No. 1, 1997, pp. 68 – 90.

James D. Fearon, "Threats to Use Force: Costly Signals and Bargaining in International Crises", Ph. D dissertation, University of California, Berkeley, 1992.

James D. Morrow, "Alliance: Why Write Them Down", *Annual Review of Political Science*, Vol. 3, No. 1, 2000, pp. 63 – 83.

James D. Morrow, "Alliances and Asymmetry: An Alternative to the Capability Aggregation Model for Alliances", *American Journal of Political Science*, Vol. 35, No. 4, 1991, pp. 904 – 933.

James D. Morrow, "Alliances, Credibility, and Peacetime Costs", *Journal of Conflict Resolution*, Vol. 38, No. 2, 1994, pp. 270 – 297.

James D. Morrow, "Alliances: Why Write Them Down?" *Annual Review of Political Science*, Vol. 3, No. 1, 2000, pp. 63 – 83.

James D. Morrow, "Arms Versus Allies: Trade-Offs in the Search for Security", *International Organization*, Vol. 47, No. 2, 1993, pp. 207 – 233.

James D. Morrow, "The Strategic Setting of Choices: Signaling, Commitment, and Negotiation in International Politics", in David A. Lake and Robert Powell, eds., *Strategic Choice and International Relations*, Princeton: Princeton University Press, 1999, pp. 77 – 114.

James Igoe Walsh, "Do States Play Signaling Games?" *Cooperation and Conflict*, Vol. 42, No. 4, 2007, pp. 441 – 459.

James Johnson, "What Rationality Assumption? Or, How 'Positive Political Theory' Rests on a Mistake", *Political Studies*, Vol. 58, No. 2, 2010, pp. 282 – 299.

Jesse C. Johnson, "The Cost of Security: Foreign Policy Concessions and Military Alliances", *Journal of Peace Research*, Vol. 52, No. 5, 2015, pp. 665 – 679.

Jesse C. Johnson, Brett Ashley Leeds, and Ahra Wu, "Capability, Credibility, and Extended General Deterrence", *International Interactions*, Vol. 41, No. 2, 2015, pp. 309 – 336.

John D. Ciorciari, "The Variable Effectiveness of Hedging Strategies", *International Relations of the Asia-Pacific*, Vol. 19, No. 3, 2019, pp. 523 – 555.

John J. Mearsheimer, "Nuclear Weapons and Deterrence in Europe," *International Security*, Vol. 9, No. 3, 1984/1985, pp. 19 – 46.

John M. Owen, IV, "When do Ideologies Produce Alliances? The Holy Roman Empire, 1517 – 1555", *International Studies Quarterly*, Vol. 49, No. 1, 2005, pp. 73 – 99.

John Mueller, "War Has Almost Ceased to Exist: An Assessment", *Political Science Quarterly*, Vol. 124, No. 2, 2009, pp. 297 – 321.

Jonathan D. Pollack, "China's North Korea Conundrum: How to Balance a

Three Legged Stool", *Yale Global Online*, October 23, 2009, http://yaleglobal.yale.edu/content/chinas-north-korea-conundrum-how-balance-three-legged-stool.

Jonathan Kirshner, "The Economic Sins of Modern IR Theory and the Classical Realist Alternative", *World Politics*, Vol. 67, No. 1, 2015, pp. 155 – 183.

Jonathan Kirshner, "The Tragedy of Offensive Realism: Classical Realism and the Rise of China", *European Journal of International Relations*, Vol. 18, No. 1, 2010, pp. 53 – 75.

Josef Joffe, "The Default Power: The False Prophecy of America's Decline", *Foreign Affairs*, Vol. 88, No. 5, 2009, pp. 21 – 35.

Joseph L. Nogee, "Polarity: An Ambiguous Concept", *Orbis*, Vol. 18, No. 4, 1974, pp. 1193 – 1224.

Joseph R. Biden, Jr., "Why America Must Lead Again: Rescuing U. S. Foreign Policy after Trump", *Foreign Affairs*, March/April 2020, https://www.foreignaffairs.com/articles/united-states/2020-01-23/why-america-must-lead-again.

Joseph S. Nye, "The Twenty-First Century Will Not Be a 'Post-American' World", *International Studies Quarterly*, Vol. 56, No. 1, 2012, pp. 215 – 217.

Joshua R. Itzkowitz Shifrinson and Michael Beckley, "Debating China's Rise and U. S. Decline", *International Security*, Vol. 37, No. 3, 2012/2013, pp. 172 – 177.

Joshua Rovner, "After Proliferation: Deterrence Theory and Emerging Nuclear Powers", in Toshi Yoshihara and James R. Holmes, eds., *Strategy in the Second Nuclear Age: Power, Ambition, and the Ultimate Weapon*, Washington D. C.: Georgetown University Press, 2012, pp. 17 – 35.

Joshua S. Goldstein, "A Conflict-Cooperation Scale for WEIS Events Data", *Journal of Conflict Resolution*, Vol. 36, No. 2, 1992, pp. 369 – 385.

Jürgen Haacke, "The Concept of Hedging and Its Application to Southeast Asia: A Critique and a Proposal for a Modified Conceptual and Methodological Framework", *International Relations of the Asia-Pacific*, Vol. 19, No. 3,

2019, pp. 375 – 417.

Kav Chongkittavorn, "The Thailand-U. S. Defense Alliance in U. S. -Indo-Pacific Strategy", *Asia Pacific Issues*, 2019, No, 137, p. 1 – 12.

Kei Koga, "The Concept of 'Hedging' Revisited: The Case of Japan's Foreign Policy Strategy in East Asia's Power Shift", *International Studies Review*, Vol. 20, No. 4, 2018, pp. 633 – 660.

Kenneth N. Waltz, "The Stability of a Bipolar World", *Daedalus*, Vol. 93, No. 3, 1964, pp. 881 – 909.

Keren Yarhi-Milo, Alexander Lanoszka, and Zack Cooper, "To Arm or to Ally? The Patron's Dilemma and the Strategic Logic of Arms Transfers and Alliances", *International Security*, Vol. 41, No. 2, 2016, pp. 90 – 139.

Kevin A. Clarke and David M. Primo, "Modernizing Political Science: A Model-Based Approach", *Perspectives on Politics*, Vol. 5, No. 4, 2007, pp. 741 – 753.

Kevin Sweeney and Paul Fritz, "Jumping on the Bandwagon: An Interest-Based Explanation for Great Power Alliances", *The Journal of Politics*, Vol. 66, No. 2, 2004, pp. 428 – 449.

Kongdan Oh, "The United States between Japan and Korea: Keeping Alliances Strong in East Asia", *Korean Journal of Defense Analysis*, 2010, Vol. 22, No. 2, pp. 127 – 140.

Kurt Taylor Gaubatz, "Democratic States and Commitment in International Relations", *International Organization*, Vol. 50, No. 1, 1996, pp. 109 – 139.

Kyle Beardsley and Victor Asal, "Winning with the Bomb", in Robert Rauchhaus, Matthew Kroenig and Erik Gartzke, eds., *Causes and Consequences of Nuclear Proliferation*, New York: Routledge, 2011, pp. 231 – 254.

Kyung-suk Park, "ROK-US Relations in the 1980s", *Korea and World Affairs*, Vol. 5, No. 1, 1981, pp. 7 – 8.

Louis René Beres, "Bipolarity, Multipolarity, and the Reliability of Alliance Commitments", *The Western Political Quarterly*, Vol. 25, No. 4, 1972, pp. 702 – 710.

Louis Rene Beres, "Tilting Toward Thanatos: America's 'Countervailing' Nuclear Strategy", *World Politics*, Vol. 34, No. 1, 1981, pp. 25 – 46.

Manus I. Midlarsky, "Polarity and International Stability", *The American Political Science Review*, Vol. 87, No. 1, 1993, pp. 174 – 180.

Mark J. C. Crescenzi, et al., "Reliability, Reputation, and Alliance Formation", *International Studies Quarterly*, Vol. 56, No. 2, 2012, pp. 259 – 274.

Mark J. C. Crescenzi and Jacob D. Kathman, "Reliability, Reputation and Alliance Formation", paper for 2009 Annual Meeting of the American Political Science Association, Toronto, CA.

Mark L. Haas, "Ideology and Alliances: British and French External Balancing Decisions in the 1930s", *Security Studies*, Vol. 12, No. 4, 2003, pp. 34 – 79.

Mark S. Bell and Nicholas L. Miller, "Questioning the Effect of Nuclear Weapons on Conflict", *Journal of Conflict Resolution*, Vol. 59, No. 1, 2015, pp. 74 – 92.

Mark S. Bell, "Beyond Emboldenment: How Acquiring Nuclear Weapons Can Change Foreign Policy", *International Security*, Vol. 40, No. 1, 2015, pp. 87 – 119.

Matthew Fuhrmann, "On Extended Nuclear Deterrence", *Diplomacy & Statecraft*, Vol. 29, No. 1, 2018, pp. 51 – 73.

Matthew Fuhrmann and Sarah E. Kreps, "Targeting Nuclear Programs in War and Peace: A Quantitative Empirical Analysis, 1941 – 2000", *Journal of Conflict Resolution*, Vol. 54, No. 6, 2010, pp. 831 – 859.

Matthew Fuhrmann and Todd S. Sechser, "Signaling Alliance Commitments: Hand-Tying and Sunk Costs in Extended Nuclear Deterrence", *American Journal of Political Science*, Vol. 58, No. 4, 2014, pp. 919 – 935.

Matthew Kroenig, "Nuclear Superiority and the Balance of Resolve: Explaining Nuclear Crisis Outcomes", *International Organization*, Vol. 67, No. 1, 2013, pp. 141 – 171.

Menglan Ma, et al., "Does Ideology Affect the Tone of International News Coverage?" Conference Paper, International Conference on Behavioral, Economic, Socio-Cultural Computing, 2017.

Michael Beckley, "China's Century? Why America's Edge Will Endure", *International Security*, Vol. 36, No. 3, 2011/2012, pp. 41 – 78.

Michael Beckley, "The Myth of Entangling Alliances: Reassessing the Security Risks of U. S. Defense Pacts", *International Security*, Vol. 39, No. 4, 2015, pp. 7 – 48.

Michael C. Rogers, "The Chinese World Order in the Trans-mural Extension: the Cast of Chin and Koryo", *Korean Studies Forum*, Vol. 4, Spring-Summer, 1978, pp. 1 – 22.

Michael C. Webb and Stephen D. Krasner, "Hegemonic Stability Theory: An Empirical Assessment", *Review of International Studies*, Vol. 15, No. 2, 1989, pp. 183 – 198.

Michael D. Wallace, "Alliance Polarization, Cross-Cutting, and International War, 1815 – 1964: A Measurement Procedure and Some Preliminary Evidence", *The Journal of Conflict Resolution*, Vol. 17, No. 4, 1973, pp. 575 – 604.

Michael F. Altfeld, "The Decision to Ally: A Theory and Test", *The Western Political Quarterly*, Vol. 37, No. 4, 1984, pp. 523 – 544.

Michael Haas, "International Subsystems: Stability and Polarity", *The American Political Science Review*, Vol. 64, No. 1, 1970, pp. 98 – 123.

Michael N. Barnett and Jack S. Levy, "Domestic Sources of Alliances and Alignments: The Case of Egypt, 1962 – 73", *International Organization*, Vol. 45, No. 3, 1991, pp. 369 – 395.

Michael Spence, "Competitive and Optimal Responses to Signaling: An Analysis of Efficiency and Distribution", *Journal of Economic Theory*, Vol. 7, No. 3, 1974, pp. 296 – 332.

Michael Spence, "Job Market Signaling", *Quarterly Journal of Economics*, Vol. 87, No. 3, 1973, pp. 355 – 374.

Morton A. Kaplan, "Balance of Power, Bipolarity and Other Models of International Systems", *The American Political Science Review*, Vol. 51, No. 3,

1957, pp. 684 – 695.

Muhammet A. Bas and Andrew J. Coe, "A Dynamic Theory of Nuclear Proliferation and Preventive War", *International Organization*, Vol. 70, No. 2016, pp. 655 – 685.

Nuno P. Monteiro and Alexandre Debs, "The Strategic Logic of Nuclear Proliferation", *International Security*, Vol. 39, No. 2, 2014, pp. 7 – 51.

Pascal Abb and Georg Strüver, "Regional Linkages and Global Policy Alignment: The Case of China-Southeast Asia Relations", *Issues & Studies*, Vol. 51, No. 4, 2015, pp. 33 – 83.

Patricia A. Weitsman, "Alliance Cohesion and Coalition Warfare: The Central Powers and Triple Entente", *Security Studies*, Vol. 12, No. 3, 2003, pp. 79 – 113.

Patrick James and Michael Brecher, "Stability and Polarity: New Paths for Inquiry", *Journal of Peace Research*, Vol. 25, No. 1, 1988, pp. 31 – 42.

Paul A. Papayoanou, "Economic Interdependence and Balance of Power", *International Studies Quarterly*, Vol. 41, No. 1, 1997, pp. 113 – 140.

Paul K. Huth, "Deterrence and International Conflict: Empirical Findings and Theoretical Debates", *Annual Review of Political Science*, Vol. 2, No. 1, 1999, pp. 25 – 48.

Paul K. Huth, "Territory: Why are Territorial Disputes between States a Central Cause of International Conflict?" in John A. Vasquez, ed., *What Do We Know About War*? Lanham: Rowman & Littlefield, 2000, pp. 85 – 110.

Paul K. MacDonald, "Useful Fiction or Miracle Maker: The Competing Epistemological Foundations of Rational Choice Theory", *American Political Science Review*, Vol. 97, No. 4, 2003, pp. 551 – 565.

Paul R. Hensel, "Territory: Theory and Evidence on Geography and Conflict", in John A. Vasquez, ed., *What Do We Know About War*? Lanham: Rowman & Littlefield, 2000, pp. 57 – 84.

Paul Schroeder, "Historical Reality vs. Neorealist Theory", *International Security*, Vol. 19, No. 1, 1994, pp. 108 – 148.

Peter D. Feaver and Emerson M. S. Niou, "Managing Nuclear Proliferation: Condemn, Strike, or Assist?" *International Studies Quarterly*, Vol. 40, No. 2, 1996, pp. 209–233.

Philipp C. Bleek and Eric B. Lorber, "Security Guarantees and Allied Nuclear Proliferation", *Journal of Conflict Resolution*, Vol. 58, No. 3, 2014, pp. 429–454.

R. Harrison Wagner, "What Was Bipolarity?" *International Organization*, Vol. 47, No. 1, 1993, pp. 77–106.

Rachel Elizabeth Whitlark, "Nuclear Beliefs: A Leader-Focused Theory of Counter-Proliferation", *Security Studies*, Vol. 26, No. 4, 2013, pp. 545–574.

Randall L. Schweller, "Bandwagoning for Profit: Bringing the Revisionist State Back In", *International Security*, Vol. 19, No. 1, 1994, pp. 72–107.

Randolph M. Siverson and Michael D. Ward, "The Long Peace: A Reconsideration", *International Organization*, Vol. 56, No. 3, 2002, pp. 679–691.

Richard K. Betts, "The New Threat of Mass Destruction", *Foreign Affairs*, Vol. 77, No. 1, 1998, pp. 26–41.

Richard Little, "International Relations and the Methodological Turn", *Political Studies*, Vol. 39, No. 3, 1991, pp. 463–478.

Richard Ned Lebow, "The Long Peace, the End of the Cold War, and the Failure of Realism", *International Organization*, Vol. 48, No. 2, 1994, pp. 249–277.

Robert A. Dahl, "The Concept of Power", *Behavioral Science*, Vol. 2, No. 3, 1957, pp. 201–215.

Robert Jervis, "Deterrence Theory Revisited", *World Politics*, Vol. 31, No. 2, 1979, pp. 289–324.

Robert Jervis, "Why Nuclear Superiority Doesn't Matter", *Political Science Quarterly*, Vol. 94, No. 4, 1979/1980, pp. 617–633.

Robert Powell, "Crisis Bargaining, Escalation, and MAD", *American Political Science Review*, Vol. 81, No. 3, 1987, pp. 717–736.

Robert Powell, "Game Theory, International Relations Theory, and the Hobbesian Stylization", in Ira Katznelson and Helen V. Milner, eds., *Political Science: State of the Discipline*, New York: Norton, 2002, pp. 755 – 783.

Robert Powell, "Nuclear Brinkmanship with Two-Sided Incomplete Information", *American Political Science Review*, Vol. 82, No. 1, 1988, pp. 155 – 178.

Robert Powell, "Nuclear Brinkmanship, Limited War, and Military Power", *International Organization*, Vol. 69, No. 3, 2015, pp. 589 – 626.

Robert Powell, "Nuclear Deterrence Theory, Nuclear Proliferation, and National Missile Defense", *International Security*, Vol. 27, No. 4, 2003, pp. 86 – 118.

Robert Powell, "The Theoretical Foundations of Strategic Nuclear Deterrence", *Political Science Quarterly*, Vol. 100, No. 1, 1985, pp. 75 – 96.

Samuel P. Huntington, "Why International Primacy Matters", *International Security*, Vol. 17, No. 4, 1993, pp. 68 – 83.

Sheena Chestnut and Alastair Iain Johnston, "Is China Rising?" in Eva Paus, Penelope Prime and Jon Western, eds., *Global Giant: Is China Changing the Rules of the Game?* New York: Palgrave Macmillan, 2009, pp. 242 – 248.

Sheng Bi, et al., "A Contrast of the Degree of Activity Among the Three Major Powers, USA, China, and Russia: Insights from Media Reports", Conference Paper, International Conference on Behavioral, Economic and Socio-Cultural Computing, 2015.

Shiping Tang, "Social Evolution of International Politics: From Mearsheimer to Jervis", *European Journal of International Relations*, Vol. 16, No. 1, 2010, pp. 31 – 55.

Simbarashe Mhaka and Leward Jeke, "An Evaluation of the Trade Relationships between South Africa and China: An Empirical Review 1995 – 2014", *South African Journal of Economic and Management*, Vol. 21, No. 1, 2018, pp. 1 – 15.

Sonali Singh and Christopher R. Way, "The Correlates of Nuclear Proliferation: A Quantitative Test", *Journal of Conflict Resolution*, Vol. 48, No. 6,

2004, pp. 859 – 885.

Stefan A. Schirm, "Leaders in Need of Followers: Emerging Powers in Global Governance", *European Journal of International Relations*, Vol. 16, No. 2, 2010, pp. 197 – 221.

Stephen G. Brooks, G. John Ikenberry, and William C. Wohlforth, "Don't Come Home, America: The Case against Retrenchment", *International Security*, Vol. 37, No. 3, 2012/2013, pp. 7 – 51.

Stephen J. Cimbala, "Deterrence Stability with Smaller Forces: Prospects and Problems", *Journal of Peace Research*, Vol. 32, No. 1, 1995, pp. 65 – 78.

Steve Chan, "Major-power Intervention and War Initiation by the Weak", *International Politics*, Vol. 47, No. 2, 2010, pp. 163 – 185.

Susan B. Martin, "From Balance of Power to Balance Behavior: The Long and Winding Road", in Andrew K. Hanami, ed., *Perspectives on Structural Realism*, New York: Palgrave Macmillan, 2003, pp. 61 – 74.

T. V. Paul, "Disarmament Revisited: Is Nuclear Abolition Possible?" *Journal of Strategic Studies*, Vol. 35, No. 1, 2012, pp. 149 – 169.

T. V. Paul, "Great Equalizers or Agents of Chaos? Weapons of Mass Destruction and the Emerging International Order", in T. V. Paul and John A. Hall, eds., *International Order and the Future of World Politics*, Cambridge: Cambridge University Press, 1999, pp. 373 – 392.

Tanisha M. Fazal, "State Death in the International System", *International Organization*, Vol. 58, No. 2, 2004, pp. 311 – 344.

Ted Hopf, "Polarity, the Offense-Defense Balance, and War", *The American Political Science Review*, Vol. 85, No. 2, 1991, pp. 475 – 493.

Thomas J. Christensen, "Fostering Stability or Creating a Monster? The Rise of China and U. S. Policy toward East Asia", *International Security*, Vol. 31, No. 1, 2006, pp. 81 – 126.

Thomas J. Volgy and Lawrence E. Imwalle, "Hegemonic and Bipolar Perspectives on the New World Order", *American Journal of Political Science*, Vol. 39, No. 4, 1995, pp. 819 – 834.

Thomas S. Wilkins, "'Alignment', not 'Alliance' – The Shifting Paradigm of International Security Cooperation: Toward a Conceptual Taxonomy of Alignment", *Review of International Studies*, Vol. 38, No. 1, 2012, pp. 53 – 76.

Timothy W. Crawford, "The Endurance of Extended Deterrence: Continuity, Change, and Complexity in Theory and Policy", in T. V. Paul, Patrick M. Morgan, and James J. Wirtz, eds., *Complex Deterrence: Strategy in the Global Age*, Chicago: The University of Chicago Press, 2009, pp. 277 – 303.

Todd S. Sechser and Matthew Fuhrmann, "Crisis Bargaining and Nuclear Blackmail", *International Organization*, Vol. 67, No. 1, 2013, pp. 173 – 195.

Tongfi Kim, "Why Alliances Entangle but Seldom Entrap States", *Security Studies*, Vol. 20, No. 3, 2011, pp. 350 – 377.

U. S. House of Representatives, "Investigation of Korean-American Relations: Report of the Subcommittee on International Organization of the Committee on International Relations", October 31, 1978.

Van Jackson, "Power, Trust, and Network Complexity: Three Logics of Hedging in Asian Security", *International Relations of the Asia-Pacific*, Vol. 14, No. 3, 2014, pp. 331 – 356.

Vesna Danilovic, "The Sources of Threat Credibility in Extended Deterrence", *Journal of Conflict Resolution*, Vol. 45, No. 3, 2001, pp. 341 – 369.

Vibhanshu Shekhar, "ASEAN's Response to the Rise of China: Deploying a Hedging Strategy", *China Report*, Vol. 48, No. 3, 2012, pp. 253 – 268.

Victor Asal and Kyle Beardsley, "Proliferation and International Crisis Behavior", *Journal of Peace Research*, Vol. 44, No. 2, 2007, pp. 139 – 155.

Victor D. Cha, "Powerplay: Origins of the U. S. Alliance System in Asia", *International Security*, Vol. 34, No. 3, 2009/2010, pp. 158 – 196.

Vipin Narang, "Deter? Regional Power Nuclear Postures and International Conflict", *Journal of Conflict Resolution*, Vol. 57, No. 3, 2012, pp. 478 – 508.

Vipin Narang, "Strategies of Nuclear Proliferation: How States Pursue the Bomb", *International Security*, Vol. 41, No. 3, 2016/2017, pp. 120 – 132.

Vipin Narang, "What Does It Take to Deter? Regional Power Nuclear Postures and International Conflict", *Journal of Conflict Resolution*, Vol. 57, No. 3, 2012, pp. 478 – 508.

William C. Wohlforth, "The Stability in a Unipolar World", *International Security*, Vol. 24, No. 1, 1999, pp. 5 – 41.

William D. Jackson, "Polarity in International Systems: A Conceptual Note", *International Interactions*, Vol. 4, No. 1, 1978, pp. 87 – 95.

William Reed, "Information, Power, and War", *American Political Science Review*, Vol. 97, No. 4, 2003, pp. 633 – 641.

William R. Thompson, "Polarity, the Long Cycle, and Global Power Warfare", *The Journal of Conflict Resolution*, Vol. 30, No. 4, 1986, pp. 587 – 615.

Wolfram F. Hanrieder, "The International System: Bipolar or Multibloc?" *The Journal of Conflict Resolution*, Vol. 9, No. 3, 1965, pp. 299 – 308.

Yaser Keneshloo, et al., "Detecting and Forecasting Domestic Political Crises: A Graph-Based Approach", Conference Paper, Proceedings of the 2014 ACM Conference on Web Science, 2014, http://people.cs.vt.edu/~naren/papers/websci-gdelt-2014.pdf.

Yasuhiro Izumikawa, "Binding Strategies in Alliance Politics: The Soviet-Japanese-US Diplomatic Tug of War in the Mid-1950s", *International Studies Quarterly*, Vol. 62, No. 1, 2018, pp. 108 – 120.

Yasuhiro Izumikawa, "Network Connections and the Emergence of the Hub-and-Spokes Alliance System in East Asia", *International Security*, Vol. 45, No. 2, 2020, pp. 7 – 50.

Yuki Tatsumi, "The U.S. – Japan Alliance under the Obama Administration: Opportunities and Challenges", *Harvard Asia Quarterly*, 2009, Vol. 12, No. 2, pp. 9 – 14.

Zeev Maoz, "Resolve, Capabilities, and the Outcomes of Interstate Disputes, 1816 – 1976", *Journal of Conflict Resolution*, Vol. 27, No. 2, 1983, pp. 195 – 229.

3. 数据库

GDELT 数据库网址：http://www.gdeltproject.org/。

国际货币基金组织数据库网址：http：//data. imf. org/？ sk ＝9D6028D4 －F14A －464C －A2F2 －59B2 CD424B85。

全球火力数据库网址：https：//www. globalfirepower. com/countries －listing. asp。

世界银行数据库网址：https：//data. worldbank. org. cn/indicator/NY. GDP. MKTP. CD？ view ＝chart。

斯德哥尔摩国际和平研究所数据库网址：https：//sipri. org/databases/milex。

体系和平中心数据库网址：http：//www. systemicpeace. org/inscrdata. html。

4. 其他文献资料

"230% Increase in Ceasefire Violations：Govt. "，*Hindu*，December 20，2017，https：//www. thehindu. com/news/national/pak-violated-ceasefire-881-times-in-2017-govt/article21938321. ece？ homepage ＝true.

"DuterteArrives in Japan after Softening Comments on 'Separation' from U. S. "，*Reuters*，October 25，2016，http：//www. worldaffairsjournal. org/content/duterte-arrives-japan-after-softening-comments-'separation'-us.

"Mattis Pledges Anti-terrorism Partnership with Pakistan Intact as US Cuts Aid to the Country"，January 5，2018，https：//www. stripes. com/news/mattis-pledges-anti-terrorism-partnership-with-pakistan-intact-as-us-cuts-aid-to-the-country-1. 505461.

"Pakistan Foreign Minister Says U. S. Has Undermined Countries"Ties"，*Wall Street Journal*，January 5，2018. https：//www. wsj. com/articles/pakistan-says-alliance-with-u-s-is-over-1515155860.

"Top U. S. General Says 'Not Giving Up' on Pakistan Ties"，*Retures*，January 16，2018，https：//www. reuters. com/article/us-pakistan-usa-military-idUSKBN1F42DH.

Geoff Dyer and Farhan Bokhari，"Pakistan to Reopen NATO Supply Routes"，*Financial Times*，July 3，2012，https：//www. ft. com/content/db492b4c-c533-11e1-b6fd-00144feabdc0.

Office of the Historian in the United States Department of State, *Foreign Relations of the United States* (*FRUS*), 1949, *The Far East and Australasia*, *Volume VII*, *Part 2*, https：//history. state. gov/historicaldocuments/frus1949v07p2.

Office of the Historian in the United States Department of State, *Foreign Relations of the United States* (*FRUS*), 1952-1954, *Korea*, *Volume XV*, *Part 2*, https：//history. state. gov/historicaldocuments/frus1952-54v15p2.

Vijayta Lalwani, "Data Check：Ceasefire Violations along Line of Control This Year Are Already More Than All of 2017", *Scroll*, August 7, 2018, https：//scroll. in/article/888719/data-check-already-more-ceasefire-violations-along-line-of-control-this-year-than-all-of-2017.

中文文献：

1. 史籍档案

《高丽史》卷2，3，4，8，9，13，14，15，17，93，94。

《高丽史节要》卷2。

《韩非子·说林上第二十二》

《韩非子·亡征第十五》

《韩非子·五蠹第四十九》

《辽史》卷115。

《宋史》卷487。

《宋史纪事本末》卷13。

《续资治通鉴长编》卷16，83，150。

《宣和奉使高丽图经》卷40。

《左传》鲁成公十二年。

《左传》鲁襄公八年、九年、二十二年、二十七年、二十八年、二十九年。

《左传》鲁昭公元年、三年、七年、十一年。

2. 著作

晁福林：《春秋战国的社会变迁》（上册），商务印书馆2011年版。

陈尚胜：《中韩交流三千年》，中华书局 1997 年版。

高锐：《中国上古军事史》，军事科学出版社 1995 年版。

顾德融、朱顺龙：《春秋史》，上海人民出版社 2003 年版。

黄朴民：《梦残干戈——春秋军事历史研究》，岳麓书社 2013 年版。

姜鹏：《规范变迁与身份再造——主权零死亡时代大国崛起战略之路径重构》，中国社会科学出版社 2015 年版。

蒋非非等：《中韩关系史（古代卷）》，社会科学文献出版社 1998 年版。

李春虎等编：《朝鲜通史》（第二卷），延边大学出版社 2006 年版。

沈定昌：《韩国外交与美国》，社会科学文献出版社 2008 年版。

孙卫国：《大明旗号与小中华意识》，商务印书馆 2007 年版。

童书业：《春秋史》，中华书局 2012 年版。

王帆：《美国的亚太联盟》，世界知识出版社 2007 年版。

魏志江：《中韩关系史研究》，中山大学出版社 2006 年版。

杨通方：《中韩古代关系史论》，中国社会科学出版社 1996 年版。

杨原：《大国无战争时代的大国权力竞争：行为原理与互动机制》，中国社会科学出版社 2017 年版。

杨昭全、何彤梅：《中国——朝鲜·韩国关系史》（上册），天津人民出版社 2001 年版。

叶泽：《寡头垄断企业竞争策略》，科学出版社 2012 年版。

以赛亚·伯林：《自由论》，胡传胜译，译林出版社 2011 年版。

于施洋、杨道玲、王璟璇：《基于大数据的"一带一路"国际合作风险评估与应对》，社会科学文献出版社 2019 年版。

曾瑞龙：《经略幽燕——宋辽战争军事灾难的战略分析》，北京大学出版社 2013 年版。

周建仁：《走向决裂：弱国退出同盟之谜》，社会科学文献出版社 2018 年版。

朱锋、[美] 罗伯特·罗斯主编：《中国崛起：理论与政策视角》，上海人民出版社 2008 年版。

[美] 美丹尼斯·朗：《权力论》，陆震纶、郑明哲译，中国社会科学出版社 2001 年版。

［美］费正清主编：《中国的世界秩序——传统中国的对外关系》，杜继东译，中国社会科学出版社 2010 年版。

［美］汉斯·摩根索：《国家间政治——权力斗争与和平》（第七版），徐昕等译，北京大学出版社 2006 年版。

［美］加里·金、罗伯特·基欧汉、悉尼·维巴：《社会科学中的研究设计》，陈硕译，上海人民出版社 2014 年版。

［美］肯尼思·华尔兹：《国际政治理论》，信强译，上海人民出版社 2008 年版。

［美］鲁德拉·希尔、［美］彼得·卡赞斯坦：《超越范式：世界政治研究中的分析折中主义》，秦亚青、季玲译，上海人民出版社 2013 年版。

［美］罗宾·巴德、［英］迈克尔·帕金：《微观经济学原理》（第四版），张伟等译，中国人民大学出版社 2010 年版。

［美］罗伯特·基欧汉、约瑟夫·奈：《权力与相互依赖》，门洪华译，北京大学出版社 2002 年版。

［美］斯蒂芬·沃尔特：《联盟的起源》，周丕启译，北京大学出版社 2007 年版。

［美］唐纳德·卡根：《伯罗奔尼撒战争》，陆大鹏译，社会科学文献出版社 2016 年版。

［美］托马斯·谢林：《承诺的策略》，王永钦、薛峰译，上海人民出版社 2009 年版。

［美］托马斯·谢林：《冲突的战略》，赵华等译，华夏出版社 2011 年版。

［美］威廉·W. 凯勒，［美］托马斯·G. 罗斯基编：《中国的崛起与亚洲的势力均衡》，刘江译，上海人民出版社 2010 年版。

3. 学术论文

曹玮、杨原：《盟国的敌人还是盟国？——古代朝鲜半岛国家"两面结盟"之谜》，《当代亚太》2015 年第 5 期。

陈小鼎：《试析国际关系理论的合成——一种科学哲学的分析视角》，《国际政治研究》2006 年第 4 期。

陈小鼎、王翠梅：《周边国家应对中国崛起的战略选择：一种基于制衡能力和制衡意愿的解释》，《当代亚太》2019 年第 1 期。

池志培、侯娜:《大数据与双边关系的量化研究:以 GDELT 与中美关系为例》,《国际政治科学》2019 年第 2 期。

葛汉文:《特朗普时代美国的同盟政策及同盟体系》,《世界经济与政治论坛》2019 年第 1 期。

郭宪纲:《美韩同盟寻求新定位》,《国际问题研究》2006 年第 3 期。

韩献栋:《利益差异、战略分歧和美韩同盟的再调整》,《东北亚论坛》2010 年第 1 期。

胡良孟:《韩国自主国防研究——以朴正熙与卢武铉时期的国防政策比较研究为中心》,硕士学位论文,复旦大学,2012 年。

胡良孟:《朴正熙自主国防问题刍议》,《当代韩国》2012 年第 4 期。

简军波:《中华朝贡体系观念结构与功能》,《国际政治研究》2009 年第 1 期。

邝云峰:《美国的朝贡体系》,《国际政治科学》2013 年第 4 期。

雷兴长、李洋洋:《21 世纪中国与东北亚地区地缘政治经济关系研究》,《东北亚经济研究》2020 年第 2 期。

李枏:《韩美之间的"核纠葛"》,《世界知识》2016 年第 6 期。

李青燕:《美巴同盟再次站在十字路口》,《亚非纵横》2013 年第 5 期。

庞珣、刘子夜:《基于海量事件数据的中美关系分析》,《世界经济与政治》2019 年第 5 期。

漆海霞:《威慑抑或纵容:美国对亚太盟国的军事信号与冲突》,《当代亚太》2018 年第 5 期。

漆海霞、周建仁:《军售与美国亚太地区战略布局》,《中国社会科学》2015 年第 5 期。

全海宗:《中国与韩国的王朝交替初探——王朝交替原因的比较》,载全海宗:《中韩关系史论集》,金善姬译,中国社会科学出版社 1997 年版。

任晓:《再论区域国别研究》,《世界经济与政治》2019 年第 1 期。

沈丁立:《美国为韩国核能发展松绑》,《世界知识》2015 年第 11 期。

宋伟:《国际金融危机与美国的单极地位》,《世界经济与政治》2010 年第 5 期,。

苏若林、唐世平:《相互制约:联盟管理的核心机制》,《当代亚太》2012

年第 3 期。

孙德刚：《国际安全合作中联盟概念的理论辨析》，《国际论坛》2010 年第 5 期。

孙力舟：《西汉时期东亚国际体系的两极格局分析——基于汉朝与匈奴两大政治行为体的考察》，《世界经济与政治》2007 年第 8 期。

汪伟民、李辛：《美韩同盟再定义与韩国的战略选择：进程与争论》，《当代亚太》2012 年第 2 期。

王栋：《国际关系中的对冲行为研究——以亚太国家为例》，《世界经济与政治》2018 年第 10 期。

王庆成：《春秋时代的一次"弭兵会"》，《江汉学报》1963 年第 11 期。

韦宗友：《"美国优先"对美韩、美日同盟的影响》，《国际问题研究》2019 年第 6 期。

魏志江：《论辽宋丽三国关系与东亚国际秩序》，载陈尚胜主编《儒家文明与中韩传统关系》，山东大学出版社 2008 年版。

夏立平：《论美韩同盟的修复与扩展》，《美国问题研究》2008 年第 1 期。

徐四季：《从古代东方学到现代区域研究——从学科史角度探究当前区域（国别）研究的定位问题》，《区域与全球发展》2018 年第 3 期。

闫健：《失效国家研究引论》，《经济社会体制比较》2014 年第 3 期。

杨升南：《春秋时期的第一次"弭兵盟会"考——兼论对"弭兵"盟会的评价》，《史学月刊》1981 年第 6 期。

杨原：《大国政治的喜剧—两极体系下超级大国彼此结盟之谜》，《世界经济与政治》2019 年第 12 期。

杨原：《崛起国如何与霸权国争夺小国？——基于古代东亚历史的案例研究》，《世界经济与政治》2012 年第 12 期。

杨原：《体系层次的国家功能理论——基于对结构现实主义国家功能假定的批判》，《世界经济与政治》2010 年第 11 期。

杨原：《武力胁迫还是利益交换？——大国无战争时代大国提高国际影响力的核心路径》，《外交评论》2011 年第 4 期。

伊姆雷·拉卡托斯：《证伪和科学研究纲领方法论》，载伊姆雷·拉卡托斯、艾兰·马斯格雷夫主编：《批判与知识的增长》，周寄中译，华夏出版社 1987 年版。

詹姆斯·费伦：《两极格局的形成与国际政治的不平等：对话肯尼斯·沃尔兹》，《国外理论动态》2013 年第 2 期。

张春：《中国外交风险预警模型的建构》，《国际展望》2017 年第 3 期。

张锋：《解构朝贡体系》，《国际政治科学》2010 年第 2 期。

张威威：《"九一一"以来日美同盟与美韩同盟的差异性》，《日本学刊》2007 年第 1 期。

郑容和：《从周边视角来看朝贡关系——朝鲜王朝对朝贡体系的认识和利用》，《国际政治研究》2006 年第 1 期。

钟飞腾：《特朗普主义与美国同盟体系的转型》，《当代美国评论》2019 年第 3 期。

周方银：《中国崛起、东亚格局变迁与东亚秩序的发展方向》，《当代亚太》2012 年第 5 期。

周方银、王旭彤：《——兼评〈盟国的敌人还是盟国—古代朝鲜半岛国家"两面结盟"之谜〉两面结盟现象的再思考》，《当代亚太》2016 年第 4 期。

左希迎：《承诺难题与美国亚太联盟转型》，《当代亚太》2015 年第 3 期。

左希迎：《核时代的虚张声势行为》，《外交评论》2017 年第 6 期。

左希迎：《亚太联盟转型与美国的双重再保证战略》，《世界经济与政治》2015 年第 9 期。

4. 其他文献

《白宫称未启动撤销或更改美菲防务合作协议的程序》，新华网，2016 年 10 月 4 日，http：//news.xinhuanet.com/world/2016-10/04/c_129310652.htm。

《杜特尔特发飙骂奥巴马奥巴马：不约了》，新华网，2016 年 9 月 6 日，http：//news.xinhuanet.com/world/2016-09/06/c_129271440.htm。

《杜特尔特下令审查美菲军事协议》，新华网，2016 年 10 月 3 日，http：//news.xinhuanet.com/2016-10/03/c_129309944.htm。

《菲律宾不愿与美国"搭伙"的背后》，新华网，2016 年 9 月 15 日，http：//news.xinhuanet.com/world/2016-09/15/c_1119569272.htm。

《菲律宾总统：中东乱局源于美国干涉政策》，新华网，2016 年 7 月 9 日，http：//news. xinhuanet. com/world/2016 - 07/09/c_1119192511. htm。

《菲律宾总统杜特尔特称不再同美国进行联合军演》，新华网，2016 年 10 月 12 日，http：//news. xinhuanet. com/ttgg/2016 - 10/13/c_1119705747. htm。

《菲律宾总统再批美大使干涉菲内政》，新华网，2016 年 8 月 10 日，http：//news. xinhuanet. com/ttgg/2016 - 08/10/c_1119370749. htm。

《韩国和美国就驻韩美军战略灵活性达成协议》，人民网，2006 年 1 月 20 日，http：//military. people. com. cn/GB/1077/52987/4047898. html。

《美菲矛盾再升级杜特尔特要求美国特种部队离开菲律宾》，新华网，2016 年 9 月 13 日，http：//news. xinhuanet. com/world/2016 - 09/13/c_129278449. htm。

《普京：俄罗斯不会考虑与中国建立军事政治同盟》，人民网，2014 年 4 月 17 日，http：//world. people. com. cn/n/2014/0417/c1002 - 24910401. html。

《习近平：在哲学社会科学工作座谈会上的讲话》，新华社，2016 年 5 月 18 日，http：//www. xinhuanet. com//politics/2016 - 05/18/c_1118891128_2. htm。

郭树勇：《加强区域国别研究》，《人民日报》，2016 年 2 月 15 日。

清华大学国际关系研究院中外关系数据：http：//www. imir. tsinghua. edu. cn/publish/iis/7522/index. html。

其他语言文献

1. 著作

국방개혁위원회, 『국방개혁 2020 - 50 문 50 답』, 서울: 국방부, 2005.

김용구, 『한·미 군사 지휘관계의 어제와 오늘: 작전통제권 변천과정을 중심으로』, 서울: 합참 전략기획본부, 1993.

김정렴, 『아 박정희: 김정렴 정치회고록』, 서울: 중앙 M&B, 1997.

김종대, 『노무현 시대의 문턱을 넘다: 한미동맹과 전시작전권에서 남북정상회담에 이르기까지』, 서울: 나무와 숲, 2010.

노태우, 『노태우 회고록 (하권)』, 서울: 조선 뉴스프레스, 2011.
문창극, 『한미 갈등의 해부』, 서울: 나남출판, 1994.
민병천, 『한국방위론』, 서울: 고려원, 1983.
서재정, 『한미동맹은 영구화하는가?』, 파주: 한울, 2009.
유영익과 이채진 편, 『한국과 6.25 전쟁』, 서울: 연세대학교 출판부, 2002.
이상철, 『안보와 자주성의 딜레마』, 서울: 연경문화사, 2004.
조갑제, 『노태우 육성 회고록』, 서울: 조갑제 닷컴, 2007.
차영구와 황병무 편, 『국방정책의 이론과 실제』, 서울: 오름, 2004.
한국 공보처, 『제6공화국 실록: 노태우 대통령 정부 5 년』, 서울: 공보처, 1992.
한국 국방과학연구소, 『국방과학연구소약사, 제1 권』, 대전: 국방과학연구소, 1989.
한국 국방군사연구소, 『건국 50 년사』, 서울: 서울인쇄공업협동조합, 1998.
한국 국방부 군사편찬연구소, 『한미 군사 관계사: 1871~2002』, 서울: 군사편찬연구소, 2002.
한국 국방부 군사편찬연구소, 『한미동맹 60 년사』, 서울: 국방부, 2013.
한국 국방부, 『2004 국방백서』, 서울: 국방부, 2005.
한국 국방부, 『국방개혁 기본계획 06-20』, 서울: 국방부, 2006.
한국 국방부, 『국방백서 1988』, 서울: 국방부, 1988.
한국 국방부, 『국방백서 1994-1995』, 서울: 국방부, 1995.
한국 국방부, 『국방백서 2010』, 서울: 국방부, 2010.
한국 국방부, 『율곡사업의 어제와 오늘 그리고 내일』, 서울: 군인공제회, 1994.
한국 국방부, 『조국의 현실과 전망: 자주국방의 분수령에서』, 서울: 고려서적, 1978.
한국국방부, 『주한 미 지상군 철수정책과 대한 군사정책 전망』, 서울: 동양문화인쇄주식회사, 1979.

한국 국방부, 『한미동맹과 주한미군』, 서울: 국방부, 2002.
한국 국방부, 『한미연합사 창설에 따른 법적지위 및 작전통제권 행사 범위』, 서울: 동양문화인쇄주식회사, 1978.
한국 국방부, 『자주국방태세의 획립: 박정희대통령각하의 유시를 중심으로』, 서울: 해한공론사, 1968.
한국 국방부군사편찬연구소, 『한미동맹 60 년사』, 서울: 국방부 군사편찬연구소, 2013.
한국국정홍보처, 『참여정부 국정운영백서 5. 통일·외교·안보』, 서울: 국정홍보처, 2008.
한국 외교통상부, 『한국외교 60 년: 1948 – 2008』, 서울: 외교통상부, 2009.
한국 외무부, 『한국외교 20 년』, 서울: 외무부, 1981.
한국 외무부, 『한국외교 30 년』, 서울: 외교부, 1979.

2. 学术论文

"동요하지 말고 생업에 힘쓰라", 『경향신문』, 1961 년 5 월 16 일자.
"총력안보의 개념", 『경향신문』, 1972 년 2 월 19 일자.
고유환, "주한미군 재배치와 협력적 자주국방", 『기러기』 제 8 호, 2004.
공만식, "첨단무기체계 독자 개발", 『국방일보』, 2004 년 6 월 23 일자.
김건홍, "한미동맹 발전방안에 관한 연구", 석사학위논문, 한성대학교, 2014.
김당, "정보 자주화 없는 자주국방은 공염불", 『시사저널』 제 364 호, 1996.
김상범, "국방개혁의 추진에 따른 공중전력 발전과제와 방향", 『국방정책연구』 제 72 호, 2006.
김재엽, "한국의 자주국방 정책에 관한 연구 – 박정희 행정부와 노무현 행정부의 사례 비교 – ", 석사학위논문, 연세대학교, 2004.
김정익, "국방개혁의 추진에 따른 지상전력 발전과제와 방향", 『국방정책연구』 제 72 호, 2006.
김철환, "협력적 자주국방에 부응하는 전력증강 소요", 『合參』 제 25

호, 2005.

김훈, "한미 동맹군사구조와 전시작전통제권 전환 정책연구", 박사학위논문, 경기대학교, 2017.

崔榮, "駐韓美軍撤收 와 韓國의 自主國防", 『統一論叢』제1 호, 1978.

노훈, "협력적 자주국방과 국방개혁", 『合參』제25 호, 2005.

金承萬, "駐韓美軍撤收 와 自主國防", 『체신』제237 호, 1977.

李景洙, "박정희·노무현 政府의 '自主國防' 政策 比較研究", 박사학위논문, 成均館大学校, 2007.

李廷植, "美地上軍撤收 와 自主國防", 『國民論壇』제16 호, 1977.

李元燁, "自主國防의 새로운 態勢", 『國會報』제80 호, 1968.

全正煥, "美地上軍撤收 와 自主國防", 『世代』제171 호, 1977.

辛泰福, "自主国防의 方向에 관한研究:韩·美 同盟을 中心으로", 硕士学位论文, 韩南大学校, 2004.

민병천, "자주국방의 개념과 한국적 적용문제", 『국방연구』제30 호, 1971.

박상혁, "비대칭 동맹에서의 갈등과 협력에 관한 연구 – 한미동맹을 중심으로-", 석사학위논문, 국방대학교, 2014.

박성우, "한국정부의 자주국방 정책이 한미동맹 결속도에 미친 영향 분석 – 박정희·노무현정부를 중심으로 -", 석사학위논문, 연세대학교, 2007.

박종철, "협력적 자주국방과 한·미 동맹", 『合參』제25 호, 2005.

鄭春日, "韓國 自主國防政策의 現代史의 意義와 脫冷戰時代의 課題", 『軍史』제24 호, 1992.

심세현, "한국의 자주국방담론과 국방정책: 박정희, 노태우, 노무현 정부의 비교연구", 박사학위논문, 중앙대학교, 2015.

양흥모, "70 년대 안보와 우리의 자세: 자주국방 이념의 구현을 중심으로", 『육군』제152 호, 1971.

양흥모, "자주국방와 국방론", 『육군』제150 호, 1970.

오동룡, "박정희의 원자폭탄 개발 비밀 계획서 原文 발굴", 『월간조선』제281 호, 2003.

오원철, "무기의 증언", 『월간조선』 제6호, 1994.
오원철, "율곡사업 출발, 박정희·김일성 오기싸움", 『신동아』 제429호, 1995.
이원석, "주한미군 감축과 자주국방", 『육군』 제149호, 1970.
이정훈, "좌절된 핵 개발국의 꿈", 『시사저널』, 1996년 8월 29일자.
정세진, "미군재편과 자주국방론 분석: 한국 안보정책에 대한 함의", 『民族發展硏究』 제12호, 2005.
정일준, " 미국의 대한정책 변화와 한국 발전국가의 형성, 1953 - 1968", 박사학위논문, 서울대학교 2000.
한배호, "한미방위조약 체결의 협상과정", 『군사』 제4호, 1982.
한용섭, " 한국의 자주국방과 한미동맹: 역사적 고찰과 양립가능성에 관한 연구", 『軍事史 硏究叢書』 제4권, 2004.
해군본부, "최근 북괴의 침략적 군사노선: 북괴의 군사적 동향과 자주국방", 『해군』 제205호, 1970.
허남성, "평시작전통제권 환수경과와 향후의 대책", 『외교』 제33호.
허성필, "국방개혁의 추진에 따른 해상전력 발전과제와 방향", 『국방 『정책연구』 제72호, 2006.